Entrepreneurship
and
Gender equality

アントレ
プレナーシップ
と
ジェンダー平等

著　加藤　敦 *Kato Atsushi*
三宅　えり子 *Miyake Eriko*

女性企業家達の軌跡から学ぶ

同友館

推薦文

　女性のアントレプレナーシップに関する書籍刊行をお祝いいたします。本書の内容はICSBの掲げる人間を重視する価値観と共鳴しており，ICSBとして推薦いたします。

　文明の転換期をむかえる今日，アントレプレナーシップはますます重要になり，特に女性企業家が大きな役割を果たすことが求められています。当書籍では女性企業家の役割，生まれるイノベーションを，事例を通じ確認することができます。

　企業とは何か。それは人間のために高度な技術・文化や社会が創造される場です。女性企業家達は，人間にとり不都合であったり利便性が低かったりする事柄に着目し，改革しようという夢を抱いています。

　社会が発展する過程で，最も大事な顧客は一人ひとりの人間です。個々の人間に対し，企業家が心から共感し力を発揮できる環境を整えるなら，従業員を通じてイノベーションが生まれるでしょう。そして，イノベーションの結果として，高度な技術・文化や社会が創られてゆくのです。（加藤敦　訳責）

ICSB会長　Ki-Chan Kim氏

ICSB（International Council for Small Business）は中小企業研究の国際組織。国連と連携し「国際中小企業の日」事業（毎年6月27日，NY国連本部）などを運営。

Endorsement

Congratulation on the publication of Professor Atsushi Kato's Women Entrepreneurship book. This book resonate with the values of ICSB's humane values.

ICSB endorses and supports Professor Atsushi Kato's publication of Women Entrepreneurship. The role of Women entrepreneurship is becoming more important during times of great transition in civilization. In particular, what is most needed at this time is the expansion of the role of female entrepreneurs. Professor Atsushi Kato demonstrated the role of innovation for civilization through cases from Japan.

What is an enterprise? It is a place that creates civilization for humans. A women entrepreneur is a person with a dream of looking into what is inconvenient for humans and trying to improve it. The most important customer in civilization is human. When entrepreneurs empathize with human, empower them, innovation occurs through employees.

This is innovation, and the result of innovation is civilization.

International Council for Small Business (ICSB)
Chairman　Ki-Chan Kim

序章
本書の目的と構成

1. 本書の目的

　本書の目的は，ジェンダー平等の原動力となるアントレプレナーシップを一般女性が育むことに，貢献することである。

　Oxford Advanced Learner's Dictionaryでみると「特に資金リスクをかけて利益を追求する起業活動や企業活動」（the activity of making money by starting or running businesses, especially when this involves taking financial risks）並びに「こうした活動を行う能力」（the ability to do this）と多義的である。実際に，各国の政府関係者や実務家，研究者の間でも，様々な意味で用いられている。さらに「コントロール可能な資源を超越して機会を追求すること」という定義もある（アイゼマン, 2013）。

　その中で，本書ではアントレプレナーシップを「起業したりイノベーションに挑んだりする力」と定義する。米倉（2016）はJ.シュンペーターの思想を踏まえイノベーションを推進する人間がアントレプレナーであるとし，アントレプレナーシップとはその「精神」だけでなく「能力」や「在り方」を示すものであるとしている。本書はこの考え方に沿っている。ただし，起業活動が典型的なアントレプレナーシップ発現の場であることを勘案し，アントレプレナーシップを「起業したりイノベーションに挑んだりする力」とし，アントレプレナーを「起業やイノベーションを推進する人間」（企業家）とする。なお，『広辞苑第7版』（2017年）はアントレプレナーを「企業家。起業家。独創性と冒険性によって，いわゆる経営者と区別していう」としており，本書とほぼ同義である。

　こうした捉え方は，アントレプレナーシップ教育の進展とともに広がってい

る。文部科学省（2023）は「社会の課題解決に挑戦し，他者との協働により解決策を探求するための知識・能力・態度を身に付ける教育」をアントレプレナーシップ教育と位置付けている。さらに経済産業省（2015）は「起業家教育」の目的を起業家精神（チャレンジ精神，創造性，探究心等）と起業家的資質・能力（情報収集・分析力，判断力，実行力，リーダーシップ，コミュニケーション力）を養うこととし，起業家や企業経営者だけでなく誰にとっても必要なものであるとしている。

さらに起業やイノベーションについて「私にはできる」「機会があれば実行したい」と考える者を潜在的アントレプレナーとする。筆者の問題意識は，より多くの女性が，潜在的アントレプレナーとなるために，教育者はどのような貢献ができるかということである。

アントレプレナーシップには多様性があり，自分の長所を踏まえることが重要である。アントレプレナーシップの重要性を確認し，事業構想スキルやリーダーシップなどをどう伸ばすか，将来に向けて自分の職業キャリアを考えてもらう。自分の可能性と強みに気づき，将来に向けた職業キャリアを描く中で，それを伸ばす道筋を確認してもらう。

そういう意図から，本書は企画された。想定する読者は，起業希望者だけでなく，勤務者・学生並び教育関係者など一般の人達である。本書は研究書籍ではないが，内外の先行研究，筆者の研究成果並びに国際学会発表を通じた研究者・実践家との意見交換を踏まえている。

2. 本書の構成

本書は大きく基礎編である「ジェンダー平等へのアントレプレナーシップ」と「ケーススタディ：女性企業家達の軌跡から学ぶ」に分かれる。

第1編「ジェンダー平等へのアントレプレナーシップ」では第1章でアントレプレナーシップの意義について考え，第2章では一般向けアントレプレナーシップ教育の目的が「私にはできる・機会があれば実行したい」女性を育むこ

とにあることを確認し，そのための鍵として第3章で事業構想スキル（ビジョン，アイディアとビジネスモデル），第4章では一人ひとりに見合ったリーダーシップについて考察する。

　第2編「ケーススタディ：女性企業家達の軌跡から学ぶ」は12人の女性企業家について，前半部の「企業家の軌跡」にもとづき，後半部「企業家から学ぶ」でアントレプレナーシップ，事業構想，リーダーシップの具体的展開について検討する。第2編は3部に分かれる。第1部「顧客のハートをつかむ」には関西の著名な女性アントレプレナーが揃っている。第5章では「ぬいぐるみ病院」堀口こみちさん（サービス業），第6章では抱っこ紐カバー「ルカコ」の仙田忍さん，第7章では「奇跡の英語保育園・キンダーキッズ」中山貴美子さん，第8章では顧客・社会に向き合い，2つの事業を立ち上げた「リトルムーン，ロスゼロ」文美月さん，第9章では洋菓子製造販売業「マダムシンコ」川村信子さんをとりあげる。第2部「地域社会を豊かにする」は全国の選りすぐりの社会的企業家を紹介する。第10章の「サンライト」住川奈美さんは地域に根差した調剤薬局チェーンを展開している。第11章では「やっぺす」兼子佳恵さんの被災地石巻の女性達を元気にする活動をしている。第12章「ダンウェイ」高橋陽さんは障害児自立支援用ソフトウェアの開発で知られ，第13章の大藪佐恵子さんは「モア・ハウス」を設立し農業地域における女性の自立を促してきた。第3部「レガシーを築く」では，社会に大きなインパクトを与えてきた3人の女性をとりあげる。第14章「石坂産業」石坂典子さんは，産業廃棄物処理業界のリーダーの一人としてSDGs推進に貢献しており，第15章「シー・シー・ダブル」金成葉子さんはIT業界における女性企業家の先駆けの一人で，激しい環境変化で生き残り且つ地域・業界のためのNPO活動にも力を入れている。第16章の「日本ネパール女性教育協会」山下泰子さんは国際的視点から，教育という次世代への投資を進めてきた。最後にまとめとして「終章」において，事例研究を踏まえたアントレプレナーシップの多様性と重要性について考察する。

謝辞

　本研究はJSPS科研費JP26380545，JP18K0181の助成を受けたものです。

26380545：ママさん起業家をいかに創発すべきか―女性起業を促進する環境と教育
　　　　―（2014～17年度）（研究代表者　加藤敦）

18K01821：「人間志向の起業家精神」と女性リーダーの役割（2018～22年度）（研
　　　　究代表者　加藤敦）

【参考文献】

アイゼンマン，T.（2013）「ハーバードにおけるアントレプレナーシップの定義」『ダ
　　イヤモンド・ハーバード・ビジネス・レビュー』2013年8月号

経済産業省（2015）「生きる力を育むアントレプレナー教育のススメ」https://www.
　　meti.go.jp/policy/newbusiness/downloadfiles/jireisyu.pdf

文部科学省（2023）「アントレプレナーシップ　人材育成プログラム」https://entre-
　　preneurship-education.mext.go.jp/

米倉誠一郎（2016）「いま何故起業家教育なのか」『実教商業教育資料』104，pp.1-5

Oxford Advanced Learner's Dictionary. https://www.oxfordlearnersdictionaries.com
　　（2023年12月1日閲覧）

第1編

ジェンダー平等への
アントレプレナーシップ

第 **1** 章

アントレプレナーシップの基礎と起業

1. はじめに

　第1章では，アントレプレナーシップの理論的枠組みとその発現形態の1つである起業について検討する。第1章の内容は次の通りである。まず第2節ではアントレプレナーシップの基本的枠組みについて検討する。第3節では「私にはできる」という自信をもった潜在的アントレプレナーについて考える。第4節では，アントレプレナーシップと現状について全体像を分析し，次にジェンダーの見地から検討する。第5節では起業について同様にジェンダーの見地も加えて検討する。

2. アントレプレナーシップの基本的枠組み

2.1　アントレプレナーシップ体系

　先述のように，本書ではアントレプレナーシップを「起業をしたりイノベーションを生み出したりする力」と定義する。またアントレプレナーは「起業やイノベーションを推進する人間」（企業家）である。企業活動全体を対象とするので，起業家ではなく企業家と記述する。アントレプレナーシップは個人的特性とその影響を受ける企業家精神（態度）・企業家的スキルから構成され，起業やイノベーションの原動力となる（図1.1参照）[1]。

---

(1)　本書ではアントレプレナーシップを広義の意味で用いているが，心的態度あるいは起業（創業）という狭い意味で用いている研究者・実務家も多い。狭い意味で心的態度を指す場合のアントレプレナーシップは本書の企業家精神に相当する。

図1-1　アントレプレナーシップ体系

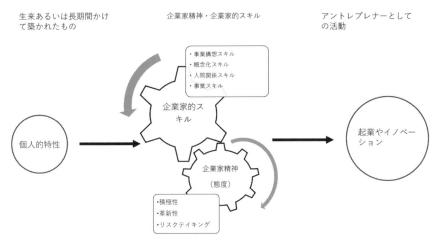

生来あるいは長期間かけ
て築かれたもの

企業家精神・企業家的スキル

アントレプレナーとして
の活動

・事業構想スキル
・概念化スキル
・人間関係スキル
・事業スキル

企業家的スキル

個人的特性

企業家精神
（態度）

・積極性
・革新性
・リスクテイキング

起業やイノベーション

出所：筆者作成

2.2　個人的特性

　個人的特性（Traits）は，生まれながら，あるいは幼少期から少年期，青年期を経て長い期間をかけ家庭や学校での生活等を通じて養われる一人ひとりの個性・特徴である。身体的特徴，認知能力，性格特性などがこの範疇に含まれる。認知能力は，起きた事象を正しく認識し迅速に適切な判断を行う流動性認知能力（Fluid Cognitive Ability）と過去の経験や学習により蓄積された結晶性認知能力（Crystalized cognitive ability）に分かれる（Cattel, 1963）。認知能力を身近な言葉で表すと，記憶力の良さ，頭の回転，反応の早さ・正確さ，推論力などにあたる。これらは，次項のスキル形成に影響を与える。性格特性（Character）も同様にスキルや心的態度の形成に影響を与える。学術的な性格研究ではビッグファイブ・モデルが標準的で「経験への開放性」（Openness to experience），「誠実性」（Conscientiousness），「外向性」（Extraversion），「協調性」（Agreeableness），「神経症的傾向」（Neuroticism）の5要因からなる（平野, 2021）。このうち「外向性」は興味や関心が外界に向けられることで，決断力，行動力，社交的などと関係する。また「経験への開放性」は心理面・

経験面における広さ・深さ・オリジナリティ・複雑性の程度であり，好奇心，創造力などと関連づけられる（John and Srivastava, 1999）。アントレプレナーは組織管理者と比較し「開放性」「外向性」が高いとする実証研究が多く，一般の人と比べ「開放性」が高いとする研究も散見される（Kerr et al, 2013）。

2.3　企業家精神・企業家的スキル

特定の目的を達成するために欠かせない能力はコンピテンシー（Competency）と呼ばれ，心的態度並びに知識・スキルから構成される（EU, 2006）。アントレプレナーを成功に導くコンピテンシーは，企業家精神（心的態度）と企業家的スキル（知識・スキル）から成り，時間をかけ計画的に養うことができる。

2.3.1　企業家精神

企業家精神とは「起業をしたり，企業のイノベーションに挑んだりする心的態度，並びに組織文化」である[2]。態度（Attitude）とはものの考え方であり，性格（character）と異なり様々な事情により変わりうる[3]。こうした心的態度並びに組織文化は学界ではEntrepreneurial orientation（EO）として定式化されている。EOは次の3つの要素から成り立っている。1つ目が積極性であり，機会探索にどれだけ力を注ぐか，消費者のニーズを先読みし他者に先んじて手を打とうとする態度・組織文化である[4]。2つ目が革新性（イノベーション追究）であり，事業を成功させるためイノベーションを追求する態度・組織文化

---

(2) 企業家精神というとき，能力全体を指す場合と，その一要素である心的態度を指す場合がある。前者の例に「企業の経営者が備えている（備えるべき）特有の才能」（『大辞林 第4版』2019年），後者の例に「企業経営上の進取の気性」（『岩波現代経済学事典』2004年）がある。本書では，能力全体をアントレプレナーシップ，心的態度を企業家精神とする。

(3) 性格の違いにより，態度（ものの考え方）が影響を受ける面はあるが決定的ではない。神経症的傾向の者はリスクテイキングに消極的になりやすいが，リスクマネジメントを修得することで克服できる。

(4) Lumpkin and Dess（1996）など。

である。3つ目がリスクテイキングでリスクを過度におそれず，大胆に事業機
会を生かすための行動をとろうとする態度・組織文化である[5]。

　EOはもともと，1980年頃，いわゆる大企業病を克服するような組織文化は
いかにあるべきか，という問題意識から研究されはじめ，その後，広く提唱さ
れるようになった概念である。企業家精神（EO）の高い組織は官僚的・保守
的な組織に比べ，より好ましい経営成果をあげることが，多くの実証研究によ
り示された。2000年以降，組織レベルの概念が個人レベルのI-EO（Individual
Entrepreneurial Orientation：I-EO）に拡張され，個人の企業家精神の要素と
して定着した。組織リーダーが個人レベルで高いI-EOを保持していると組織
文化であるEOが高まりやすいし，逆に組織文化であるEOが高いと，所属す
る成員の個人レベルのEOも高くなる。なおEOの要素のうち，リスクテイキ
ングだけは性別による違いを示唆する研究がある[6]。

2.3.2　企業家的スキル

　アントレプレナーを成功に導くコンピテンシーについて，Michelmore &
Rowley（2008）は事業構想スキル（Entreprenerial competency），概念化スキ
ル（Conceptual and relationship），人間関係スキル（Humane relations）並び
に事業スキル（Business management）に分けている[7]。第4章で論じるリー
ダー的スキル3類型と比べると，リーダーの技術的スキルのうち，マネジメン

---

(5) Miller and Friesen（1978）は「損失を生み出すかもしれない，不確実性の高い経
　営資源の利活用に対して自らコミットメントすること」としている。
(6) McAdam（2013）は多数の国際的実証研究をサーベイし，女性が男性に比べリス
　クテイキングの水準が低いとする研究が多いとし，①母性庇護の伝統的世界観，②生
　育期やキャリア形成期における社会環境，③腕力に対する脆弱性，等から過度な損失
　回避性が生じるとしている。
(7) Michelmore and Rowley（2008）は企業家的コンピテンシー（Entrepreneurial
　competency）という用語を用いているが，彼らの提示する概念はリーダーシップ・
　スキルとほぼ同じであること，またコンピテンシーは「ある仕事において，一貫して
　高い業績を上げる人に見られる行動特性」（滝波，2012）として用いられることが多
　いため，企業家的スキルとした。

表1.1 企業家的スキル

区分	内容
事業構想スキル （Entrepreneurial competencies）	・事業機会把握，アイディア出し，顧客価値提案 ・競合分析を踏まえた競争戦略の立案
概念化スキル （Conceptual and relationship 　competencies）	・ビジョン等の概念化 ・企業・NPO等組織化，パートナーとの関係づくり 　とバリューチェーン構築
人間関係スキル （Human relations competencies）	・組織文化の醸成 ・人的資源管理 ・リーダーシップ ・コミュニケーション，人的ネットワーク
事業スキル （Business and management 　competencies）	・一般的ビジネス・マネジメント能力 　マーケティング，会計，資金調達，販売，市場調査， 　ITスキル，分析・意思決定 ・特定の業界・業種で必要な専門能力 　産業知識，技術・スキル

出所：Mitchelmore and Rowley（2008）にもとづき作成，ただし一部修正

　ト力（事業スキル）からイノベーション力にあたる事業構想スキルを独立させている[8]。

　第1に事業構想スキル（Entrepreneurial competency）は，起業やイノベーションを企画する狭義の事業構想スキルと概念化スキルからなる。狭義の事業構想スキルは，さらに事業機会をとらえアイディアを出し顧客価値提案をする力と，競合分析を踏まえビジネスを成功に導く競争戦略を立案する力に分かれる。第2に概念化スキルは，ビジョン等の概念を示し，それにもとづき企業・NPO等の組織化を行い，社外のビジネスパートナーとの関係づくりをし，価値を創造する仕組み（バリューチェーン）を構築する力である。第3に人間関係スキル（Human relations competency）で，組織文化醸成，人的資源管理並びにリーダーシップ，コミュニケーション，人的ネットワークなどが挙げられる。第4に技術的スキル（Business management competencies）である。大き

---

[8] Mitchelmore and Rowley（2008）は意思決定力，分析力は概念化スキルに分類されるが，本書ではマネジメント能力の一つとした。またコミュニケーション力は概念化スキルに分類されるが，本書では人間関係構築力の範疇とした。さらに人的ネットワークは原著にはない。

く各業界・職種に共通な会計，資金調達，販売，市場調査，人材管理，ITスキルなど一般的な管理能力と，特定の業界・職種においてビジネスを円滑に遂行するため不可欠な専門能力に分けることができる。

　筆者調査によると一般の女性ビジネスパーソンの自己評価は必ずしも高くない（表1.2参照）[9]。事業構想スキルについて得意と回答した比率は「アイディア出し」25.3％，「ビジネスチャンスを見出す」13.0％，「新製品や新サービスを考える」13.7％である。概念化スキルについては「ビジョン創造」15.3％，「組織づくり」15.3％，「取引先や社内各部門との関係構築」19.0％である。人間関係スキルについて「コミュニケーション力が高い」は27.0％であるが，「リーダーシップがあると言われる」は16.7％と低い。事業スキルについて得意の割合は「ビジネス実務」12.7％，「業界の専門知識・スキル」22.0％である。

表1.2　女性ビジネスパースンの企業家的スキルについての自己評価

区分	項目	肯定的回答	中間的回答	否定的回答
事業構想スキル	アイディア出しが得意だ	25.3	30.7	44.0
	ビジネスチャンスを見出すのが得意だ	13.0	33.7	53.3
	新製品や新サービスを考えることが得意だ	13.7	34.0	52.3
概念化スキル	ビジョンを考えるのが得意だ	15.3	38.0	46.7
	組織づくりが得意だ	15.3	36.0	48.7
	取引先や社内各部門との関係構築が得意だ	19.0	39.3	41.7
人間関係スキル	コミュニケーション力が高い	27.0	37.3	35.7
	リーダーシップがあると言われる	16.7	38.7	44.7
事業スキル	業界の専門知識・スキルに自信がある	22.0	36.7	41.3
	ビジネス実務に自信がある	12.7	33.3	54.0

出所：筆者調査

---

(9)　30代・40代の女性正社員・役員を対象としたアンケート調査。対象は楽天インサイト㈱のモニター300名で2023年3月に実施した。

図1.2　潜在的アントレプレナー

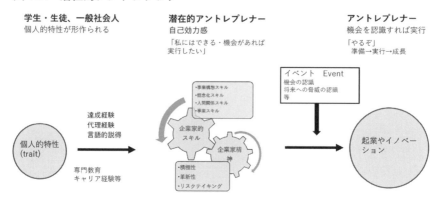

出所：Kruger and Brazeal（1994），Bandura（1978）を参考に作成

3. 自己効力感と潜在的アントレプレナー

　次に「私にはできる」「機会があれば実行したい」とする潜在的アントレプレナーについて自己効力感という観点から考察しよう（図1.2）。

　Kruger and Brazeal（1994）は，起業・イノベーションなどを「機会があったら実行したい」「私にはできる（実行に際し適切な行動をとる自信がある）」と認識することを潜在的アントレプレナーの要件（Entrepreneurial potential）ととらえた。潜在的アントレプレナーは，偶然のイベントに直面し，「やるぞ」と実行に移す意思を固め，準備・実行するアントレプレナーとなる。きっかけとなるイベントは様々である。儲けを生み出すビジネス機会を認識したり，他方では現職失業の脅威を認識したりする。どのようなスタイルをとるかは，環境，資質，資金・人材調達力などによって変わる。借金をいとわない者，自己資金内の者，フリーランサー，従業員の立場で社内改革に挑む者，彼女達は全てアントレプレナーである[10]。

---

(10)　ただし，潜在的アントレプレナー（potential entrepreneur）については別の定義もある。GEMは3年以内に活動する意思（intention）をもった者をpotential entrepreneurとしている（GEM, 2023）。

　潜在的アントレプレナーの「私にはできる」という自信は，心理学上の自己効力感（Self-efficacy）にあたる。能力が高くても，自己効力感が低いと，挑戦しなかったり，努力せずに中途でやめたりする。アントレプレナーシップにおける自己効力感の重要性は多くの識者から指摘されている（De Noble, Jung and Ehrlich, 1999）。自己効力感は主観的なものなので，これを高めるには，専門教育等で知識・スキルや態度を養うだけでなく，小さな成功を積み上げたり（達成経験），身近な企業家と交流し自分のことのように追経験したり（代理体験），周囲から「あなたならできるよ」と励まされたり（言語的説得），する経験の場が重要である（Bandura, 1978）。

4. アントレプレナーシップの意義と現況

4.1　アントレプレナーシップの意義とイノベーション

　アントレプレナーシップの意義はイノベーション創出につながることである[11]。イノベーションは3つに大別される。1つ目はプロダクト・イノベーションで新製品・新サービスの創出である。起業は新たな顧客の開拓（市場の拡張）なのでプロダクト・イノベーションに含まれる。2つ目はプロセス・イノベーションで，顧客価値を生産する仕組み，従業員の満足を生み出す仕組みの改革である。企業内における調達・生産・販売等の業務プロセス改革だけでなく，原料・部品の調達や販売経路などを含めたサプライチェーン全体の改革も含まれる。3つ目は組織イノベーションで，組織改革や教育・研修等を通じ，好ましい組織風土を築き，誰もが働きやすく協働に向かうモチベーションを向上させることである。

　この意義を個人レベル，組織レベル並びに社会レベルに分けてみてみよう（図1.3参照）。

---

(11) アントレプレナーシップの定義を「イノベーションを起こすこと，すなわち事業課題を機会としてとらえ，世界を変えること」としている有力機関もある（Babson College）。

図1.3　女性のアントレプレナーシップの意義

アントレプレナーシップの意義　　　　　　　　　　女性にとっての意義

個人レベル

生きる力を高める • 起業したり、組織の新分野進出に携わったりするなど、不確実性下で主体的に行動する

個人レベル

女性として生きる力を高める • 出産・育児・介護等、キャリア形成の不確実性が男性より高い中、主体的に行動する

組織レベル

組織の持続可能性を高める • 技術革新や経済・社会環境変化に対応し、製品開発・プロセス変革・組織改革などイノベーションを進める

組織レベル

組織の持続可能性を高める • 女性の視点を生かした製品・サービスの開発、働き方や職場環境の改善、女性の雇用促進などをもたらす

社会レベル

社会の持続可能性を高める • 技術革新や経済・社会環境変化に対応し成長し続ける社会を築く

社会レベル

社会の持続可能性を高める • 女性の労働市場参画が進み、女性の視点に立ったイノベーションが蓄積されることで、ジェンダー平等、女性のエンパワーメントに寄与する

出所：筆者作成

　第1に個人レベルで，選択肢を増やし生きる力を高めることにつながる。起業したり，社内ベンチャーを興したりするなど，不確実性下で主体的に行動できる。これは女性が生きる力を高めることにつながる。出産・育児・介護等，キャリア形成の不確実性が高い中，主体的に行動できることにつながる。第2に組織レベルで，組織の持続可能性を高めることに寄与する。技術革新や経済・社会環境変化に対応し，製品開発・プロセス変革・組織改革などイノベーションを進める。女性の立場からみるとジェンダー平等の視点から企業等の持続可能性の向上に寄与する。1つ目にプロダクト・イノベーションにおいて，男性社会が見逃してきた事業機会がとらえられる。例えば，女性の身体的特徴やライフスタイルから生じるニーズは同性だから把握しやすいし，女性ならでは感性や発想が新たな商品を生む可能性がある。全国商工会議所「女性起業家大賞」では，女性ならでは「時代の流れに機微に対応できる柔軟性や豊かな感性」が発揮される可能性を述べている[12]。その結果，家事・育児・介護などの

---

(12)　全国商工会議所女性会連合会「女性起業家大賞」。

負荷が軽減されれば，女性の社会進出が促され，所得が増加し女性向け市場がさらに拡大するだろう。2つ目に女性の視点に立ったプロセス・イノベーションである。育児・介護等を担当することが多い女性にとり，職場の負荷軽減や長時間労働の見直し等は差し迫った課題である。こうした経験をもつ女性がリーダーとなり働きやすさを向上させる改革を進めることが期待される。3つ目にジェンダー平等の組織風土を培うことである。女性が組織の指導者的立場を担うことで，その組織全体に性別や出身国にとらわれないダイバーシティの意識が広がる。第3に社会の持続可能性を高めることである。技術革新や経済・社会環境変化に対応し成長し続ける社会を築く。個々の企業等のイノベーションが積み上がることで，社会全体の持続可能性が高まることが期待される。女性の視点にたったイノベーションは女性のエンパワーメント（Women Empowerment）につながる[13]。世界経済フォーラム「グローバル・ジェンダー・ギャップ指数」2023年版によると，完全男女平等状況を1とすると，日本の総合指数0.647で世界146カ国のうち125位である。内訳は教育0.997（47位），健康0.973（59位）に対し，経済参画0.561（123位），政治参画0.057（138位）が劣位にある。経済参画について詳しくみると，労働力率0.759（81位），類似した労働における賃金格差0.621（75位），経営者・管理職比率0.148（133位）となっている（WEF, 2023）。多くの女性が起業したり，社内改革で力を発揮したりすることは，この状況打破のため大事である。

4.2　我が国におけるアントレプレナーシップの現況

　我が国のアントレプレナーシップの実態を国際的研究機関GEM（Global Entrepreneurship Monitor）の調査などにもとづき考察しよう[14]。GEM

---

(13) 国連のSDGs（持続的開発な開発目標）14項目の1つに，「女性が個人としても，社会集団としても意思決定過程に参画し，自律的な力をつけて発揮すること」が謳われている。

(14) GEM（2023）ではアントレプレナーシップを「新たな事業を興すこと」と定義し，「社内で新規事業に挑む者」を企業内アントレプレナー（Entrepreneurial Employee）としている。

（2022a・b）によると「事業機会を認識している」「事業を興すスキル・知識を備えている」と答えた成人は，諸外国と比べ低く，かつ性差がある[15]。まず「事業機会を認識している」我が国の女性は男性より低く，男女ともに米国，英国，韓国より大幅に低い。「事業をおこすスキル・知識を備えている」（企業家的スキル）についても同様である。一方，リスクテイキングの逆転項目である「事業機会を認識しても失敗を恐れ行動しないだろう」とする女性は男性とほぼ同水準で，男女とも韓国より低いものの米国，英国より大幅に高くリスク回避的である。言い換えるとリスクテイキング水準が低い[16]。

表1.3　アントレプレナーとなるポテンシャルを有する市民

（単位：％）

	日本			米国			英国			韓国		
	男性	女性	格差	男性	女性	格差	男性	女性	格差	男性	女性	格差
企業家精神												
事業機会の認識	12.6	11.0	0.9	65.7	60.5	0.9	64.2	58.2	0.9	47.6	40.2	0.8
リスクテイキング	58.6	62.4	1.1	52.2	51.1	1.0	45.7	37.6	0.8	78.4	78.1	1.0
企業家的スキル	17.4	7.3	0.4	72.2	56.8	0.8	59.3	42.9	0.7	61.9	45.4	0.7

出所：GEM（2022a・b）

第2にアントレプレナーシップを育む環境が一部で脆弱である。GEM（2023）は国別アントレプレナーシップ環境指数（National entrepreneurial condition index：NECI）という評価指標を示しているが，これをみると日本は5.0で米国5.2，ドイツ5.1，英国4.7とほぼ同水準であるものの，アジアのライバルである中国5.6，韓国5.7，台湾6.2より劣位である。項目別にみると，

---

(15) GEM（2022a）は，事業を興す心的態度に影響を与える要素として，「社会では起業を良いキャリアとして評価しているか」「アントレプレナーと個人的交流があるか」も調査している。双方とも肯定的回答の比率は米国・英国・韓国と比べ，大幅に低い。

(16) リスクテイキングについては，ホフステドの文化次元尺度「不確実性回避指標UAI」（Uncertainty avoidance index）をみても日本は92で韓国85と同水準で，米国46，英国35よりリスク回避的である。出所：Hofstede Insights. https://www.hofst-ede-insights.com/（2023年10月7日閲覧）。

専門家の支援やアントレプレナーシップ教育，社会的・文化的規範などについて厳しい評価になっている。

表1.4　国別アントレプレナーシップ環境指数（NECI）の構成項目

項目	内容	日本の専門家評価
資金調達の容易さ	アントレプレナーへの融資，資本参加，ベンチャーキャピタル	4.5（22カ国中18位）
政府の起業促進の基本政策	起業促進を重視する基本政策。税制。起業時の実務的負担軽減	基本政策5.6（6位）税制4.5（19位）
行政の起業支援プログラム	国レベルから地域レベルまでのアントレプレナー支援プログラム	4.6（18位）
参入の容易さ	大企業支配による事実上の参入障壁や法制度面での参入障壁の有無	4.9（11位）
R&D成果の民間移転	大学や研究機関の成果の民間への移転	4.9（7位）
専門家の支援	法律，ビジネス，ITなど専門家の支援	5.1（20位）
アントレプレナーシップ教育	小中高校における，起業意義，事業機会認，創造性などに関わる教育　大学・専門学校等における教育	2.5（20位）5.0（13位）
インフラストラクチャー	共同利用施設，通信環境，道路・電力など物理的なインフラ	7.4（7位）
社会的・文化的規範	起業を肯定的にとらえ，促す社会的・文化的規範が醸成されているか。リスクをとる起業家を支える規範など	3.8（20位）

出所：GEM（2023），10点満点で各国の専門家が評価，順位は高所得水準国のもの

5. 起業

5.1　起業の意義と現況

　起業はアントレプレナーシップの典型的な発現の形である。起業は経済の新たな担い手の新陳代謝につながる。経営者の世代が若返ることで，時代の変化に対応した製品・サービスや技術・プロセスが経済活動に組み込まれる。さらに，起業家はその活動を通じ社会にアントレプレナーシップが広げる役割がある。斬新な視点から商品・サービスを開発し，人々のアイディア発想を刺激したり，斬新な組織運営は既存企業の組織イノベーションを促したりするだろう。さらにリスクをかけて挑戦する起業家の姿は，安定志向に浸りがちな現代

図1.4　開業率・廃業率推移（5年間移動平均）

出所：中小企業庁（2021b）にもとづき作成

人の魂をゆり動かす可能性もある。

　ところが我が国の開業率トレンドは「小規模企業白書」から5年間移動平均をとると，図1.4に示すように，近年は5％程度にとどまり，1990年代に6〜7％程度から下がっている。一方，廃業率は2005年前後に4.5％程度まで上昇したが，それを除くと3％から4％の間で推移している[17]。

　次に我が国の起業実態について国際比較をしよう。内閣府（2022）によると2019年の開業率は米国9.2％，フランス12.1％，廃業率は米国8.5％，フランス4.6％で，開業率・廃業率ともに欧米諸国に比較して明らかに低い水準となっている[18]。

　また，表1.5に示す通りGEMの調査（2022年実施）によると，起業活動者（現在起業活動中の者と3年半以内に起業した者の合計）が成人に占める比率

（17）雇用保険事業統計における事業所ベースでの雇用関係の成立・消滅を中小企業庁が集計したもの。企業単位でないこと，事業主1人のみの企業の開廃業は含まれないこと，等の限界があるが，中期的推計ができること，我が国で最も一般的に用いられることなどから採用する。

（18）内閣府（2022）第3-1-5図。ただし英国は2018年。

は日本6.4％に対し，米国19.2％，英国12.9％，ドイツ9.1％，中国6.0％，韓国11.9％となっている。さらに3年以内に起業したいと考える起業意思保有者の比率は日本5.1％に対し，米国13.6％，英国10.9％，ドイツ6.5％，中国6.4％，韓国23.9％となっている。いずれの指標でも我が国の起業活動は諸外国に比べて低水準である。

表1.5　GEM調査（2023年）　起業活動者と起業意思保有者の比率

（単位：％）

	日本	米国	英国	ドイツ	中国	韓国
起業活動者（TEA）	6.4	19.2	12.9	9.1	6.0	11.9
起業意思保有者 （Entrepreneurial intention）	5.1	13.6	10.9	6.5	6.4	23.9

（注）TEA（Total early-stage entrepreneurial activity）：起業活動者（起業中の者と3年半以内に起業した者の合計）が成人人口に占める比率。Entrepreneurial Intention：3年以内に起業したいと考える者が成人人口に占める比率。
出所：GEM（2023）

5.2　起業に関する性差

　第1に起業活動に関する性差である。表1.6に示す通り「令和4年度就業構造基本調査」によると，女性起業家（自営業主並び会社等役員のうち自ら事業をおこした女性）の数は144.2万人で，男性起業家355.1万人を1とした性別格差は0.41である[19]。また「小規模企業白書 2019年版」によると，2017年に起業した者は男性11.6万人（73％），女性4.4万人（27％），2012年に起業した者は男性12.7万人（75％），女性4.9万人（25％），2002年に起業した者は男性14.5万人（80％），女性3.6万人（20％）である。

---

(19)「小規模企業白書 2019年版」によると，この他に男女合わせ副業経営者が57.8万人（農業15.7万人，農業以外42.1万人）いる。また，副業起業家が起業家全体に占める比率の推定値は同白書の別の調査によると，男性7.5％，女性11.2％である。

表1.6　自ら事業をおこした者（起業家）の男女別割合

	実数　（万人）			全体に占める比率（%）		性別格差
	全体	男性	女性	男性	女性	（男性＝1）
起業家全体	499.3	355.1	144.2	71.1	28.9	0.41
自営業主の起業家	391.1	265.0	126.1	67.8	32.2	0.48
会社など役員の起業家	108.2	90.1	18.1	83.3	16.7	0.20

出所：令和4年度就業構造調査

　また，GEM調査における起業活動者（TEA）の成人人口に占める比率における性別格差は日本0.5で，他国が概ね0.6以上であるのと比べ明らかに低い。さらに企業内アントレプレナーの性別格差も明白である（表1.7参照）。背景には起業環境をめぐる性別格差の存在がある。日欧産業協力センター（2022）によるとEUでは女性起業の障害として，（1）資金調達の困難さ，投資家が女性起業家を敬遠する傾向，（2）ワークライフバランスすなわち家庭生活重視の圧力，（3）女性起業家間での人的ネットワークを築きにくいこと，（4）手本となるメンターとの交流不足などが挙げられる。同センターはさらに，日本では結婚と育児に関する社会的価値観が影響していると指摘している[20]。

表1.7　起業活動者（TEA）と企業内アントレプレナーの性別格差

（単位：%）

	日本			米国			英国			韓国		
	男性	女性	格差	男性	女性	格差	男性	女性	格差	男性	女性	格差
起業活動者（TEA）	8.5	4.0	0.5	17.8	15.2	0.9	14.2	10.9	0.8	15.9	10.7	0.7
企業内アントレプレナー	2.6	0.7	0.3	5.9	3.1	0.5	5.7	2.6	0.5	2.0	0.9	0.5

出所：GEM（2022b）

6. 結び

　本章では，前半でアントレプレナーシップの基本的枠組みについて考察し，

---

(20)　高橋（2014）はわが国女性の起業活動が低調な理由として，ロールモデルが身近になく，事業機会認識や知識・能力・経験に乏しいため起業家予備軍が少ないことを指摘し，関心が低いゆえに失敗の脅威も感じにくいとしている。

その発現形態の1つである起業について後半で検討した。アントレプレナーシップとは起業をしたり企業のイノベーションに挑んだりする力であり，個人的特性をもとに培われた企業家精神（態度）とスキルから構成される。さらに企業家精神とスキルを培い「私にはできる・機会があれば実行したい」と考える者が潜在的アントレプレナーである。アントレプレナーシップはイノベーションに結びつくが，欧米先進国や韓国と比べ我が国のアントレプレナーシップに関する指標は低く，性別格差も確認される。さらに典型的な発現形態である起業についてみても，欧米先進国や中国・韓国と比べ起業率は低く，性別格差も生じている。企業内アントレプレナーも同じ傾向がある。我が国にとり「私にはできる・機会があれば実行したい」と考える潜在的アントレプレナー，特に女性を増やすことが重要な課題である。

【参考文献】

キャメロン，K.S. ＆ クイン，R.E.（2009）『組織文化を変える』ファーストプレス

経済産業省（2008）「起業家教育事業」

経済産業省（2015）「生きる力を育むアントレプレナー教育のすすめ」初等中等教育段階におけるアントレプレナー教育の普及に関する検討会作成資料

厚生労働省（2014）「平成26年度男女共同参画白書」

シュンペーター，J.A.（著）/清成忠男（訳）（1998）『企業家とは何か』東洋経済新報社

全国商工会議所女性会連合会「女性起業家大賞」https://joseikai.jcci.or.jp/kigyo-ka/2023/oubo.html（2023年11月20日閲覧）

総務省（2023）「令和4年就業構造基本調査」

高橋德行（2014）「起業態度と起業活動の国際比較：日本の女性の起業活動はなぜ低迷しているか」『日本政策金融公庫論集』第22号，pp.33-56.

滝波純一（2012）「人事・組織のグローバル化対応」『ダイヤモンド・ハーバード・ビジネスレビュー』2012年10月1日号，10月15日号

中小企業庁（2019a, 2021a）『小規模企業白書（2019年版, 2021年版）』

中小企業庁（2017, 2018, 2019b, 2020, 2021b）『中小企業白書（2017年版, 2018年

版, 2019年版, 2020年版, 2021年版）』

内閣府（2022）「令和4年度年次経済報告」

日欧産業協力センター（2022）"Women entrepreneurship in EU and Japan"

日本社会福祉協議会（2010）「全国ボランティア活動実態調査報告書」

平野真理（2021）「パーソナリティ研究の動向と今後の展望―ビッグ・ファイブ，感
　　受性，ダークトライアドに焦点をあてて」『教育心理学年報』60，pp.69-90

藤井辰紀・金岡諭史（2014）「女性起業家の実像と意義」日本政策金融公庫論集 第
　　23号（2014年5月）

Bandura, A. (1978) "Self-efficacy: Toward a unifying theory of behavioral change",
　　Advances in Behaviour Research and Therapy, 1(4), pp.139-161

Cattell, R.B. (1963) Theory of fluid and crystallized intelligence: A critical experi-
　　ment. *Journal of Educational Psychology*, 54(1), 1-22

EU (2006) "Reccomendation ommendation of the European Parliament and the
　　Council of 18 December 2006 on key competences for lifelong learning". https://
　　eur-lex.europa.eu/LexUriServ/OJ:L:2006:394:0010:0018:en:PDF

GEM (2020) *"GEM 2019/2020 World Entrepreneurship Report"*

GEM (2022a) *"GEM 2021/2022 World Entrepreneurship Report"*

GEM (2022b) *"GEM 2021/2022 Women Entrepreneurship Report"*

GEM (2023) *"GEM 2022/2023 World Entrepreneurship Report"*

Katz, R.L. (1974) "Skills of an effective administrator", *Harvard Business Review*,
　　September, 1974

Ker, S., Kerr, p., William, R. and Tina Xu (2017) Personality Traits of Entrepreneurs:
　　A Review of Recent Literature, Working Paper 18-047, *Harvard Business School
　　Working Paper*, pp.18-047

Krueger, N.F. and D.V. Brazeal (1994) Entrepreneurial Potential and Potential Entre-
　　preneurs, *Entrepreneurial theory and Practice,* 18(3)

Lumpkin, G.T. and G.G. Dess (1996) "Clarifying the Entrepreneurial Orientation
　　Construct and Linking It to Performance," *Academy of Management Review*,
　　21(1), pp.135-172

Michelmore and Rowley (2010) "Entrepreneurial competencies: a literature review
　　and development agenda", *IJEBR*, 16(2), pp.92-111

Ruth, D. (2006) "Frameworks of managerial competence: limits, problems and sug-
　　gestions", *Journal of European Industrial Training*, 30(3), pp.206-26

Sánchez, J., Carballo,T. and A. Gutiérrez (2011) "The entrepreneur from a cognitive approach", *Psicothema*, 23(3), pp.433-438

第2章
アントレプレナーシップの養成

1. はじめに

　前節で企業家精神を有し企業家的能力に自信を深めた潜在的アントレプレナーの意義を示した。第2章ではアントレプレナーシップはどう養われるか，また性差がなぜ生まれるのか検討し，性差なきアントレプレナーシップ教育の在り方を考えよう[(1)]。まず第2節ではアントレプレナーシップ養成の基本的な考え方を示し，第3節ではなぜ性差が生まれるのか検討する。第4節ではアントレプレナーシップ教育について詳述し，第5節で性差なきアントレプレナーシップ教育の在り方について考える。

2. 2つのアントレプレナーシップ教育

　第1章で「私にはできる・機会があれば実行したい」潜在的アントレプレナーと，「やるぞ」と意志固めし行動するアントレプレナーを区分した。これに対応し教育の目的も2つに区分できる（図2.1参照）。1つ目が企業家精神やスキルを養い潜在的アントレプレナーを生み出すもので，アントレプレナーシップ教育と呼ぼう。2つ目は，起業準備のための起業家セミナーで実務スキルを養い，ヒト・モノ・カネなど不足するリソースの補完を支援することである。

　なお，図2.1では潜在的アントレプレナーが能力を伸ばしアントレプレナー

---

(1) 経済産業省（2008）は起業家教育事業の目的を（1）アントレプレナーシップを知る，（2）将来のキャリア設計をイメージする，（3）自ら課題を見つけ解決する力を養う，としているが，本書の立場も同様である。

図2.1　2つのアントレプレナーシップ教育

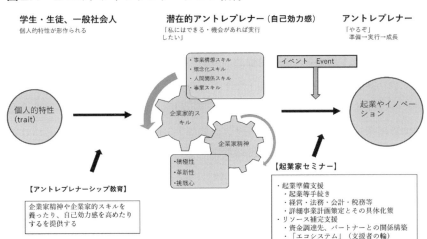

出所：Kruger and Brazeal（1994）を参考に作成

へ成長するように見えるが，現実には様々なパターンがある[2]。

3. アントレプレナーシップの醸成過程と性差

　アントレプレナーシップはどう養われるのだろうか。個人的特性は生来のもの，または家庭や学校教育を通じ長い時間をかけて体化されたものである。一方，企業家精神や企業家的スキルは，個人的特性や環境の影響を受けるものの，学校教育や職業キャリアを通じてある程度主体的に養うことができる。両者とも外部環境や社会の規範・意識の影響を受ける。また起業家やイノベー

---

[2] 李（2020）によると，女性起業家には（1）特定領域に特化した「スペシャリスト型」，（2）偶然の出来事でその後が影響された「意図せざるキャリア型」（3）異なる領域間を連結したり橋渡しして能力を蓄積した「ジェネラリスト型」（4）段階的・計画的に能力を獲得した「最初から起業をめざすキャリア型」があり，人的資本の獲得過程は多様である。

図2.2 性別役割分担意識とアントレプレナーシップのジェンダー格差

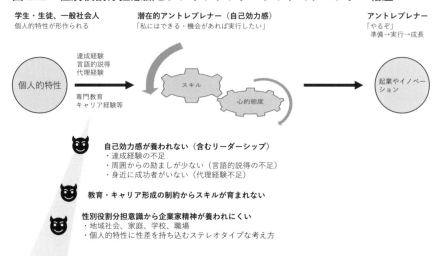

出所：筆者作成

ターなどとの個人的な交流経験は，心的態度の形成に大きな刺激となる。

　ここで，アントレプレナーシップのジェンダー格差はなぜ生まれるか考えよう。筆者は社会における性別役割分担意識が，直接，企業家精神の心的態度の形成に影響するだけでなく，リーダーシップやキャリア形成の機会を奪っていること，その結果，目標とすべき女性アントレプレナーとのつながりが少ないことが影響していると考える（図2.2参照）。

　第1に社会，学校や職場そして家庭において性別役割分担意識が残り，それが企業家精神（態度）の形成を妨げている[3]。性別役割分担意識は，本来，個人の能力等により役割分担を決めるべきにも関わらず，性別を理由として役割を分ける考え方で，男性を中心に根強く残る（Levant, 2011）。分担意識は先進諸国でも払拭しきれてない。OECD（2023）は雇用・賃金・役職等におけ

---

[3] 最新の内閣府委託調査によると「男性は外で働き，女性が家の中で家事を支えるべきである」と考える男性は20〜39歳22.2%，40〜69歳23.6%で，そうでないと考える男性は20〜39歳25.2%，40〜69歳で21.6%である（内閣府, 2022）。

るジェンダー格差がOECD諸国でも依然残っているとし，その背景として家庭，学校，社会における価値観が女性の専門教育や職業の選択に影響したり，育児に対する責任についての男女間の不平等が働き方を制約したりしている。分担意識の根底にあるのは個人的特性に性差を持ち込むステレオタイプな考え方で，しばしば引用されるのが心理学者ベム（Bem, S.L.）のBSRI（Bem Sex Role Inventory：ベム性別役割目録）である（表2.1参照）。BSRIの項目には容易に変えられない認知的能力や性格に加え，環境等で変わりうる態度が混在している。BSRIは1970年代に作られたが，現在の米国社会でもほぼ変わっていない[4]。さらに泉（2005）によると現代日本の価値観にも当てはまる。ここで問題なのはアントレプレナーに望ましいとされる特性が，BSRIで男性的とされる要素とかなり重なっていることである（McAdam, 2013）。その結果，Ahl（2004）によると，女性が企業家に向く心的態度を養い，認知能力を磨く上で抑制的に作用している[5]。

表2.1　BSRI　ベム性別役割目録にもとづく男性的・女性的特性

男性的	女性的
自分に自信がある，信念をもった	人に従順な，快活な
独立心のある，運動が得意	恥ずかしがり，愛情のこもった
自己主張ができる，精神的に強い	愛想がよい，忠実な
力強い，分析的な，統率力がある	女らしい，共感力がある
リスクを恐れない，判断力がある	気配りができる，傾聴力がある
自立した，支配的な	思いりのある，傷心をなぐさめる
男らしい，明確な態度をとる	優しい語り口，心暖かい
積極的な，リーダー的に振る舞う	優しい，騙されやすい
個人主義的な，競争的な	子供っぽい，乱暴な言葉遣いをしない
野心的な	子供好きな，温厚な

出所：Bem（1974）

---

(4) Bhatia and Bhatia（2021）は膨大な文書データベース言語を用い，「男性」「女性」という言葉と属性・特性との関係を，テキスト分析やAIによって解析した。

(5) McAdam（2013）は多数の実証研究をサーベイから，女性は男性に比べリスクを取らないとする調査結果が多いとした。その背景として，①「庇護されるべき母性」という世界観，②生育時期やキャリア形成期の環境の影響，③暴力的威圧に対する脆弱性などがあるとしている。

第2に性別役割分担意識がキャリア形成の機会を奪いスキルが蓄積されにくいことである。1つ目に大学・大学院への進学率が男性に比べていまだに低い[6]。また専攻分野の偏りもみられ，専門職としての技能を培う面で悪影響がある。池本（2018）によると，科学・技術・工学・数学分野での女性比率はOECD諸国全般で低い傾向がみられるが，我が国ではさらにその割合が低くなっている。2つ目に企業等のキャリア形成過程における格差である。まずパート等の非正規雇用者の比率は男性21.8％に対し女性53.6％である[7]。また幹部候補生である総合職の比率は男性52％，女性36％で一般職比率は男性32％，女性43％となっている[8]。3つ目に結婚・出産・介護などのライフイベントに際し離職や非正規に転じる女性が多くキャリア形成のギャップが生まれやすい[9]。

　第3に，役割分担意識や教育・キャリア選択の制約から，企業家としての自信（自己効力感）が育む場に恵まれにくいことである。まず達成経験や周囲からの「あなたにはできる」という励まし（言語的説得）が不足している。なかでも人間関係スキル，特にリーダーシップに関する自己効力感を高める機会の性差は明白である。プラン・インターナショナル（2022）によると，中学校・高校に通う女子について，グループ内での役割を「サポート役」と考える回答者が20％であるのに対し，「場を仕切る役」は6.5％にすぎない。さらに女性経営者や起業家が相対的に少なく，個人的交流を通じ経験を共有できる機会が

(6) 2021年度の大学進学率（学部）は男子58.1％に対し女子50.9％，大学院への進学率は男子14.6％に対し，女子5.9％である（内閣府，2022）。
(7) 内閣府（2022）
(8) 厚生労働省（2021）
(9) 女性の年齢階級別労働力率の「M字曲線」自体は改善している。2001年時点では20〜29歳70％を越えていたものが結婚・出産・育児の影響で30〜34歳60％未満まで落ち込み，子育て後の45〜49歳に70％に回復した。2021年では，25〜29歳87％，30〜34歳79％と上昇し，以前よりカーブが浅くなり先進国で見られる「台形型」に近づきつつある。一方，女性の年齢階級別正規雇用比率は，25〜29歳の59％をピークとして，30〜34歳46％，35〜39歳35％と下がり，以降30％台以下で推移する（内閣府，2022）。

乏しく代理経験が不足する[10]。

4. アントレプレナーシップ教育

　アントレプレナーシップ教育を構成するものは，（1）生徒・学生，一般向けアントレプレナーシップ教育，（2）起業意思をもった者向け「起業家セミナー」並びにこうしたアントレプレナーシップ教育を下支えする（3）「エコシステム」である。「エコシステム」は様々な経済主体が集まってアントレプレナーの活動を支えるために協働するネットワークである。

4.1　アントレプレナーシップ教育

　生徒・学生・一般向けアントレプレナーシップ教育では，アントレプレナーシップを獲得することで，将来の選択肢の一つとして起業も含めてキャリア設計をイメージし，自ら課題を見つけ解決する力を育くむことを狙いとしている。なお，アントレプレナーシップ教育は，起業あるいはイノベーションなどを点としてとらえるのではなく，過去，現在そして未来へと続く継続的なラインで成長を目指すものである。

4.1.1　アントレプレナーシップ教育の４分野

　Neck and Greene（2011）はアントレプレナーシップ教育を４つの分野に分けた（表2.2参照）。

　1つ目は「アントレプレナーシップの理解」で，アントレプレナーシップについて理論的・総括的に検討する。アントレプレナーシップとは何かから始まり，その意義，内容，養うための方策，課題等について，受講生に考えてもらう。2つ目が「事業構想スキル」（Process world）で，具体的にどのように起

（10）厚生労働省（2021）によると課長相当職以上の管理職に占める女性割合は12.3％である。

表2.2　アントレプレナーシップ教育の4つの柱

	アントレプレナーの理解（Entrepreneur world）	事業構想スキル（Process world）	アントレプレナーから学ぶ（Cognition world）	実践力を養う（Method world）
目的	アントレプレナーの基礎理論を理解する	いかに起業やイノベーションを起こすか理解する	アントレプレナー的意思決定を習得する	アントレプレナーシップを実践する手法の修得
教育内容	意義，企業家精神，企業家的資質などを理解させる	ベンチャーやイノベーションの創出法を学ぶ	厳しい局面で優れたアントレプレナーのように考える	新たな事業を興すための実践的訓練
教育方法	教室プログラム（座学）中心で，ゲスト企業家を招いた入りする	アクティブ・ラーニング中心ビジネスプランを立てたり，ケースメソッドを行ったりする	アクティブ・ラーニング中心意思決定に関するケースメソッド，シミュレーション	教室プログラムで創業手順，リソース調達法等を学び，ビジネスゲーム等で課題克服を考えたりする

出所：Neck and Greene（2011）

業やイノベーションを進めてゆくべきか，事業構想の手法を修得する。参加者が簡単な事業計画を立てたり，事例研究を行ったりする。3つ目が「アントレプレナーから学ぶ」（Cognition world）で，一般的な大企業経営者とは異なる，アントレプレナーの挑戦的な課題解決法について体得する。テーマとして製品開発，海外進出，撤退などの経営課題を取り上げ，優れたアントレプレナーの事例を参考に考える。教育法としてケースメソッドやビジネス・シミュレーションがよく用いられる。ケースメソッドとは，実際の企業事例にもとづき新事業進出などの経営課題を提示する方法で，アントレプレナーとしていかに行動すべきかグループ等で討論する。4つ目が「実践力を養う」（method world）で，起業や新事業進出等を実行に移す局面にあたって，自信をもって取り組める力を身につける。座学で実務上必要な経理・財務，資金調達並びに設備投資，人材の採用・管理などを学び，ビジネスゲームで創業時に陥る収入が得られず手持ち資金が減る「死の谷」克服法などを訓練する。実際に模擬店を運営すること，創業者の活動をシュミレーションするビジネスゲームがよく用いられる。「アントレプレナーシップの理解」「事業構想スキル」並びに「アントレ

図2.3　学生向けアントレプレナーシップ教育プログラム例

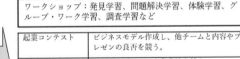

教室：動機付けにもとづく能動的な知識吸収		ワークショップ：発見学習、問題解決学習、体験学習、グループ・ワーク学習、調査学習など	
・アントレプレナーシップの意義 ・地域経済や身近な起業家や自営業者についての理解 　・アントレプレナーシップの重要性 　　・企業家精神（心的態度） 　　・事業構想力 　　・リーダーシップ ・企業運営知識 ・企業家との交流		起業コンテスト	ビジネスモデル作成し、他チームと内容やプレゼンの良否を競う。
		ビジネスゲーム	ビジネスゲームで企業業績を競う
		課題解決型プロジェクト	中小企業の直面する課題に関するテーマを決めて、解決策を提案し競う。
		模擬店舗運営	学校内のコンビニ、商店街のチャレンジショップなど実店舗を運営する。
		ケースメソッド	実際の企業事例から、新事業進出などの課題に際し、優れたアントレプレナーならいなに行動するか討論する。
		インターンシップ	起業家・自営業者の下でのインターンシップ

出所：ICSB Youth Camp（学生向ワークショップ）を参考に作成

プレナーから学ぶ」は潜在的アントレプレナー養成のため不可欠だが，「実践力を養う」は，次項の「起業家セミナー」と同じく起業実践を推進することを企図している。

4.1.2　アントレプレナーシップ教育のプログラム例

次に大学生向け半年間（1学期）のアントレプレナーシップ教育例をみよう（図2.3参照）。

「アントレプレナーシップの意義」は教室プログラムが主体だが，「ビジネスモデルを創る」「アントレプレナーの考えを学ぶ」「実践力を養う」は教室プログラムとワークショップを組み合わせた問題解決型学習（PBL：Problem Base Learning）として実施される。PBLは学生主体のアプローチで，学習テーマに関連して，自由な視点で何通りもの答えが出せる課題にグループで協力し合あって取り組むことである（コーネル大学Center for Teaching Innovation）。教室で身近な起業家・自営業者と交流したり，地域社会・経済やITの理解を深めたり，問題解決メソッドを学んだりする。それを生かして起業コンテスト，ビジネス・シミュレーション，ビジネスゲームなどのワークショップに取り組む。起業家・自営業者が営む現場に出向く課題解決型インターン

シップもある。参加者は，現実的だが創造的で独自性あふれる解決策に到達することで小さな成功を手にしたり（達成体験），親しくなった起業家・自営業者の苦労話に没頭したり（代理経験），「君ならできるよ」と励ましてもらったり（言語的説得）することで，起業やイノベーションについて「私にはできる・機会があったら実行したい」という自己効力感を高めることができる。

4.2　起業実践を支援する「起業セミナー」

　「起業セミナー」の主目的は，年齢・職業に関係なく，起業意思を持っているか強い関心をもっている者に対し，彼女たちが保持するヒト・モノ・カネ・情報などのリソースを，起業し成功する水準まで高めるサポートすることである。こうしたリソースにはビジネスを円滑に推進するために欠かせない各種経営知識，人的ネットワーク，資金調達力などである。さらに，起業に関する各種手続きについて理解してもらうことも，大事な機能である。「起業セミナー」は3カ月程度の短期プログラムとして実施されることが多く，主催者は大学，市町村，地域経済団体などである。セミナーでは，以下の内容を主に扱う。1つ目が起業手続きで，一般的な法人・個人企業設立に関する各種手続きに加え，業種毎の事業開始のための役所等への各種届出・許可等を確認する。2つ目が組織運営に関する経営・法務上の知識・ノウハウの獲得である。経理・決算処理・税務並びに従業員の雇用保険や健康保険や労務知識などが欠かせない。3つ目が販路・調達先や資金計画を含めた，詳細な事業計画の作成並びに，それにもとづく，具体策の検討である。4つ目が資金調達先，ビジネスパートナーとの関係構築の支援，マッチングである。製造業であれば小売業，小売業であれば仕入先などとの関係構築である。5つ目は，次項で述べる地域・業界等の「アントレプレナー・エコシステム」への参加をいざない，金融機関，企業，先輩起業家等の「サポーター」との継続的な取引・情報交換の提案することである。「サポーター」がセミナー講師やゲストスピーカーとして参加することも多い。

4.3　アントレプレナーを育むエコシステム

　研究者・行政・実務家の間で近年，提唱されているのが，アントレプレナー・エコシステム（Entrepreneurial ecosystem）の構築である。エコシステムは自然界の生態系という意味だが，経営学ではビジネス基盤（プラットフォーム：platform）の上に，様々な経済済主体が参加し，互いに活発な取引が行われる一種の共同体という形で用いられる。アントレプレナーシップ・エコシステムは，「様々な経済主体や要素が集まって，アントレプレナーの活動を促すために協働する体制」（Stam, 2015）である。先にアントレプレナーシップ教育は，過去，現在そして未来へと続く継続的なラインで成長を目指すものであると述べたが，その役割を担うのがエコシステムである。エコシステムは恒常的な体系として，アントレプレナーシップ教育や「起業セミナー」など時間軸上の様々な点（dots）を生み，それを線へと紡ぎだす「Connecting the dots」の母体となる。WEF（2014）によるとエコシステムには次の8つの機能がある。1つ目は国内外の顧客開拓のサポートである。2つ目は従業員の採用やパートナー企業などの人的資源へのアクセスを支援することである。3つ目は資金調達を支援することである。4つ目はマーケティング，税務などの専門家による支援やメンターを紹介することである。5つ目は行政面での支援（税的優遇，開業に関する許認可簡素化など）である。6つ目は従業員の教育訓練を支援することである。7つ目は有力大学が参画し，研究成果の製品化を促したり，共同研究を行ったりすることである。8つ目は地域における起業に対する社会的・文化的規範を改善することである。

　アントレプレナー・エコシステムには地域単位のもの，大学単位のものなどがある。地域単位のものは国際レベル・国レベル・地域レベルなどに区分され，サポート対象企業の特徴から全般的な起業，ハイテク分野の起業，女性の起業などに分類され，サポート目的から全般的なもの，資金調達や人的ネットワーク形成など特定目的に主眼をおいたものなどに分かれる。例えば，資金調達促進のため支援組織，金融機関，行政などが参画したエコシステム，起業家教育のために教育機関，民間企業，先輩起業家などが加わったエコシステムな

どが考えられる。近年，多くのエコシステムにおいて，女性起業家の支援が重視されるようになっている。さらに女性起業家の人的ネットワーク形成を目的としたエコシステム（EUのWEgateなど）も世界各地で立ち上がっている。Kato（2019）は社会企業に向けたエコシステムの意義と課題を示した。

5. アントレプレナーシップ教育における性差克服

　前節で述べた，アントレプレナーシップ教育，起業意思をもった者向けの「起業家セミナー」，そしてエコシステムにおいて，性差問題はいかに克服されるべきだろうか。本節ではまず，性差問題を考える基本であるフェミニストについて検討し，それを踏まえ性差なきアントレプレナーシップ教育の在り方を考える。さらに米国大学の先進例を紹介する。

5.1　フェミニズムと性差なきアントレプレナーシップ教育

　1960年代から発展したフェミニズム運動は「男女間には非対称な力関係があるという認識から出発して，その原因，プロセス，維持のメカニズムを分析し，社会的，経済的，政治的，文化的，心理的変革をめざす理論と運動」（ホーン川嶋, 2000）である。こうしたフェミニズムの考え方に沿って教育理論を実践するペダゴジー（授業方法）がフェミニスト・ペダゴジーである。フェミニスト・ペダゴジーは，女性運動に関して意識喚起（Consciousness Raising：CR）を促し，女性としての「主体性」と女性による女性のための「知」の構築にかかわるもので，次の3つが代表的なアプローチである。第1がリベラル・フェミニズム（Liberal feminism）で同じ能力をもっている男女間に格差が生じる原因は，教育，仕事などにおいて，与えられる機会の不平等があるとする。「機会の不平等解消」を通じ，女性の教育的，職業的，社会的成功を支援する。第2にラディカル・フェミニズム（Radical feminism）で男女不平等の背景に，家庭における家父長制やセクシュアリティがあり，現代の社会構造はこれらにもとづき構築されたものとする。女性の抑圧からの解放と存在の回

図2.4　性差のないアントレプレナーシップ教育の在り方

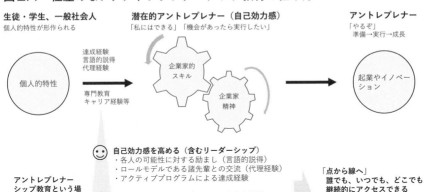

生徒・学生、一般社会人
個人的特性が形作られる

潜在的アントレプレナー（自己効力感）
「私にはできる」「機会があったら実行したい」

アントレプレナー
「やるぞ」
準備→実行→成長

個人的特性

達成経験
言語的説得
代理経験

専門教育
キャリア経験等

企業家的
スキル

企業家
精神

起業やイノベー
ション

アントレプレナー
シップ教育という場

☺ 自己効力感を高める（含むリーダーシップ）
・各人の可能性に対する励まし（言語的説得）
・ロールモデルである諸先輩との交流（代理経験）
・アクティブプログラムによる達成経験

☺ アントレプレナーシップの意義と企業家精神
事業構想スキルの養成

☺ 性別役割分担意識の克服への強いメッセージ
今後の教育・キャリアの主体的選択を後押し

「点から線へ」
誰でも、いつでも、どこでも
継続的にアクセスできる
学びあう場

出所：筆者作成

復を目的とし，「社会的認識の変革」と「女性の視点にたった教育方法・内容」
を追求する。第3が社会主義フェミニズム（Socialist feminism）で資本主義社
会において経済価値を生産する能力の高い者が支配的地位を得るとして，相対
的に力の弱い女性は劣位の階級に陥りやすく，家事・育児など役割分担が生ま
れるとする。こうした性差による生産力格差を再生産しないために，「自己変
革と社会変革を担う意識」をもち「知識・スキルの獲得」をすることで豊かな
女性を育てようとする。

　次に性差なきアントレプレナーシップ教育の在り方を考えよう（図2.4参
照）。

　第1に性別役割分担意識克服への強いメッセージを打ち出し，女性が今後の
人生で主体的に教育・キャリアを選択することを後押しすることである。フェ
ミニスト・ペダゴジーに則り，常に「女性の視点にたった教育方法・内容」に
努め，ワークショップ等に数多くの女性企業家や女性教員などが加わることで
ある。Shrewsbury（1993）はフェミニスト・ペダゴジーを教育者が実践する

際，重視すべきものとして，（1）女性参加者のエンパワーメント，（2）ジェンダー平等で双方向的なコミュニティづくり，（3）リーダーシップ養成をあげている。

　第2に女性にとり，アントレプレナーシップと企業家精神がジェンダー平等の観点から重要であることを認識してもらうことである。「自己変革と社会変革を担う意識」や「知識・スキルの獲得」はアントレプレナーシップと重なるし，女性の視点を生かした事業機会の発見は「社会変革」につながる可能性がある。

　第3に「性差による生産性格差」を克服すべく，女性の自己効力感を高める踏み込んだサポートである。女性教員は各人の良い点を見いだし「できるよ」と励まし（言語的説得），女性企業家はロールモデルとして自己の経験を共有化し（代理経験），ワークショップ指導者は女性メンバーが主体的に関わり達成経験を積めるように目配りする。第4に一時的な教育プログラムでなく，「点から線へ」誰でも，いつでも，どこでも継続的にアクセスできる学びあう場，言い換えると企業家エコシステムを設けることである。

5.2　性差のない先進的アントレプレナーシップ教育

　次にフェミニスト・ペタゴジーが定着し性差のないアントレプレナーシップ教育が行われている，米国の女子大学と共学大学，2つの先進事例を紹介する。

　第1に女子大学であるスミス・カレッジにおいては「アントレプレナーシップを育む教育」が女性のリーダーシップ教育と連携して推進されている。スミス・カレッジは1875年創立の女子大学で，幅広い知識や教養を身につけることを重視する単科大学（リベラルアーツ・カレッジ）である。女子大学として，女性の自己効用感（Self-efficacy）を高めるための踏み込んだサポートを進めている。カレッジの学生はリーダーシップ育成集中講座（計10日間）への2年にわたり2回の受講することが義務づけられている。1年目の研修では，会議のファシリテーション・スキルや交渉術，仲裁術，スピーチ，コミュニケーション・スキルなどをグループワーク形式で修得する。2年目の研修内容

は，卒業後の就職や大学院進学を想定して，人生設計の1部として5年計画を策定し，将来目標と今まで修得した資質やスキルと目標達成のために今後修得すべき資質やスキルを特定する。一方，The Center for Women and Financial Independenceでは女性の経済的自立を促進するための一環として企業家精神育成プログラムを開講している。まず，経済的自立や企業家精神の必要性に対して学生の意識を高めることが基盤になっている。そして，ゲストスピーカーの女性起業家たちから直接話しを聴くことで，経済的・財政的リテラシーを身につける重要性について学ぶ。またビジネスプランコンテストとして「50ドル・チャレンジ」が実施されている。この企画は学園祭のような設定で，50ドルの資金を与えられた個々の学生グループが自分たちの特技を活かして模擬店を開き，売上額の最も高いグループが表彰される。「性差による生産性格差」を生まないための取組みがされていると言えるだろう。

　第2に共学のボストン・カレッジ（Boston College）ではアントレプレナーシップ教育の一方，女性センター（Women's Center）が女性のリーダーシップ育成と意識づけの核となり，教職員並びに共学の学生の間にジェンダー平等の意識が徹底するよう努めている。ボストン・カレッジは1863年創立の男女共学の私立総合大学で正義と慈愛に満ちた未来を開拓できる次世代のリーダー育成を謳っている。ボストン・カレッジでは女性センター（Women's Center）が核となり，女性のリーダーシップ育成が推進されている。女性センターには学生スタッフと職員が常駐し，"Empowering Women. Inspiring All"（「女性をエンパワーし，すべての人を元気に」）という標語を掲げて多角的な活動を行っている(11)。一方，アントレプレナーシップセンター（Edmund H. Shea Jr. Center for Entrepreneurship）が設置され，経営学部学生・院生が起業家育成

---

(11) 女性センターは1973年でカソリック系の大学では全米ではじめて設立されたが，その設立経緯はユニークである。ボストン・カレッジは1970年に男子大学から共学大学になったが，その時に入学してきた女子学生たちが，キャンパスが女性向きに整備されていないことに抗議して，女子トイレを占拠し自主的に女性センターを設置した。その後30年間にわたって女子学生だけで活動を続け，2003年に職員が配属されて現在のような公式組織になった。

コースを履修できる他，全学学生が開講科目を受講でき，ベンチャー企業のインターンシップや起業家とのランチ会に参加することができる。アントレプレナーシップセンターには多くの女性起業家がメンターとして登録されていたり，公式の女性起業サークル（Women Innovators Network）を支援したりしている。また，アントレプレナーを支援するエコシステムにおいてもジェンダー平等が推進されている。

女子大学・一般教養主体の単科大学（リベラルアーツ・カレッジ），共学・総合大学の違いがあるが，両者とも女性のリーダーシップ養成をアントレプレナーシップ教育の一環として重視していることが確認された。また，機会の均等，性別役割分担意識の排除，能力・スキル上の性差解消などフェミニズム・ペタゴジーの基本精神が定着している[12]。

6. 結び

一般学生・生徒に向けたアントレプレナーシップ教育のゴールは，「私にはできる・機会があれば実行したい」とする潜在的アントレプレナーを養うことである。本章ではアントレプレナーシップはいかに養われるか，性差がなぜ生まれるのか検討し，性差なき教育について検討した。

アントレプレナーシップ教育は一般に4つの分野に分かれる。1つ目はアントレプレナーシップの内容，意義，養成法についての理論的な理解である。2つ目が事業構想スキルの養成，すなわち起業やイノベーションをデザインすることある。3つ目が優れたアントレプレナーを手本として，不確実性下でイノベーションを生み出すマネジメントや意思決定について学ぶことである。4つ目が具体的起業手順や創業時の課題克服法など学び実践力を養うことである。教室プログラムだけでなく受講生主体のアクティブ・ラーニング・プログラムが設けられている。また，性差のないアントレプレナーシップ教育の鍵は，

---

(12) 三宅・加藤（2016）

（1）性別役割分担意識克服への強いメッセージを打ち出し，女性が今後の人生で主体的に教育・キャリアを選択することを後押しすること，（2）女性にとり，企業家的スキルと企業家精神がジェンダー平等の観点から重要であることを認識してもらうこと，（3）プログラムに参加する女性の自己効力感を高めるための踏み込んだサポート，（4）誰でもいつでもどこでも継続的にアクセスできる学びあう場へと拡張すること，である。これを踏まえて第3章では事業構想スキル，第4章ではリーダーシップについて考えてゆこう。

謝辞

　筆者（加藤）はICSB第63回世界大会（2018年，台北）の若者向けワークショップにゲスト教員として参画し世界的な教育者達から様々な助言をいただいた。

【参考文献】

池本美香（2018）「女性の活躍推進に向けた高等教育の課題」『JRIレビュー』5(56)，pp.112-141.

泉亜由美（2005）「アンドロジニー概念の再考とBSRIの妥当性の検討」『日本語とジェンダー』5，pp.78-9

経済産業省（2008）「起業家教育事業」

厚生労働省（2021）「令和3年度雇用均等基本調査」

内閣府（2022）「令和4年度男女共同参画白書」

プラン・インターナショナル・ジャパン（2022）「日本における女性のリーダーシップ2022」https://www.plan-international.jp/activity/pdf/220308_leadership.pdf

ホーン川嶋瑤子（2000）「フェミニズム理論の現在：米国での展開を中心に」『ジェンダー研究』第3号（お茶の水女子大学），pp.43-66

ホーン川嶋瑤子（2004）『大学教育とジェンダー──ジェンダーは米国の大学をどのように変革したか』東信堂

三宅えり子（2015a）「高等教育におけるジェンダー」川島典子・三宅えり子（編著）『アジアのなかのジェンダー　第2版──多様な現実をとらえ考える』ミネルヴァ書

房，pp.151-177

三宅えり子・加藤敦（2016）「アメリカの大学はいかに女性をエンパワーするか：リーダーシップ，起業家教育に学ぶ」『同志社女子大學學術研究年報』67，pp.19-31

李俞姫（2020）『日本の女性起業家のキャリア形成：69人のライフヒストリーが教えてくれたこと』明石書店

Ahl, H. (2003) *The scientific reproduction of gender inequity: A Discourse analysis of research articles on women's entrepreneurship*, Liber AB

Bem, S.L. (1974) "The Measurement of Psychological Androgyny", *Journal of Consulting and Clinical Psychology*, 42(2), pp.155-162

Bhatia, N. and S. Bhatia (2021) "Changes in Gender Stereotypes Over Time: A Computational Analysis", *Psychology of Women Quarterly*, 45(1), pp.106-125

Cooper, J. and P. Eddy (2007) "Improving Gender Equity in Postsecondary Education," Klein, S. (ed.) *Handbook for Achieving Gender Equity through Education*, Mahwah, New Jersey, Lawrence Erlbaum Associates, Inc., Publishers. pp.631-653

John, P. and S. Srivastava (1999) "The Big Five Trait taxonomy: History, measurement, and theoretical perspectives," In Pervin, A and P. John (Eds.), *Handbook of personality: Theory and research*, Guilford Press, pp.102-138.

Kato, A. (2019) "Local government as a platform for altruistic microbusiness: A case study of a children's cafeteria in Japan," *Journal of the International Council for Small Business*, 2(1), pp.55-66

Krueger, N.F. and D.V. Brazeal (1994) Entrepreneurial Potential and Potential Entrepreneurs, *Entrepreneurial theory and Practice,* 18(3)

Levant, R.F. (2011) Research in the psychology of men and masculinity using the gender role strain paradigm as a framework, *American Psychologist*, 66(8), 765-776. https://doi.org/10.1037/a0025034

McAdam, M. (2013), *Female Entrepreneurship*, Routledge

Miller, D. and P. Friesen (1978) "Archetypes of Strategy Formulation," *Management Science*, 24, pp.921-933. DOI:https://doi.org/10.1287/mnsc.24.9.921

Neck, M. and G. Greene (2011) "Entrepreneurship education: Known worlds and new frontiers", *Journal of Small Business Management*, 49, pp.55-70

OECD (2001) Breaking through the Glass Ceiling. https://www.ilo.org/public/libdoc/

ilo/2001/101B09_102_engl.pdf

OECD (2023) "Joining forces for gender equality: What is holding us back?", DOI: https://doi.org/10.1787/67d48024-en

Shrewsbury, C. (1987) "What Is Feminist Pedagogy?", *Women's Studies Quarterly*, 15(3/4), pp.6-14

Somers, P. (2002) "Affirmative Action and Employment," Martinez Aleman, A. and K. Renn (eds.) *Women in Higher Education: An Encyclopedia,* Santa Barbara, California, ABC-CLIO, pp.211-2214

Somers, P. (2002) "Title IX," Martinez Aleman, A. and K. Renn (eds.) *Women in Higher Education: An Encyclopedia,* Santa Barbara, California, ABC-CLIO, pp.237-243

Stam, E.(2015) "Entrepreneurial ecosystems and regional policy: A Sympathetic critique", *European Planning Studies*, 23(9), pp.1759-1769, DOI:10.1080/09654313.2015.1061484

Tidball, M., Smith, D., Tidball, C. and L. Wolf-Wendel (1999) *Taking Women Seriously: Lessons and Legacies for Educating the Majority*, Phoenix, Arizona, American Council on Education/Oryx Press

WEF (2014) "Entrepreneurial ecosystems around the globe and early-stage company growth dynamics – the Entrepreneur's perspective"

Wolf-Wendel, L. and B. Eason (2007) "Women's Colleges and Universities," B. Bank (ed.) *Gender and Education: An Encyclopedia,* Vol.1. Westport, Connecticut, Praeger Publishers, pp.235-242

World Economic Forum (2019) *Global Gender Gap Report 2020*

事業構想スキル
：ビジョン，アイディアとビジネスモデル

1. はじめに

　潜在的アントレプレナーになるための，企業家的スキルの中核が事業構想スキルである。本書では，狭義の「事業構想スキル」の範疇に入る，事業機会の探求・アイディア出し・顧客価値提案などに加え，事業構想やビジョンを関係者に示し生産・販売体制を構築する「概念化スキル」が含めて考える。第3章では，事業構想やビジョンをつくれるようになるための基礎を扱う。本章の内容は次の通りである。第2節ではビジョン，アイディア，ビジネスモデル並びにビジネスプランという事業構想の主要素を示し，それぞれの概要を検討する。第3節ではビジネスアイディア，第4節ではビジネスモデル，第5節では評価基準について詳しく検討する。

2. ビジョン並びにアイディア，ビジネスモデル，ビジネスプラン

　本書では，ビジョン，ビジネスアイディア，ビジネスモデルをあわせて事業構想とし，ビジネスプランとは区別する。また，事業構想を通じ，ビジョンやビジネスモデルとして概念化された事業計画は，株式会社やNPO等の法人設立，パートナーとの関係づくり，バリューチェーンの構築など，組織構築につながる（図3.1参照）。

　1つ目にビジョンとは「未来の青写真」であり，どのような事業領域（Where）領域で，いかなる経営理念（Philosophy）で，誰に対して（Who），何を（What），どのように（How），提供しようとするのか，関係者がはっきり理解できるように簡潔にのべたものである。2つ目にビジネスアイディアは，新

図3.1　事業構想とビジョン，ビジネスアイディア

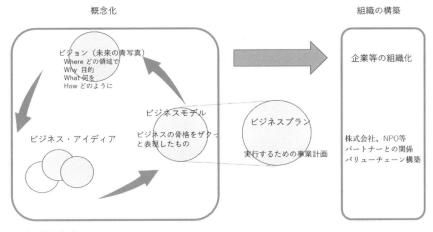

出所：筆者作成

製品・新サービスをはじめ，業務プロセスの革新，組織革新などにつながるアイディアである。3つ目にビジネスモデルは，ビジネスの骨格をザクっと表現したもので，顧客への価値提案，価値を生み出す仕組みや収支バランスなどが含まれる。事業構想とは，ビジョンからビジネスアイディアを出し，ビジネスモデルを考えるというサイクルを繰り返し，ビジョンと調和のとれたビジネスモデルを紡ぎ出すことである。アイディアは，自由な発想で沢山，出すことが大切である。アイディアの中から，顧客の価値につながるか，実現性があるか，将来性があるか，などの視点から選択して，ビジネスモデル（事業構想）を作る。これに対し，構想を実行に移すステージでは，金融機関や出資者，パートナーの支援を得るため，詳細な事業計画を作成することがある。その内容には組織，資金・投資，店舗・施設，調達・仕入，販売，人事など実務を意識した実行計画・工程表が含まれる。本書ではこれをビジネスプラン（事業計画書）と呼ぶ。

3. ビジョン

　先述の通り，ビジョンは「未来の青写真」であり，どの事業領域（Where）領域において，いかなる経営理念（Philosophy）をもって，誰に対して（Who），何を（What），どのように（How），提供するのか，という事業内容を簡潔にのべたものである。ビジョンの有効性を高めるには以下の点が重要である。1つ目は経営理念について，従業員やその他の利害関係者からみて腑に落ちるものであるかである。経営理念あるいは経営哲学は価値観そのものなので，明文化されたビジョンは勿論だが，日常の対話や交流を通じて感じる経営者・リーダーの人間性に対して共鳴してもらうことが大切である。2つ目は事業内容の実現可能性について信頼を得ることである。そのためには，具体的なビジネスモデルの裏付けが必要であり，聞かれれば，ビジネスモデルの内容を答えられなければならない。3つ目が，ビジョンを通じ，従業員や他の利害関係者にとり，自分の果たすべき役割がイメージできることである。次章のリーダーシップの項でも述べるが，近年はビジョンを示し，従業員の創意・工夫に委ねるリーダーシップ・スタイルが重視されている。そのためには，個々の従業員に具体的に何を期待するのか，ブレイクダウンしておかなければならない。この意味でも，ビジネスモデルの裏付けが必要である。

　まとめると，ビジョンは事業構想の出発点であり，アイディア出し，ビジネスモデルというサイクルを経て，改訂されてゆくものである。

4. ビジネスアイディア

　新製品・新サービスだけでなく，業務プロセスや組織のイノベーションにつながるものなど何でも良い。アイディアはたくさん出してみよう。ワークショップではよくブレインストーミングが用いられるが，その3原則は，「質より量：たくさんアイディアを出そう」「批判厳禁：他人のアイディアを批判するのはよそう」「関連提案OK：先に出たアイディアを参考に，提案内容を

少し変えたり，同じ発想の提案をしたりすることも歓迎」である。本節ではアイディア出しのヒントとしてSWOT分析，ローターボーンの4C，5W1Hなどを扱う。第2部でもサービス中心視点（第8章）や製品階層モデル（第9章）などを取り上げる。

4.1　外部環境変化に伴う機会：SWOT分析

企業をとりまく競争環境には，経済・社会・技術や競争相手の動向などの外部環境と，ヒト・モノ・カネなど企業のリソースの競合と比べた相対的な強弱度合（内部環境）がある。SWOT分析は内部環境に関する「強み」（Strength），「弱み」（Weakeness）と，外部環境の変化から生まれる機会（Opportunity）と脅威（Threat）を対比させるものである。グループワークで企業戦略を討論する場合によく用いられるが，アイディア出しという観点からも有用である。環境変化は機会を，誰かに脅威を与える一方，誰かに機会を与えるものである。その機会を生かせるかどうかは，自分達のリソースによる。従って，事業機会を生む外部環境の変化は何か，また自分達の強みをどう生かすか，また機会を生かす上で障害となる「弱み」をどう克服するか，考えればよい。事業機会をもたらす環境変化には，高齢化，人口の都市集中化，外国人観光客増加，消費者需要などマクロ的なものだけでなく，業界や立地地域などミクロ的なものもある。なお，脅威に対する対応に関わるアイディア出しも重要である。

表3.1　SWOT分析による環境変化を起点とするアイディア出し

Strength 強み	Weakness 弱み
自分たちの強みを生かせないか ・機会を獲得するため強みを生かせないか	機会を生かしたり，脅威に克服したりするために改善すべき点は何か ・事業機会獲得の障害となる弱みをどう克服すべきか
Opportunity 機会	Threat 脅威
環境変化による機会は何か ・収益につながる事業機会は何か	環境変化による脅威は何か ・損失につながる脅威は何か

出所：筆者作成

4.2　ローターボーンの4Cに基づくウォンツ・ニーズ洗い出し

　新製品・新サービスを考える場合，ウォンツやニーズをローターボーンの4Cを念頭にアイディア出しすることが考えられる。ローターボーンの4Cの詳細は5節で後述するが，顧客中心のマーケティング・コンセプトである。なおニーズ（Needs）とは満たされなさを感じている状態で人間の本源的な欲求，ウォンツ（Wants）は人間の本源的欲求が文化や個人の人格を通して具体化されたもの，需要（Demands）は購買能力と意思を伴うウォンツである。例えば，多くの人は甘いものが食べたいというニーズをもっている。ウォンツ段階ではAさんは「大福が食べたい」，Bさんは「ケーキが食べたい」という具体的な欲求をもったとしよう。さらにAさんは「買いたい」と考え，Bさんは「お金がないのでがまん」とすると，Aさんの場合だけ需要が生まれることになる。

　1つ目に，もともとニーズはあるが具体的な形になっていないものを提案する。新製品・新サービスである。例えば，スティーブ・ジョブズは「携帯型音楽再生装置」「携帯電話」「携帯型インターネット閲覧装置」を1つ済ませたら

図3.2　ウォンツやニーズを4Cの視点から見る

出所：Kotler and Keller（2018）にもとづき作成

46

よいというニーズに応え，2007年にiPhoneを世に出すことでウォンツを生み出すことに成功した。2つ目に具体的な商品サービスは既にあるが大きな需要に結びついてない場合に，生産性向上により価格を下げたり，顧客の手間をなくしたり（Cost）を，販路を工夫して顧客の手に入れやすさ（Convenience）を改善したり，双方向のコミュニケーション（Communication）を促したりすることで需要につなげることである。例えば，ファミリーレストランは広域での集中調理方式（セントラル・キッチン）によりコストダウンをしたので洋食等の外食需要を生み出した。また「移動スーパー」は地域スーパーと連携し，400品目を詰め込んだ軽トラックで住宅街をこまめに巡回し，店まで行き辛い高齢者等の「御用聞き」もするので店舗と消費者の双方向コミュニケーションに寄与し，需要を生み出している。

4.3　5W1Hにもとづく改良型アイディア創出

　既存製品・サービスについて，5W1Hにもとづき改良型アイディア出しをする方法は次の通りである。1つ目は「WHAT」で，どんな製品・サービスを提供するかである。製品のコア機能よりも，パッケージングなど具体的な提供形態やアフターサービスなど付属サービスで差別化することを考える。2つ目は「WHEN」で提供する時間帯を既存企業のものと変えたり，注文から提供までのリードタイムを短くしたりすることである。例えば，注文してから数時間で受け取れる名刺印刷サービスや24時間型ジムを想像すればよいだろう。3つ目が「WHERE」で立地，すなわち提供するエリアを考えることである。○○地域初出店の店舗なら売れる可能性がある。4つ目が「WHO」で誰に提供するか，ターゲットとする顧客を選ぶことである。例えば既存のエステサービスを男性向けやペット動物向け，さらに被介護者などに広げる。さらに誰が提供するのかスタッフを工夫する。例えば，シニア世代の女性によるチアリーディングなどがある。5つ目が「HOW」で提供方法の差別化である。生協のグループ購入は古くからある集団向け宅配サービスであるが，同様のことが別の業種できないか考える。6つ目が「WHY」で同じ商品であっても，これま

でと違う使い方ができることを訴え，新たな顧客層を開拓する。例として，新型コロナ感染症に伴い，エボラ出血熱用に開発された薬品が転用されたことがある。

表3.2　5W1Hの視点からみた新製品や差別化要素

	視点	例
WHAT	製品・サービス	パッケージングによる差別化
WHEN	提供する時間帯やリードタイム	即納型名刺作成サービス，24時間ジム
WHERE	提供するエリア	○○地域への初出店店舗
WHO	誰に：ターゲットとする顧客	男性向けエステ
	誰が：提供側のスタッフ	シニア世代のチアリーディングチーム
HOW	提供方法	生協のグループ購入
WHY	購買の理由（既製品の別用途）	医薬品の転用

出所：筆者作成

4.4　CVPにもとづくアイディア創出

　CVP（顧客価値提案，Customer Value Proposition）は後述するビジネスモデル・キャンバスと同様にピニュールが提案したものである。右円は顧客

図3.3　顧客価値提案

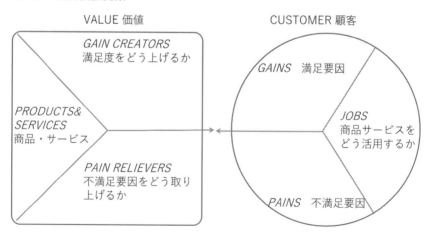

出所：オスワルダー，ビニュール（2012）にもとづき作成

（Customer Segment）で左の四角形は提案する価値（Value）を示し，それぞれ3つの要素からなっている。まず顧客について，「Jobs」（どのような顧客が，顧客が商品・サービスをいかに活用するか），「Gains（満足要因）」（顧客が商品・サービスを利用する際，期待以上の満足感が生まれる要因），「Pains（阻害要因）」（期待を下回る不満が生まれる要因）を見極める。次にこれと対比させる形で，価値提案（Value）について，「Product and Service」（いかなる商品・サービスを顧客に提案するか），「Gain creators」（期待以上の満足度を生むために何を提案するか），「Pain relievers」（期待を下回る不満を生じないためにどうするか）を検討する。CVPは既存製品・サービスに比べ，差別化されたものを考える際に特に有効である。

4.5　ITを活用したアイディア出し

　ITの活用を表3.3にもとづきみてみよう。1つ目が需要側と供給側のマッチング・サービスである。例として「Uber Eats」，「婚活アプリ」などがある。2つ目が電子商取引（EC）の活用による販路拡大・調達先開拓である。イスラム圏市場への衣服・食品の販売，安価・高機能のアジア製品の仕入れが考えられる。さらに「メルカリ」や手作り品の「Minemo」等の，個人事業者向けプラットフォーム活用がある。3つ目が広告収入獲得で，YouTubeへの動画発信やTwitter等のSNSで人気を集め定期購読者数等を増やすことで，インフルエンサーとして広告掲載料を受け取る。4つ目が製品のサービス化で製品としての購入から定額使用契約（サブスク）への変更である。カーシェア，音楽から洋服，家具，食品まで広がっている。5つ目はアプリ（ソフトウェア）の開発である。近年では開発環境の改善，プラットフォームの多様化で，エンジニアでない人達にとってもアプリ開発が身近になってきた。例えばスマートスピーカー上で動作するアプリ（google Alexaのスキル）は個人開発が比較的容易である。6つ目が動画等コンテンツ提供で，「LINE」上の「スタンプ」や「pinterest」などコンテンツ市場への素材提供がある。また「ChatGPT」を用いた翻訳等のフリーランサー，画像生成AIを活用したイラストレーターも考えら

れる。7つ目がITサポートで，個人・法人に対するWeb作成支援などである。8つ目がSNSを活用した広報活動である。「ハッシュタグ・キャンペーン」はX（旧Twitter）等において，独自ハッシュタグを付けた投稿を呼びかけ優秀者を表彰するもので，商品認知度向上やフォロワー数増に有効である。

表3.3　IT活用の視点

区分	視点	例
マッチング・サービス	需要側と供給側（自営業者）	・「Uber Eats」
ECによる販路拡大・調達先開拓	海外市場の開拓（越境EC） CtoCプラットフォーム利用	・伝統工芸品の海外展開 ・「メルカリ」「Minemo」等の活用
広告収入	SNSやYouTubeなどで定期購読者などを増やし広告掲載料を受け取る	・YouTuberやインフルエンサー
製品のサービス化	製品としての購入から定額使用契約へ（サブスク）	・カーシェア，音楽，洋服など
アプリ等	スマホやスマートスピーカ上のアプリ	
コンテンツ	画像，音楽，動画等コンテンツ	・生成型AIの活用
サポート	個人並びに法人に対する支援	・Web作成支援
プロモーション	SNS等を活用した広報	・ハッシュタグ・キャンペーン

出所：筆者作成

4.6　SDGsに関連するアイディア出し

　持続可能な開発目標（Sustainable Development Goals：SDGs）は，2015年9月に国連で採択され，2030年までに持続可能でよりよい世界を目指す国際目標で，17の開発目標・169のターゲットから構成され，地球上の「誰一人として取り残さない」ことを理念としている。開発目標には「貧困をなくそう」「全ての人に健康と福祉を」「ジェンダー平等を実現しよう」「働きがいも経済成長も」「住み続けられるまちづくりを」「つくる責任，つかう責任」などがあり，新製品やプロセス革新のアイディアを出すヒントとなる。例えば「ジェンダー平等」に関し，育児・介護・家事労働負荷を軽減したり，力仕事を減らしたり女性が働きやすくするアイディアは，今日の事業革新で重視される点の一つである。「全ての人に健康と福祉を」では，アレルギー，弱視，難

聴などを抱える人達に配慮した製品・サービスなどが考えられる。「つくる責任，つかう責任」では，分別しやすさ，資源化できる原料使用などは廃棄物減量化に寄与する。SDGsに関連した新製品・サービスを展開していると評価されると，高い社会課題認識をもつ人々を吸引しブランド認知が向上する。また官公庁や大企業ではSDGsを調達基準の1つとすることも多い[1]。

5. ビジネスモデル

ビジネスモデルは事業計画をザクっと記述したもので，アントレプレナーシップ教育で重視される。作成に際してはオスターワールド＆ピニュール（2012）の「ビジネスモデル・キャンバス」がよく用いられる。「キャンバス」は大きく3つのゾーンに分かれ，右上のゾーンが「顧客価値の提案」，左上のゾーンが「価値提供を支える仕組み」，下のゾーンが「収支構造」である。

5.1　顧客価値の提案

「顧客価値の提案」ゾーンは「顧客」（Customer Segment），「顧客との関係」（Customer Relationship），「チャネル」（Channel），「価値提案」（Value Proposition）の4ブロックからなる。「ローターボーンの4C（Lauterborn, 1996）」と対比して考えるとわかりやすい。

「ローターボーンの4C」は，E.J.マッカーシー（MacCerthy, E.J.）の4Pのフレームを顧客の立場から見直したものである。もとの4Pは，商品・サービス戦略（Product），価格戦略（Price），メーカーの流通戦略または商業の店舗戦略（Place），広報戦略（Promotion）からなる。ローターボーンは商品・サービス（Product）は，顧客にとっての価値は何かというCustomer Value

---

図3.4　ビジネスモデルの構成要素と「顧客価値の提案」ゾーン

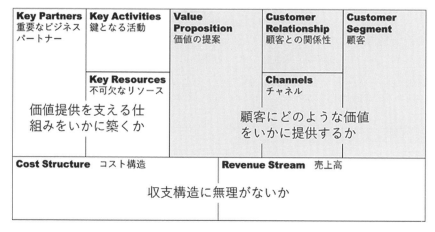

出所：オスターワルダー，ピニュール（2012）にもとづき作成

表3.4　ビジネスモデル・キャンバス「顧客価値の提案ゾーン」とローター ボーンの4C

ビジネスモデル	内容/コンセプト	ローターボーンの4C	（参考）マッカーシーの4P
Customer Segment 顧客	・ターゲットとする顧客		
Value Proposition 価値の提案	・商品・サービスを通じ顧客にどのような価値を提案するのか	Customer Value 顧客価値	Product 商品・サービス戦略
	・どれだけの金銭的，時間的，心理的な負担を顧客に負わせるのか	Cost 顧客からみた負担	Price 価格戦略
Channel チャネル	・どれだけ容易に顧客は商品・サービスにアクセスできるのか	Convenience 商品アクセスの容易性・利便性	Place 生産者の流通戦略，商業者の店舗戦略
Customer Relationship 顧客との関係性	・どのように顧客との双方向コミュニケーションを図るのか	Communication 双方向コミュニケーション	Promotion 販促戦略

出所：Constantinides（2006）を参考に作成

（顧客価値）として再定義した。価格（Price）については，商品価格だけでなく，顧客にとって時間面・心理面の負担が生じているもの（Cost）を軽減することを重視する。流通・店舗戦略（Place）は，容易に顧客が商品・サービスにアクセスできるか，という容易性，利便性（Convenience）に訴える。さらに広報戦略（Promotion）においては，一方通行な情報提供でなく，顧客の質問に丁寧に対応したり意見を取り入れたりする双方向的な情報のやりとり（Communication）を進める。キャンバスの「価値提案」には，4CにおけるCustomer ValueとCostが，「チャネル」にはConvenienceが，「顧客との関係」にはCommunicationの考え方がそれぞれ反映されている。

5.2　価値提供を支える仕組み

　このゾーンは事業構想やビジョンを従業員や社外パートナーに示し生産・販売体制を構築する。「鍵となる活動」（Key Activities），「不可欠なリソース」（Key Resources），「重要なビジネスパートナー」（Key Partners）という3ブロックからなり，顧客価値を提供するため，どのような活動を積み上げてゆけ

図3.5　価値提供を支える仕組みゾーン

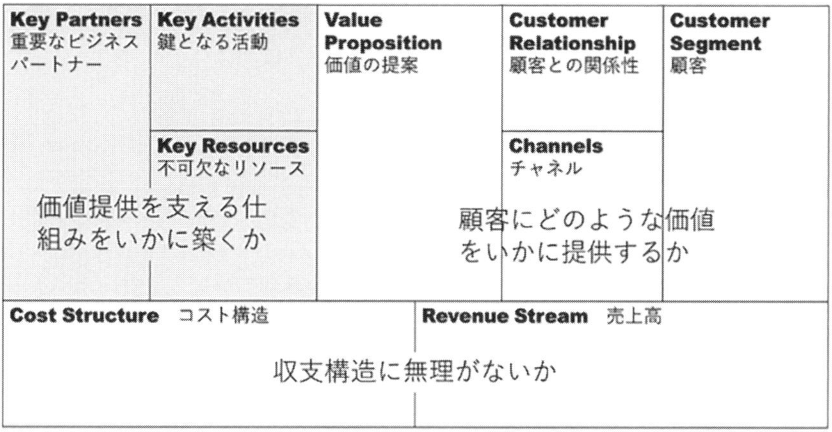

出所：オスワルダー，ピニュール（2012）にもとづき作成

図3.6　小売業のバリューチェーン　例

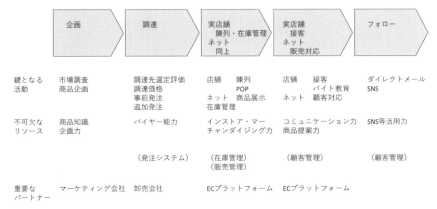

	企画	調達	実店舗 陳列・在庫管理 ネット 同上	実店舗 接客 ネット 販売対応	フォロー
鍵となる 活動	市場調査 商品企画	調達先選定評価 調達価格 事前発注 追加発注	店舗　　陳列 　　　　POP ネット　商品展示 在庫管理	店舗　　接客 　　　　バイト教育 ネット　顧客対応	ダイレクトメール SNS
不可欠な リソース	商品知識 企画力	バイヤー能力	インストア・マー チャンダイジング力	コミュニケーション力 商品提案力	SNS等活用力
			（発注システム）	（在庫管理） （販売管理）	（顧客管理）	（顧客管理）
重要な パートナー	マーケティング会社	卸売会社	ECプラットフォーム	ECプラットフォーム	

出所：筆者作成

ば良いのか，また自分達で行う活動は何か，パートナーにお願いする活動は何か，ビジネスの流れに沿って可視化する。

　価値提供を支える仕組みはポーター（1985）のバリューチェーンの概念を考えるとわかりやすい。バリューチェーンは商品・サービスが顧客に届く（価値を提供する）までプロセスを分割し，各プロセスでどのような価値が生み出されるか図示したものである。バリューチェーンの活動には主活動（購買物流，製造，販売，マーケティング，サービス）と支援活動（インフラストラクチャー，人材資源管理，技術開発，調達）があるが，モデル作成時は主活動を中心に鍵となる活動，活動に不可欠なリソース，重要なパートナーを検討すればよい。図3.6は小売業の例で，企画，調達，陳列・在庫管理，接客，フォローの5フェイズを考える。

　企画フェイズの鍵となる活動は商品企画・市場調査で不可欠なリソースは商品知識・商品企画力，重要なパートナーはマーケティング会社である。調達フェイズでは活動は調達先選定評価・調達価格交渉，リソースはバイヤー能力，パートナーは卸売会社である。陳列・在庫管理フェイズの活動は陳列・POP（実店舗）や商品展示（ネット）で，リソースはインストア・マーチャイ

ダイジング力，パートナーは楽天などECプラットフォームである。接客フェイズの活動は接客・バイト教育（実店舗）や顧客対応（ネット）でリソースはコミュニケーション力・商品提案力，パートナーはECプラットフォームである。フォロー・フェイズの活動はメールやSNSでリソースはSNS活用力である。なお在庫管理・顧客管理システム等はビジネスモデル作成時には考えない。

5.3　収支構造

収支構造ゾーンは売上高（Revenue Stream）と，コスト（Cost Structure）からなる（図3.5参照）。収益モデルを3ステップで作ればよい（図3.7参照）。第1ステップは事業安定期における年間収支計画である。立上げ後3年目くらいの収支均等期の年間売上と費用を算定する。売上では，誰がいくらお金を払ってくれるか，年間営業日数は何日か考える。費用は仕入費用（売上総原価），販売費及び管理費を考える。赤字ならビジネスモデルを見直し利益が出るようにする。

- 売上＝客単価×1日当たり客数×年間営業日数
- 費用＝仕入（売上高の○○％）＋人件費＋店舗・事務所運営費（賃貸料，光熱費等）

第2ステップは，開業費の算定である。小売店であれば，店舗取得費用，内装改造，什器費等があたる。第3ステップは開業資金の見積もりである。開業資金は開業費，年間収支均等に至るまでの営業損失，運転資金に余裕資金を加えたものである。

ビジネスモデル段階では年間収支バランスを重視する。勿論，第2，第3ステップを欠いたまま実際に事業を行うことは難しい。しかし，「現実」を突き付けて自己効力感を下げたり，有益なアイディアが埋もれさせたりすることは避けたい。実際にビジネスモデルが優れていれば，クラウドファンディングで資金を得ること，大企業が参画することもありうるのだから。

図3.7　一般的な事業立ち上げに向けた収益モデル

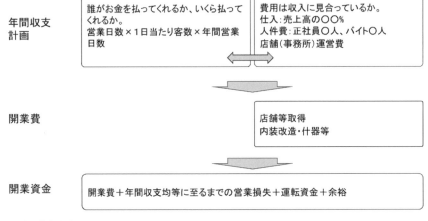

出所：筆者作成

6. アイディアやプランの評価基準

　アイディアやプランの重要な案件を絞り込む際の評価基準についても述べておこう。Mrorato（2012）は評価・選択にあたって「12のR」を提案した。1つ目の視点が企業家の理念・思想との合致性で，Relevance（構想，使命，目的との関連性），Resonance to values（価値観との合致），Reinforcement of entrepreneurial interest（利害関係を損なわないこと）という3つの指標がある。2つ目がマーケティング上の優位性という視点で，Responsiveness to customer needs and wants（顧客のニーズやウォンツを満たすものであること），Reach（販路の拡張性），Range（関連商品への拡張性），Evolutionary impact（消費者へのインパクト）という4つの指標がある。3つ目は自分達が保有するリソースとどうマッチするかという視点で，Returns（収益），Relative ease of implementation（実行への障害の小ささ），Resources required（必要とするリソース），Risk（リスク）という4つの指標がある。

7. 結び

　第3章では，アイディア出し，ビジネスモデルづくり，そして実行に向けた実務的なビジネスプランなど，事業構想の基礎的枠組みを確認した。言い換えると事業構想スキル（事業機会探求・アイディア出し・顧客価値提案）と，概念化スキル（ビジョンを創造・提示し未来を示す設計図づくり）とあわせて検討した。本章は基礎的な説明にとどまっているが，第2編「女性企業家達から学ぶ」各章で多彩な経営ツールにより事業構想について深掘りできる。例えばペルソナ・マーケティング（第5章），カスタマー・ジャーニー（第5章・第6章），ブランド価値モデル（第7章），サービス中心の視点（第8章），製品階層モデル（第9章）などである。

【参考文献】

アレックス, オスターワルダー・イヴ, ピニュール（著）/小山龍介（訳）（2012）『ビジネスモデル・ジェネレーション　ビジネスモデル設計書』翔泳社

アレックス, オスターワルダー・イヴ, ピニュール（2015）『バリュー・プロポジション・デザイン　顧客が欲しがる製品やサービスを創る』翔泳社

加藤希尊（2018）『はじめてのカスタマー・ジャーニーマップワークショップ』翔泳社

地方創生SDGs金融調査・研究会（2020）「地方創生SDGs登録・認証等制度ガイドライン」

ポーター, M.E.（1985）『競争優位の戦略』ダイヤモンド社

Constantinides, E. (2006) "The Marketing Mix Revisited: Towards the 21st Century", Marketing, *Journal of the Marketing Management*, 22, pp.407-438

Kotler, P. and K. Keller (2018) *Marketing Management Global edition*, Addison Wesley

Lauterborn, B. (1990) "New Marketing Litany: For Ps Passe: C-Words Take Over", *Advertising Age*, 61(41), p.26

Morato, E. (2016) *Entrepreneurship*, MN, Rex Printing Company

個性に見合ったリーダーシップ・スタイル

1. はじめに

　リーダーシップは目標に向かい他者に好ましい影響力を行使することである（ブランチャード他, 2009）。起業やイノベーションは，多かれ少なかれ他者を巻き込むため，多くのアントレプレナーは同時にリーダーであることを求められる。「私はリーダーの柄ではない」と考える女性は少なくないが，本来，リーダーシップには性差はないし一部の人に限られるものではない。本章では，自分にあったリーダーシップ・スタイルに気づき，その実践に向けトレーニングを積むことで，誰もが周囲の人達を導くことができることを示す。まず第2節ではリーダーシップの体系がパーソナリティ，リーダー的能力，リーダーシップ・スタイルなどから構成されることを述べ，第3節では代表的なリーダーシップ理論について，パーソナリティ，スキル，スタイルの視点に立って説明する。これらを踏まえ，第4節では性差をめぐる課題について考察し，一人ひとりに見合ったリーダーシップをどう培うか検討する。

2. リーダーシップの体系

　リーダーシップ体系も第1章で述べたリーダーシップ体系と同様に個人的特性，リーダー的スキル・能力，リーダーシップとしての活動という3つの要素から構成される（図4.1参照）。リーダーシップ体系はMumford et al.（2000）等によって確立されてきた。1つ目が個人的特性（individual trait）で，身体的特徴，認知能力，性格特性な基本的な人格的要素・属性である。これらは先天的なもの，または生育期を通じ，家族や社会，教育や職場などの影響を受

図4.1　リーダーシップの体系

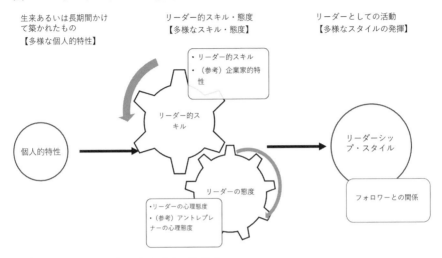

生来あるいは長期間かけ
て築かれたもの
【多様な個人的特性】

リーダー的スキル・態度
【多様なスキル・態度】

リーダーとしての活動
【多様なスタイルの発揮】

・リーダー的スキル
・（参考）企業家的特性

リーダー的スキル

個人的特性

リーダーの態度

・リーダーの心理態度
・（参考）アントレプレナーの心理態度

リーダーシップ・スタイル

フォロワーとの関係

出所：Mumford et al.（2000）にもとづき作成

け，長い時間をかけ形成されたもので，成人がこれらを変えるのは容易ではない。2つ目がリーダーのスキル・態度で技術スキル，人間関係スキル，概念化スキルなどからなる[1]。リーダー的スキル・態度は個人的適性に左右され，環境の影響を受けるものであるが，自らの意思で主体的に形成してゆくことが可能である。3つ目がリーダーシップ・スタイルで，リーダーの行動様式である。例えば課題解決を重視するスタイルと人間関係維持を重視するスタイルに分けることもできるし，事細かく指示するやり方と，フォロワーに任せるやり方に分けることもできる。どのようにリーダーシップ・スタイルをとるかは，リーダー本人の心的態度・スキル，フォロワーや所属組織の状況によって変わってくる。

　主体的にリーダーシップを伸ばしてゆくということは，リーダーに相応しい

（1）Mumford et al.（2000）はリーダーのコンピテンシー（Competency）という用語を用いた。

心理適性・スキルを培ってゆこうということである。これらはアントレプレナーの心的態度・スキルとかなり重なるので，両者を切り離さず，自分が必要とするものを伸ばしてゆけばよい。

3. 代表的なリーダーシップ理論

　代表的なリーダーシップ理論として，リーダーの属性に焦点をあてる特性理論，リーダー的スキル理論，リーダーシップ・スタイル理論がある。リーダーシップ・スタイルには，標準モデルの他，変革型リーダー，サーバントリーダーなどがある。

3.1　個人的特性

　個人的特性は身体的特徴，認知能力，性格特性などからなる。その個人差は生まれながらであったり，生育環境，教育，勤務歴などによって時間をかけて後天的に形成されたりしたものもある。リーダーシップ研究はアントレプレナーシップと異なり身体的特徴や認知能力についての実証研究が多い。その背景には，個人的特性の違いはリーダー的スキル・態度やリーダーシップ・スタイルに影響するだけでなく，組織は良いリーダーになる素養のある者を選ぶ必要があるという面もあるからである。リーダーを選ぶという色合いが濃いのがグレイト・マン理論と特性理論である。第1にグレイト・マン理論（Great man theory）は，古今東西の偉大なリーダーの共通的特性を踏まえ，良いリーダーとなれる資質を重視する考えである。アレクサンダー大王，ジンギスカン，リンカーン大統領など偉大なリーダーの多くは男性であり，身体的特徴，知性，頑健さ，階級・家系などで他を圧倒している。こうした資質を備えた人間を見出し，良いリーダーになるように経験を積ませることが，組織にとり重要であると考える。グレイト・マン理論は暗黙のうちに性・民族等の差別観が含まれ，さらに本人の努力を軽視されることから，今日では主流ではない。しかし，大統領などを国家級のリーダーが選ばれてゆく過程は，今日でもグレイ

ト・マン理論に沿っている面が見られるとされている。第2が特性理論（Trait based leadership theory）で，リーダーに向く特性（身体的特徴以外の人格要素）を明らかにする理論である[2]。特に5大性格特性（ビッグファイブ）については数多くの実証研究があり，そのサーベイは次の通りである（Hassan et al., 2016）。1つ目に外向性（Extraversion）が低い人間は，責任をとりたがらない傾向があり一般にリーダーに向かない。2つ目に協調性（Agreeableness）は，フォロワーが信頼を求める状況で評価されるために欠かせない。3つ目に感情の安定性（Emotional stability）は変革を試みるリーダーにとり必要な資質である。4つ目に勤勉性（Conscientiousness）は組織を統率しようとするときに欠かせない。5つ目に経験への開放性（Openness to experience）はリスクテイキングと関連がある。

　本書はグレイト・マン理論や特性論にもとづき，リーダーたる人物を選択することよりも，より多くの人間が，それぞれの個性にもとづき態度・スキルを伸ばし，自分にみあったリーダーシップ・スタイルをとることが，大切であるとの立場にたっている。また「リーダーに求められる資質は固定的なものではなく，リーダーシップを発揮する状況やリーダーシップ・スタイルにより異なる」（Buchanan and Huczynski, 1997）。

3.2　リーダー的スキル・態度

　リーダー的スキルやリーダーに相応しい心的態度は個人的特性をもとに環境の影響を受け，教育，職場などのキャリアを通じて獲得される。個人的特性が先天的資質や環境など依存的色彩が強いが，教育や職場など環境を選択し努力することで獲得できる。

---

(2) リーダーシップの人格的要素の研究では，ストゴディルのように本書で特性として分類した認知能力・性格の他に，後天的なスキルや心的態度（ものの考え方）を混在させることが多い。
　　Mumford et al.（2000）は一般的認知能力，結晶性認知能力，性格の他に，態度の範疇であるリーダーとしてのモチベーションの高さ（A Leaders motivation）を加えている。

リーダー的スキルに関してカッツ（Katz, R.L.）の管理者に関する技術スキル，人間関係スキル，概念化スキルの区分が，リーダーシップ研究においても広く用いられている（Katz, 1955）。第1に技術スキル（Technical skill）とは，対処すべき業務や作業を遂行するための知識や技術，熟練である。技術的スキルには，職務上の専門知識・技術だけでなく，一般的な教養・知性，法律・会計・経営学などのマネジメント関連スキルも含まれる。アントレプレナーの事業スキルに相当する。第2が人間関係スキル（Human skill）で，人々とともに働くリーダーが，部下や社外の関係者などとの人間関係を維持・発展させてゆく能力である。効率的な動機付け，業務指示の工夫，適切な助言，悩みの聞き出し方，人間関係のトラブル対処などが含まれる。熟達した人間関係スキルをもったリーダーはフォロワーの信頼を得ることができる。第3が概念化スキル（Conceptual skill）で組織内外の状況を把握し，全体を見通し，あるべき方向についてビジョンを示し，プランを立て目標を設定する能力である。概念化スキルは，後述する変革型リーダー理論の発展に伴い重視されるようになった。他にもリーダーシップ・スタイルによって求められるスキルの重要度は異なるので，スタイルとともに詳しく述べてゆこう[3]。第3章で述べた企業家的スキルと基本的には同じであるものの，アントレプレナーの場合，概念化スキルから事業構想スキルを独立させ重視している。

　リーダーとして成功するには心的態度，言い換えるとOECD（2015）が提示した社会的情動スキルも重要である。社会的情動スキル（Social emotional skill）には「目標を達成する心の持ち方」（忍耐力，自己抑制，目標達成に向けた強い思い），「他者との協働を円滑にする姿勢」（社交性，相手への敬意，思いやり），「自分の感情を制御できる力」（自尊心，楽観性，自信）からなる。Dulewicz and Higgs（2005）など多くの研究者が，心的態度がリーダーの成功に関係があるという実証研究をしている。

---

(3) Mumford, Campion and Morgeson（2007）は，管理者とリーダーとは3スキルの重要度が異なるとし，管理者では技術スキルが，リーダーでは概念化スキルが重要であるとした。

　さらに，近年，多彩なリーダーシップ・スタイルが提示され，それに相応しい心的態度はどうあるべきか論じられている。後述する，変革を主導するリーダーには企業家精神が，利他的なリーダーでは「傾聴」「共感」「気づき」「癒し」などの姿勢が，それぞれ欠かせないと考えられている。

3.3　リーダーシップ・スタイル

　リーダーシップ・スタイルは，リーダーはどのような役割を果たすべきか，行動様式を取るべきかを扱う。第1にリーダーの役割については，優れた業務成果を導く「タスク推進機能」（Performance），職場で働きやすい人間関係を維持する「人間関係調整機能」（Maintenance），ビジョンを示す「概念化機能」（Conceptualization）などがある。それぞれ「技術的スキル」「人間関係スキル」「概念化スキル」に対応する。伝統的に「タスク推進機能」「人間関係調整機能」が重視されてきたが，最近は「概念化機能」も注目されている[4]。第2にリーダーの行動様式とは，機能を果たすためにどう行動をとるべきかという方法論である。

　本章では，まず標準的リーダーシップ・スタイル論であるSL理論を検討し，次に応用モデルとして，人の成長を促す変革型リーダーと利他的なサーバント・リーダーを検討する。この他に，第11章ではインクルーシブ・リーダー，第14章では変革型リーダーをあつかう。

3.3.1　基本モデル：SL理論と４つのスタイル

　SL理論（Situational leadership theory）はハーシーとブランチャードが提唱したもので，状況に応じタスク推進機能と人間関係調整機能をどう果たすべきか，示したものである（図4.2参照）。

---

(4)　我が国で有名な三隅二不二のPM理論は，技術スキルにもとづくタスク推進機能（Performance）と人間関係スキルにもとづく集団維持機能（Maintenance）という2軸からリーダーを分類したものである

図4.2　標準的リーダーシップ・スタイル

リーダーシップスタイルとSL 理論

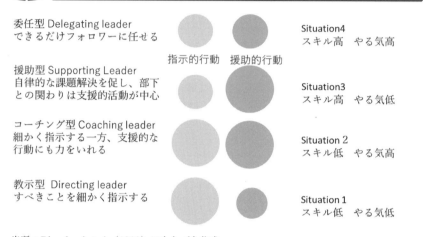

委任型 Delegating leader
できるだけフォロワーに任せる

Situation4
スキル高　やる気高

指示的行動　援助的行動

援助型 Supporting Leader
自律的な課題解決を促し、部下
との関わりは支援的活動が中心

Situation3
スキル高　やる気低

コーチング型 Coaching leader
細かく指示する一方、支援的な
行動にも力をいれる

Situation 2
スキル低　やる気高

教示型 Directing leader
すべきことを細かく指示する

Situation 1
スキル低　やる気低

出所：Blanchard et al.（1993）にもとづき作成

　SL理論ではフォロワーとの関係などに状況に応じて，4つのスタイルを選択する[5]。Blanchard et al.（1993）を参考にみてみよう。

　第1にフォロワーのスキル，モチベーションがともに低い状況では，教示型リーダー（Directing leader）が適する。経営から事務レベルに至るまで意思決定を全てリーダーが行い，フォロワーに対して子細に指示する。一方，フォロワーを観察して適切な助言をしたり，悩みを聞いたりするまでは手が回らない。このスタイルをとるには，技術的スキル（職業に関する専門的知識・技術，一般的な教養・知性など）が十分に高い必要がある。例として，あなたが中学校のブラスバンド部のリーダー（顧問兼指揮者）であり，部員の演奏技術もやる気も今一歩な状況を想像しよう。教示型リーダーのスタイルでは選曲・

（5）状況に応じ最適スタイルを選ぶ考えはコンテンジェンシー理論（contingency theory）とよばれる。

編曲や練習方法など全て自ら決め「私が指示する通りに演奏してみなさい」と事細かに指導する。

　第2にフォロワーのスキルは低いがモチベーションが高い状況では，コーチング型リーダー（Coaching leader）が適する。やはり意思決定はリーダーが行い，フォロワーに対し具体的に指示する。教示型ほどは細かく指示しない代わりに，フォロワーの活動の様子をきめ細かく観察し，積極的に助言したり悩みを聞いたりする。このスタイルをとるには技術的スキルに優れ，かつ人間関係スキルにも長けていることが求められる。ブラスバンド部の例えで言うと，部員の演奏スキルは今一歩だがやる気は感じられてきた場合である。選曲・編曲や練習方法などは決めて「私の真似をしてやってみてね」と具体的に指示を出す。そして練習をみて適宜助言したり，部員が疑問を感じたときに「こうしたらどう」と指導したり，個人的な悩みに傾聴したりする。

　第3にフォロワーのスキルは高いがモチベーションが低い状況では援助型リーダー（Supporting leader）が適する。経営レベルの意思決定はリーダーが行うが，事務レベルの意思決定は極力，フォロワーに委ね，手順等は自分達で決めて実行してもらう。リーダーは常にフォロワーの様子を観察し，積極的に仕事の助言をしたり，人間関係の悩みを聞いたりして，モチベーションを維持するように努める。援助型リーダーは事細かな技術的スキルまで精通する必要はないが，人間関係スキルに長けていることが期待される。ブラスバンド部の例えでいうと，演奏スキルは高いがモチベーションが今一歩な場合で，「練習方法は任せるから工夫してごらん」と具体的な指示はあまり行わないが，部員の様子を事細かに観察し，適宜助言し改善のヒントを与える。

　第4にフォロワーのスキルとモチベーションが高い場合，委任型リーダー（Delegating leader）が好ましい。経営レベルの意思決定はリーダーが行うが，事務レベルの意思決定についてはフォロワーに委ねる。フォロワーがどう働いているかを仔細に観察する代わりに，成果をモニタリングし必要に応じ対策をとる。仕事上の課題や人間関係の悩みも極力，自分達で解決するように促す。リーダーには，細かい技術や人間関係スキルは必要ないが，大局的な技術的ス

キルや人間関係スキルが不可欠である。ブラスバンド部の例えでいうと，演奏スキルもモチベーションも高い場合である。援助型と同様に「練習方法は任せるから工夫してごらん」と主要部分を任せ，子細な指示は行わない。しかし部員の活動を事細かに観察し，支援するのではなく，チェックポイントを決め，組織として機能しているか大局的な視点からみて必要なら体制やルールを見直す[6]。

3.3.2 人の成長を促す変革型リーダー

応用型スタイルとしてまず，変革型リーダー（Transformational leader）をとりあげよう。変革的リーダーはビジョンを示し，フォロワーの成長を促し能力を向上させることで組織目標を達成しようとする。1978年に変革型リーダーシップ論を提唱したバーンズ（Burns）はマズローの欲求段階説を引用し，下位レベルの「生理的欲求」（衣食住を賄いたい），「安全欲求」（失業したくない），「所属と安全の欲求」（居場所を確保したい）に訴えるのではなく，他人に認められたいという「承認欲求」や，真にしたいことをして充足感を満たす「自己実現欲求」に訴え，従業員の成長・変革を促し企業を飛躍させることを主張した[7]。

この考え方をわかりやすく示したものが，図4.3のバース＆アボリオの「4つのi」にもとづくリーダー像のモデルである（Bass and Avolio, 1990）。1つ目が「知的刺激」（Intellectual Stimulation）で従業員の知性・スキルを高めるような刺激・機会を組織的に設定する。2つ目が「個々人への配慮」（Individual Consideration）である。3つ目が「モチベーション鼓舞」（Inspirational

---

(6)「任せる」という意味のフランス語Laise-Faireからレッセ・フェール型とも呼ばれる。

(7) Burns（2012）は下位欲求に訴えるスタイルを取引型リーダーシップ（Transformational leadership）と呼んだ。取引型リーダーはフォロワーとの「取引」（フォロワーの成果に対する報酬並びにペネルティ）にもとづき組織を目標に導くので，環境不確実性が低く安定的・効率的に成果を上げることを重視する職場では有効だが，環境不確実性が高い場合は機能しないとした。

図4.3変革型リーダーシップ

人の成長を促す変革型リーダーシップ　4つのI

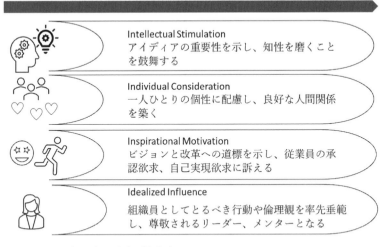

Intellectual Stimulation
アイディアの重要性を示し、知性を磨くこと
を鼓舞する

Individual Consideration
一人ひとりの個性に配慮し、良好な人間関係
を築く

Inspirational Motivation
ビジョンと改革への道標を示し、従業員の承
認欲求、自己実現欲求に訴える

Idealized Influence
組織員としてとるべき行動や倫理観を率先垂範
し、尊敬されるリーダー、メンターとなる

出所：Bass and Avolio（1990）にもとづき作成

Motivation）で，未来の道筋であるビジョンを示し，従業員の自己実現欲求や
承認欲求に訴えるモチベーションを提供することである。4つ目が「率先垂範」
（Idealized Influence）で誰からも尊敬され信頼されるよう努め，ロールモデル
となることである。このように変革型リーダーには静的ではなく動的に「タス
ク推進機能」「人間関係調整機能」「概念化機能」を果たすことが期待される。
また，そのためには「技術的スキル」「人間関係スキル」「概念化スキル」を高
水準でもち，「積極性」「革新性」「リスクテイキング」などの心的態度が求め
られる。
　ブラスバンド部の例えでいうと，顧問は「まず音楽を楽しもう。地域の人に
音楽をとどけよう」というビジョンを創り道筋程を示し，部員達の「地域から
認められたい」という承認欲求，「音楽を楽しみたい」という自己実現欲求に
訴える。選曲や練習方法など大部分を任せ創意工夫を促す一方，演奏技術を高
めるために，OB・OGを「特別コーチ」として招くなど成長できる仕組みを

作る。できれば，顧問自身も社会人バンド等で活躍しロールモデルとなる。

　なお，変革型リーダーシップは元々「人を変革する」という意味であったが，環境不確実性が高まる中で，「人を変革し，企業組織を変革する」という意味に拡張された。代表的論者がコッター（Kotter, J.P.）である。コッターの変革型リーダーシップについては第13章で取り上げる。変革型リーダーはバーンズ，バースそしてコッターなど多くの研究者・実務家により理論的発展を遂げ，有力理論の1つとなった。また，変革型リーダーには，イノベーションを目指すアントレプレナーシップと概念的に重なる部分が多い[8]。

3.3.3　利他的なサーバント・リーダー

　サーバント・リーダーシップ（Servant leadership）は，グリーンリーフ（Greenleaf）が1970年代に提唱し，SDGs進展で近年，脚光を浴びているスタイルである。サーバントとは「組織やフォロワーに対し奉仕する人」という意味合いで，フォロワーを統制するのではなく，従的・利他的な立場から組織に対し奉仕をする。スピアーズは，サーバント・リーダーシップの機能と心的態度を10のキーワードで表現している（Spears, 2015）。1つ目が，従業員と同じ目線に立った「人間関係調整機能」である。積極的な「傾聴」，相手の立場を理解して「共感」し，常に目配りをして，何か変わったことがないか「気づき」を心がけ，傷ついた人がいれば「心を癒すこと」に努め，人を動かすため権力を振りかざさずに丁寧に「説得」する。2つ目が，利他的な「タスク推進機能」である。自分を厳しく律し，尊敬されるように努めることである。「自己を知ること」を心がけ，従業員が信頼して大事な役割を任せてくれる「名家を支える執事役のような立場になることを目ざす。3つ目が先進的ビジョ

---

(8) Eyal and Kark（2014）によると，理論上，取引型リーダーシップ（他の伝統的なリーダーシップ・スタイル）によってもイノベーションは推進できるが，大規模かつ短期間にイノベーションを際には進めようとするなら，変革型リーダーシップの方が適する。また，Chen et al.（2014）はCEOが変革型リーダーシップをとった企業の方が，製品イノベーションが効果的に進むことを示した。

図4.4　サーバント・リーダー

利他的なサーバントリーダー

従業員と対等の目線に立ち人間関係調整機能を発揮する
「傾聴」（Listening）「共感」（Empathy）「癒し」（Healing）「気づき」（Awareness）「説得」（Persuasion）

先進的なビジョンを浸透させ、成長しあうコミュニティをつくる
「先見性」(foresight),「コミュニティづくり」(Community building)「人々の成長へのコミットメント」（Commitment to the growth of people)

自分を厳しく律し、尊敬されるように努める。
「自分に関する気づき」(Self-awareness)「名家を支える執事役」（Stewardship)

出所：Greenleaf（2012）

ンを示し人々に浸透・組織化する「概念化機能」である。「先見力」を磨き，組織目標とすべきビジョンを「概念化」して，その考えに共鳴する従業員や生産・販売等に携わる関係者による「コミュニティづくり」をする。その中では，従業員や関係者など「人々の成長の責任を担う立場」を明確に示す。なお，サーバント・リーダーは，従業員に意思決定や仕事の仕方を積極的に任せるが，その結果生じる経営責任はリーダーがとり，重要な意思決定は自ら行う。

4. リーダーシップのジェンダー平等

　第4節ではジェンダー平等とリーダーシップについて考える。はじめにリーダー的地位と性差についてみてみよう。WEF（2021）によると，我が国のジェンダーギャップ指数0.656は156カ国中120位で，政治分野147位，経済分野117位である。指導的地位との関連で見ると,経営者・管理職的地位0.17,

国会議員0.11とそれぞれ大きなギャップがある[9]。指導的地位とリーダーシップ（指導者として力量）は，本来，別のものである。しかし，指導的地位の経験によりリーダーシップが養われる面もあるし，リーダーシップを養ったものが指導的地位を得やすいという面もある。従って，指導的地位の女性が少ない背景には，女性がリーダーシップを養う上で障害があるためであると考えるのが自然である。

4.1　リーダーシップにおける性差の背景

　第2節で示したように，リーダーシップ体系は（1）個人的適性，（2）リーダー的適性・能力，そして（3）リーダーシップ・スタイルという3つのステージからとらえられる。どの部分に障害があるのだろうか検討しよう。

　第1に個人的適性について性差との関係は科学的に認められないものの，非科学的な「ステレオタイプ」が障害となっている。まず身体的特徴をリーダーシップと関連づけるのは世界中で女性トップが誕生している今日，全く説得力がない。性格特性（ビッグファイブ）については若干の性差があるとされているが，リーダーシップ発揮に決定的に有利・不利に働く訳ではない。例えば川本他（2015）によると，外向性，協調性は女性の方が高く，感情の安定性は男性の方が高いとする実証研究があるが，外向性，協調性は「援助的行動」に，感情の安定性は「指示的行動」にそれぞれ有利に働くし性差以上に個体差が大きい。しかしながら，個人的特性に関する非科学的な「ステレオタイプ」が先進国にさえ残っている。Heilman（2012）によると典型的な「ステレオタイプ」は次のとおりである。女性は男性に比べて「共同体意識」が高く「温厚」で「親切」で「面倒見」が良い一方，「マネジメント」の資質が劣り，リーダーシップに欠かせない「精力」「野心」「勝利への執念」「自立性」は劣

---

(9)　我が国の経営者・管理職的な地位における女性比率は14.7％と極端に低いが，先進国でも米国42％，UK　36.8％，フランス34.6％，ドイツ29％となっている。これは，政府機関・一般企業において女性に対する，経営者・管理職への昇進に向けた見えない壁（Glass ceiling）の存在を示唆している（WEF，2021）。

るとみられている[10]。こうした「ステレオタイプ」は，リーダーが選抜される過程で，女性に不利に働く可能性がある。第2にリーダー的適性・能力の形成において，環境とキャリアの両面で支障が生じている可能性がある。Mumford et al.（2000）のスキル論によると，キャリア経験，環境が影響を与えるため，性差が残る可能性がある。高等教育（大学，大学院，専門学校等）における進学学部の性差に伴う専門的スキルの違い，指導的地位に立ちリーダーシップを養いやすい正規職員・社員の性差，企業内の職種区分（一般職，総合職）の性差である。さらに出産等によるキャリア中断の影響もある。

4.2　リーダーシップにおける性差の解消

これまでの検討を踏まえ，リーダーシップにおける性差解消に向けた筆者の考えを示そう。リーダーシップは画一的なものではないし，一部の才能あふれるように見える人達だけしか発揮できないものではない。誰にでも自分に見合ったリーダーシップがあるし，また養えるものである。重要なことは，（1）自分のパーソナリティを認識すること，（2）リーダー的スキル・態度を日頃から養うこと，（3）個性にあったリーダーシップ・スタイルを考えること，である。

4.2.1　個人的特性を認識する

個人的特性は生来のもの，あるいは長期間をかけて培われたもので，これを変えるのは容易でない。この違いは基本的には個体差によるものなので，男性・女性というバイアスを取り除き，自分の特性を正しく認識することが必要である。またリーダーに向く特性に関して絶対的な物差しはない。どのようなスタイルをとるかによって変わるし，社会的環境・規範によっても変わりうる。例えばSDGsの考え方が浸透し，持続可能な社会や組織を重視する今日，

（10）厳密にいうと，「ステレオタイプな考え方」はパーソナリティの性差でなく，パーソナリティやスキルに影響を与える環境（社会認識）ととらえられる。

リーダーたるに相応しい資質は，競争社会であった過去からは変わりつつある。ガーズマ＆ダントニオ（2013）は，欧米，アジア，中南米など13カ国で6万人を対象として，リーダーが成功するため兼ね備えるべき特性は何か，という調査を行った。その結果，「表現力」「柔軟性」「合理性」「忍耐強さ」「共感性」「情熱」「利他性」といった「女性的」な資質を持ったリーダーこそ理想であると認識されていることを示した[11]。彼らは，現代では女性もしくは「女性的」な資質をもった男性の方がリーダーシップを発揮しやすいとした。

4.2.2　リーダー的スキルを磨き態度を身につける

リーダー的スキルは個人の努力によって伸ばすことが可能なものである。Katz（1974）を参考に筆者の考え方を述べよう。1つ目に技術スキルは企業や教育機関で教育・訓練法が確立されているため，自分の職業キャリアを主体的に選択し仕事に取り組むことを通じて伸ばすべきである。2つ目に人間関係スキルは役職・勤務形態にかかわらず日常の仕事や社会生活を通じて養う。例えばパート・アルバイトを長く勤めると同じ職種の後輩達に対し，動機付け，コミュニケーションをしたりすることも多いだろう。その時に，自分なりに創意工夫を凝らし，可能なら周囲から，そのやり方についてコーチングしてもらうと良い。また，ワークショップにおいて，グループ単位で具体的事例にもとづくケースメソッドを検討したり，ロールプレイをしたりすることも有効である。3つ目に概念化スキルは，所属組織の「未来図」を考えビジョンづくりを通じて養うのが良い。また，ワークショップにおいて企業戦略に関してケースメソッドを用いて討論したり，ビジネスモデルを作成したりすることも有効である。

また，リーダーとして成功するには心的態度（社会的情動スキル）が重要である。「目標を達成する心の持ち方」，「他者との協働を円滑にする姿勢」，「自

（11）彼らは「男性的」か「女性的」かの区分について，BSRIでなく被験者の回答に委ねている。

分の感情を制御できる力」はリーダーシップに限らず，人生を豊かにする素養であり，学校・職場・地域などで，普段から意識して養うよう取り組むべきである。一方，リーダーに相応しい社会情動的スキル（心的態度）は環境・規範の変化に左右される。例えば，持続可能な社会や組織を重視する今日，競争に打ち勝つだけでなく，サーバント・リーダーのような利他的・人道的な世界観も求められる。本書で述べたように様々なリーダーシップ・スタイルがあるので，その中から自分の性格特性にマッチするものを選び，無理なく心的態度を養うことが大切である。

4.2.3　自分にあったリーダーシップ・スタイルを学ぶ

　様々なリーダーシップ・スタイルがある中，自分の個人的特性やスキル，とりやすい心的態度に照らしてタイルを選べば良い。あるべきリーダーシップ・スタイルというのも一様ではない。重要なのは，自分のパーソナリティやリーダー的能力に照らして，無理のないスタイルをとることである。もし，心温まる人間性をもった人なら，いずれのケースでもサーバント・リーダーシップのスタイルをとっても良いだろう。ビジョンを示す能力に優れ，人の力を伸ばしたいと考える人ならば，変革型リーダーのスタイルが向いているかもしれない。また，もし一部の職務的スキルが不十分であると感じたら，その局面では誰かをリーダーに指名し，あなたはサポートに徹するようにしたらよいのである。石川（2016）はメンバーの一人がその力を求められる局面でリーダーシップを発揮し，別局面で他の誰かがリーダーシップを発揮している時は，フォロワーシップに徹するような職場の状態をシェアド・リーダーシップと呼び，環境不確実性が高いとき，クリエイティブな業務のとき，メンバーの専門性が高いときなどに有効であるとした。チームとして成果を上げるために，自分が最も発揮しやすいリーダーシップをとればよいのである。一方で，自分がとることができるリーダーシップ・スタイルを拡大するため，スキルを，時間をかけ養ってゆく必要がある。

5. 結び

　リーダーに向いてない人はいない。しかし，リーダーシップ・スタイルは同じではない。一人ひとり，個人的特性やスキル・心的態度が異なるし，状況も異なるので，自分にみあったリーダーシップ・スタイルも十人十色である。

　女性がリーダーシップを発揮しやすくなるには社会が変わらなければならない。その通りである。しかし今，自分にできることをしよう。将来の様々な可能性に備えて，リーダー的スキル・心的態度を磨こう。

【参考文献】

石川淳（2016）『シェアド・リーダーシップ』中央経済社

川本哲也・小塩真司・阿部晋吾・坪田祐基・平島太郎・伊藤大幸・谷伊織（2015）「ビッグファイブ・パーソナリティ特性の年齢差と性差」『発達心理学研究』26（2），pp.107-122

ケン・ブランチャード，ドリア・ジガーミ，マイケル・オコナー，カール・エデバーン（著）/HRD株式会社（監訳）（2009）『リーダーシップ行動の源泉』ダイヤモンド社，p.170

櫻井希・桑原由紀子（2017）「組織力を最大化するインクルーシブ・リーダーシップ」https://www2.deloitte.com/jp/ja/pages/human-capital/articles/hcm/hc-initiative-135-2.html（2023年11月30日閲覧）

ジョン・P・コッター（著）/DIAMONDハーバード・ビジネス・レビュー編集部，黒田由貴子，有賀裕子（訳）（2012）『リーダーシップ論 第2版』ダイヤモンド社

ジョン・ガーズマ＆マイケル・ダントニオ（著）/有賀裕子（訳）（2013）『女神的リーダーシップ 世界を変えるのは，女性と「女性のように考える」男性である』プレジデント社

砂口文兵（2017）「学習志向性に対する変革型リーダーシップの影響とそのメカニズムの検討」『経営行動科学』30(2)，pp.83-97

武石恵美子（2014）「女性の昇進意欲を高める職場の要因」『日本労働研究雑誌』

田中堅一郎・宮入小夜子（2017）「変革型リーダーシップを促すのはリーダーの自己

複雑性か，それとも自己概念の多面性か」『商学集志』90(1)，pp.369-386

トム・ピーターズ，ロバート・ウォーターマン（著）/大前研一（訳）(2003)『エク
　　セレント・カンパニー』英治出版

三隅二不二・白樫三四郎 (1963)「組織体におけるリーダーシップの構造」『教育・
　　社会心理学研究』4(2)，pp.115-127

Bass, B.M. and B.J. Avolio (1990) "Developing transformational leadership: 1992
　　and beyond", *European Industrial Training*, 14(5), pp.21-27

Blanchard, K., Zigarmi, D. and R. Nelson (1993) "Situational Leadership(R) After 25
　　Years: A Retrospective", *Journal of Leadership and Organizational Studies*, 1(1),
　　pp.21-36

Buchanan, D. and A. Huczynski (1997) *Organizational Behaviour: An introductory text*,
　　Prentice Hall

Burns, J.M. (2012) *Leadership*, Open Road Media

Chen, Y., Tang, G., Jin, J., Xie, Q. and J. Li (2014) "CEOs' Transformational Leader-
　　ship and Product Innovation Performance: The Roles of Corporate Entrepreneur-
　　ship and Technology Orientation", Journal of Product Innovation Management

Den Hartog, D.N., Van Muijen, J. and Koopman, P. (1997) Transactional versus trans-
　　formational leadership: An analysis of the MLQ, *Journal of Occupational and Or-
　　ganizational Psychology*, 70(1), pp.19-34

Dulewicz, C., Young, M. and Dulewicz, V. (2005) "The relevance of emotional intel-
　　ligence for Effective leadership", Journal of General Management, Vol.30 No.3,
　　pp.71-86

Eagly, O. (2006) "Female leadership advantage and disadvantage: resolving the con-
　　tradiction", *Psychology of Women Quarterly*, 31(2007), pp.1-12

Eyal, O. and Kark, R. (2014) "How Do Transformational Leaders Transform Organi-
　　zations? A Study of the Relationship between Leadership and Entrepreneurship",
　　Leadership and Policy in Schools, 3(3), pp.209-233. DOI:10.1080/1570076049050
　　3715

Fiedler, F.E. (1993) "The contingency model: New directions for leadership utiliza-
　　tion", In Matteson and Ivancevich Eds. Management and Organizational Behav-
　　ior Classics. Irwin Professional Publishing

Goudreau, J. (2011) "The 10 worst stereotypes about powerful women", *Forbes*,
　　Oct.24, 2011

Greenleaf, R.K. (2012) Servant Leadership [25th Anniversary Edition]: A Journey into the Nature of Legitimate Power and Greatness: The Eucharist as Theater

Hassan et al. (2016) "Determinants of Leadership Style in Big Five Personality Dimensions", *Universal Journal of Management*, 4(4), pp.161-179

Heilman, M. (2012) "Gender stereotypes and workplace bias", *Research in Organizational Behavior*, 32, pp.113-135

Hersey, P. and Blanchard, K.H. (1969) "Management of Organizational Behavior: Utilizaing Human Resources", *Academy of Management Journal*, 12(4)

IMSA Leadership Education and Development (2019) "Great man theory". https://digitalcommons.imsa.edu/cgi/viewcontent.cgi?article=1013&context=core

Katz, R.L. (1974) "Skills of an effective administrator", *Harvard Business Review*, September, 1974

Mumford, M., Zaccarco, S., Harding, F., Jacobs, TO. and E. Fleishman (2000) "Leadership skills for a changing world: Solving complex social problems" *The Leadership Quarterly*, 11(1), pp.11-35.

Mumford, Campion and Morgeson (2007) "The leadership skills strataplex: Leadership skill requirements across organizational levels", *The Leadership Quarterly*, 18(2), pp.154-166

OECD (2015) *Skills for Social Progress: The Power of Social and Emotional Skills.* https://www.oecd-ilibrary.org/docserver/9789264226159-5en.pdf

O'Reilly, C.A., Chatman, J. and Caldwell, D.F. (1991) "People and organizational culture: A profile comparisons approach to assessing person-organization fit", *Academy of Management Journal*, 34(3), pp.487-516

Spears, L. (2015) "Character and Servant Leadership: Ten Characteristics of Effective, Caring Leaders" *The Journal of Virtues and Leadership*, 1(1), pp.25-30

World Economic Forum (2021) *Global Gender Gap Report*, 2021

第**2**編

ケーススタディ：
女性企業家達の軌跡から学ぶ

第 **5** 章

ぬいぐるみ病院 堀口こみちさん
：家族を思う持ち主の心を癒すサービス

社　　　名	株式会社こころ
所　在　地	大阪府豊中市
創業者・ 代表取締役	堀口こみち
起　　　業	2013年12月25日（ぬいぐるみのネット販売は2009年から）
従　業　員	約30名（2022年12月現在）
事 業 内 容	ぬいぐるみの病院運営，ぬいぐるみ・抱き枕・雑貨販売 オリジナル商品企画開発および販売 店舗販売およびインターネットなどによる通信販売

キーワード●ペルソナ　カスタマー・ジャーニー

1. はじめに

　堀口こみちさんは，株式会社こころの代表取締役で，「ぬいぐるみ健康法人
もふもふ会ぬいぐるみ病院」の理事長でもある。堀口さんはぬいぐるみの治療
を通じて，人の心によりそいケアするという使命をもってぬいぐるみ病院を設
立した。ぬいぐるみ病院には，500円のぬいぐるみを3万円，10万円かけてで
も治療したいという顧客が殺到し，これまでに治療したぬいぐるみは2万件近
く，現在の入院までの待ち時間が数年待ちである。従来からあったぬいぐるみ
のクリーニングや修理ビジネスではなく，ぬいぐるみを命ある存在として入
院・治療・退院という捉え方で擬人化し，患者様として大切に受け入れてい
る。ぬいぐるみを家族の一員であるかのように大切に思う人々の心に寄り添
い，ぬいぐるみのための専門病院というコンセプトを新たに確立したのであ

る。愛に満ち，優しさの極みといわれるぬいぐるみ病院の世界観は，日本だけ
でなく海外の顧客からも支持されており，まさしく国際級のニッチビジネスと
いえる。

　本章では，堀口さんが学生時代から起業に至った経緯をたどり，ぬいぐるみ
病院のコンセプトがどのように生まれたのか，またそのサービスがどのような
特色をもつのかについて概観する。そして「企業家から学ぶ」の部分では，癒
し型ビジネスの概要，心に刺さる顧客価値提案の在り方，そして中長期的に顧
客価値をどう生み出してゆくか，検討する。

2. 堀口こみちさんの軌跡

2.1　学生時代・就職・結婚を経て起業に至るまで

　堀口さんは，キリスト教の教会牧師である父親と母親の間に，3人兄弟の第
2子として愛媛県に生まれた。子ども時代の堀口さんは，引っ込み思案で母親
のスカートの後ろに隠れるようなタイプだったが，行動的なところもあった。
慎重ではあるが行動力もあるという一見矛盾するような性格が内在していた。
親戚には，事業を起こす経営者が身近にいる環境だった。祖父は複数の事業を
起業し様々な会社の経営をしていた。叔母は飲食関係の店舗を経営しており，
別の叔母は専門学校の理事長をしていた。父親が運営していた教会は個人事業
主のような側面があり，母親はその教会の仕事を手伝っていた。このように身
の周りには，会社勤務よりも経営や組織運営に携わる親戚や身内がいたこと
は，堀口さん自身の起業活動に向けた行動力に少なからず影響を与えたのでは
ないかと考えられる。堀口さんがのちに結婚した相手も会社経営者であった。
そして堀口さんのビジネスコンセプトが愛と癒しに満ちたぬいぐるみ病院であ
ることは，父親が教会牧師をしていた家庭環境と関係しているのかもしれな
い。

　専門学校の医療秘書科を卒業後に歯科医院で勤務したが，日本文化について
学びたいという願いを実現するために，キリスト教主義の総合大学の文学部に

社会人入学をした。卒業後，民間研修施設に就職し，大学や企業の研修に関わる業務を担当した。その後，結婚した。

　夫はレントゲン写真投影機などの医療機器の製造業を営んでいた。結婚後，堀口さんはその会社を手伝うこととなったが，医療機器の売上には波があり，繁忙期と閑散期がはっきりとしていた。そこで堀口さんは，閑散期に利益を出せるような事業がないかと考え，子どもの頃から好きだったぬいぐるみに目をつけた。20代前半の頃，精神的に落ち込んでいた時期があった。気分転換に街歩きをして，ふわふわのぬいぐるみに出会った。可愛くて，優しくて，家族の一員として迎え入れ，ぬいぐるみに性格を与えたり，面白い行動をさせたりするうちに，自然に元気になっていった。誰でも孤独を感じたり，何か失敗をして落ち込んだりしていることがあるし，そんな時，家族のように寄り添ってくれるぬいぐるみがいたら，きっと癒しになるのではないか。堀口さんは，ぬいぐるみを大切な友だちや家族の一員としてとらえる，コンセプトショップ的なぬいぐるみのオンラインショップを開いた。体と心の両方を癒す医療の必要性を感じ，ぬいぐるみに心を癒す可能性を見出したからである。医療機器というハードな商品とふわふわなぬいぐるみというソフトな商品を組み合わせる発想に，堀口さんは興味を覚えた。そこで，2009年に医療機器を製造する夫の会社の新規事業「ネット事業部」として，ぬいぐるみの販売を始めた。最初の頃，納品されたぬいぐるみに違和感をもった医療機器会社の社員とトラブルになったことがあったが，社長である夫は理解を示してくれた。

2.2　起業初期 2009年から2013年

　ぬいぐるみ総合メーカーS社から「フモフモさん」シリーズを仕入れたが，ネットショップで有名になるのは難しい。そこで堀口さんはオリジナルな世界観を創り出し，顧客に提案するようにした。それは，ぬいぐるみをモノとしてではなく擬人化された命ある存在として，大切な家族として迎え入れるというコンセプトである。そのコンセプトは現在のぬいぐるみ病院にも反映されている。当時，ぬいぐるみが大切な友だちや家族であるといった世界観に立った

図5.1　フモフモランド本店のホームページより

出所：fumofumo-san.land

ネットショップは珍しく，共感者が増えていった。

　ネットショップにおけるタッチポイント（顧客との接点）は自社WEBサイトである。コンセプトを正確に伝えることができたのは，堀口さんと世界観を共有するウェブデザイナーの存在が大きい。2人はいかに「やわらかく」「優しく」「楽しく」「心が軽くなり」「安心でき」「癒される世界」を表現するかにこだわった。コンセプトをどのように表象するか，意見交換し，芸術的感性を追求した。趣味に没頭するかのようにコストを度外視し良いものを求めた。ぬいぐるみ・抱き枕・雑貨等を販売する「フモフモランド本店」（2013年設立）のWEBサイトには，優しく癒しにあふれた世界が広がっている。ぬいぐるみ自体はもちろんのこと，ホームページの色使いやイラスト，フォント，画面構成と，すべてがやさしい。キャラクターたちがサイトマップの案内役となっていて，最寄駅から実店舗「フモフモランド本店」までの案内も行っている。

　WEBサイトを初めて作ったとき，世界観をどこまで理解してもらえるか不安だった。しかし心配無用だった。後に堀口さんのネットショップは大盛況を迎えるが，その時，共感し応援してくれる人が沢山いたことを知った。一般社団法人イーコマース事業協会エビス大賞ネットショップコンテスト新人賞

（2014年）を受賞した。WEBサイトはタッチポイントの役割を十分に果たしてきた。

2.3　ネットショップから株式会社こころの設立へ

　2013年11月，堀口さんは医療機器製造会社を経営する夫と円満離婚した。ぬいぐるみのネットショップは2013年12月25日に「株式会社こころ」として法人登記し，堀口さんが代表取締役として新たに出発した。2015年にはぬいぐるみ病院を立ち上げた。ぬいぐるみ病院の理念は「がんばれ！ぬいぐるみ。私達はぬいぐるみとの生活を守ります。」であり，「大切な家族の存在である患者様がお元気になっていただくことでご家族の心も安心し癒されること。おもてなしをさせていただくスタッフも毎日笑顔で幸せに働けること」とした。高い技術力で治療をする「クオリティ」，患者一人ひとりを愛し心を込める「ケア」，素敵な思い出を作る「体験」という3つの約束を掲げた。当時は販売が主力で，病院への問い合わせは月に10件程度だった。

　2016年3月頃，ある女子大生がぬいぐるみ病院をTwitterに取り上げたことを契機に，ネットニュースに記事が掲載された。これを契機に問合せが急増し，予約申し込みは3月後には3,000人となった。予約受付をストップし，2人しかいなかったスタッフの数を増やし，受注対応に取り組んだ。予約がとれなかった顧客の中には，「押しかけ入院・診察」を求める人や，ぬいぐるみの入った箱を突然，送ってくる人もいた。「治療・入院」は，モノを大量生産するようにはいかないので，急激に増大した顧客の対応に苦労した。2016年末，何とか目途がついて予約受付を再開した。しかし，再開するや否や10日間で1,000人の申込みがあり，再び予約受付を休止した。

　予約殺到を契機に，価格が割高であっても高品質の「入院・治療」を求める顧客に，ターゲットを絞ることにした。サービス品質を向上させるとともに「治療費」を従来の倍の金額にした。予約申込み数が適正レベルまで減ると考え，翌2017年に予約受付を再び開始した。ところが，たった1時間で1,500人の予約がありシステムがダウンし，謝罪メールを送る羽目になった。

　価格を上げたにも関わらず，システム・ダウンするほど予約が殺到したのは何故であろうか。同種のビジネスとして，一部のクリーニング店がぬいぐるみを洗うサービスを行っており，副職類の修理専門店の中にはぬいぐるみを扱うところもある。しかし，これらはモノとしてのぬいぐるみのクリーニング・修理である。命ある存在として人間と同じような待遇で「ぬいぐるみ病院」に受け入れて「治療する」というコンセプトではない。それはビジネスの差別化というよりは，市場の中の一部の特定の顧客，特定のニーズに対してサービスを提供するニッチビジネスと言える。そうした人々にとり，家族や仲間の一員のようにとても大切に感じていて愛情を注ぐ対象であったり，片時も手放せない，なくてはならない存在であったりする。予約が殺到したのは，ぬいぐるみ病院が「家族の一員である大切なぬいぐるみ」を治療したい人々にとって唯一の，品質面で安心できる専門機関であったからである。

2.4　ぬいぐるみ病院の入院・治療

　ぬいぐるみ病院には数々の治療コースが設置されている。組織は，内科，外科，整形外科，リハビリテーション科，救急科，ICU（集中治療室），美容室，エステサロン，配膳室，薬剤部，談話室等に別れている。予約して順番がきたら，入院から退院までの流れは図5.2のようになる。

　1つ目が入院受付・問診・診断である。問診票を記入し，「患者」に名前を書いたリボンをつけ，「箱バス」に入れて，ぬいぐるみ病院に送付する。到着した「患者」はまず「内科医」によって身体の状態がチェックされ，治療計画が立てられる。治療計画は「家族」（持ち主）に提案され，その了解を得て，入院・治療が行われる。2つ目が「エステ（お風呂）」である。ぬいぐるみは，お腹の綿が全て取り出され，ぬいぐるみ病院が専用に開発したオリジナルのシャンプーとトリートメントで患者の「肌も心も癒しながら優しく綺麗に」洗われる。ふわふわの綿に全身入れ替えを行う。身体状態によって「エステ」のみで退院できる患者様もいれば，次の治療が必要になる患者様もいる。3つ目が治療で，これは弱っているところがある患者に対して，綿入れ前に行う手術

図5.2　ぬいぐるみ病院の入院治療コース

```
入院受付
問診
診断

治療計画の
策定と提案
```
→
```
エステ（お風呂）

お身体のお綿をお出
しする
シャンプー・トリー
トメント
ふわふわの綿を入れ
る
```
→
```
治療

弱っているところが
ある場合、綿入れ前
に「患者様」一人ひ
とりの治療をする

標準治療
オプション治療
```
→
```
退院前の交流パー
ティ

患者様（ぬいぐる
み）同士の楽しい交
流会
```
→
```
退院

ふっくらチェックを
経て退院
（退院1カ月アフ
ターフォローあり）
```

```
「患者様」に対するケア
 ・看護：ナース（スタッフ）がつきっきりで看護いたします。
 ・添い寝：添い寝のフモフモさん（ぬいぐるみ）やスタッフたちが、おやすみのお供をします。
 ・心のケア：不安になったときは、癒し隊・ゆるみ隊（ぬいぐるみ）がお話を聞いて優しく受け止めます。
「ご家族様」に対するケア
 ・入院の各段階における情報開示
```

出所：「フモフモランドぬいぐるみ病院」ホームページより引用

である。「一般病棟」で概ね1カ月程度の標準治療が行われ，軽度から中度の
「お怪我の治療」，「縫合手術」「部分皮膚移植」「パーツの再生手術」「小範囲の
植毛手術」などが実施される。「ICU病棟」では，1カ月から半年に及ぶ「重
度のお怪我の手術」「全身皮膚移植手術」「広範囲の植毛手術」「欠損部分造形
手術」などが実施される。4つ目が退院前の交流パーティである。入院してい
る患者様（ぬいぐるみ）同士の楽しい交流会で，その様子は写真に収められ帰
りを待つ家族のもとに発信される。5つ目が退院である。退院前に「ふっくら
チェック」を行う。また，退院後1カ月間は，患者様の状態が良くない場合は
無料で追加治療が受けられる。なお入院期間は，エステのみの場合は2〜3週
間，治療＋エステの場合は1〜3ヶ月である。

　ぬいぐるみ病院の特長は「患者様」と家で待つ「ご家族様」への心のケアが
充実している点である。入院中は，スタッフの他に，世話役やナース役，仲間
役のぬいぐるみたちがいて「看護」「添い寝」や，不安になったときにお話を
聞いて優しく受け止めてくれる。さらに「ご家族様」に対して，患者の様子を
SNS等にアップされた写真で知らせたり，治療に関しては，問診票に従って

患者の家族の希望を聞きながら，病院側が提案したりする。ぬいぐるみ病院に
ぬいぐるみを預ける顧客にとって，ぬいぐるみは自身の分身のような存在であ
るため，上記のようなきめ細やかで愛情のこもったケアがなされることで，自
身の心もケアされることが考えられる。そして，ぬいぐるみの元気回復は顧客
の元気回復につながる。

2.5　コロナ禍での新たな試み

　堀口さんはコロナ禍で，ぬいぐるみを愛する人たちのためのサービスの充実
を図ってきた。1つ目が入院を待つ，ぬいぐるみと持ち主のための「待合室
ページ」の充実である。「待合室ページ」では，「セルフ診断システム」で簡単
な診断をして家庭でのケアのやり方を学べたり，入院してから受ける治療につ
いて予習したり，「カウンセリングルーム」でスタッフの助言を得たりするこ
とができる。2つ目がオンライン上の交流サイト「ぬいぐるみの国」の開設で
ある。「国民」はぬいぐるみで，持ち主はぬいぐるみを見守る保護者となる。
「国民」同士で「ぬい友」（お友達）を作ったり，つぶやきをしたり，ブログを
書いたり，好きなグループやイベントに参加したりできる。3つ目が迷子のぬ
いぐるみを持ち主に返すためのサービス（「日本ぬいぐるみ医師会」）である。
家族のように大切なぬいぐるみを，万が一，外出先で見失ってしまったとき，
すぐに戻るよう，シリアルナンバーを記録したマイクロチップをつけておく。
このチップは，医療用技術を応用して開発した，世界初のぬいぐるみ用マイク
ロチップである。ぬいぐるみを見つけた人が，スマホの近距離通信アプリを用
いてシリアルナンバーを読取り，「ぬいぐるみ医師会」のウェブサイトにある
専用入力フォームから連絡すれば，探し主に戻るように手配される。

3. 企業家から学ぶ

　ぬいぐるみは，適切に用いることにより，幼児だけでなく，大人，そして老人にとっても，癒し効果を与えることが知られている[1]。堀口さんの非凡なところは，「家族の一員である，ぬいぐるみを治療する」という顧客の癒しにつながる価値提案をし，顧客の心に寄り添ってサービスの拡充を進めたことである。第3節では，癒し系ビジネスの概要を踏まえ，顧客価値提案並びに「中期的な顧客体験（カスタマー・ジャーニー）」を用い，学ぶべき点を確認する。

3.1 「癒し系ビジネス」

　現代では心身に疲れを感じる人々が少なくなく，「癒し系ビジネス」が注目されている。心理学的にみたストレス対処過程との関係をみてみよう（図5.3参照）。

　谷口・福岡（2006）によると，ストレスフルな出来事あるいは問題に直面した人間が，ストレスをうまく処理をしようとするのがコーピングである。またストレス対処や健康状態に対して，学校，職場その他第三者機関からの支援がソーシャル・サポートである。場合によって医療者や介護者のサポートも必要になる。コーピングは，ストレスを生み出す問題に向き合い解決を図ろうとする問題焦点型コーピングと，ストレスフルな状況に伴い生じる精神的，感情的な不快感を鎮めようとする情動焦点型コーピングに大別される。いわゆる「癒し系ビジネス」は気分転換やリラックスにつながるものなので，情動焦点型コーピングに寄与するビジネスと位置付けることができる。日常から離れる旅行，体を動かすスポーツ，音楽演奏などの趣味，芸術鑑賞，漫画などに加え，近年では癒し効果を謳ったアロマテラピー，ネイルテラピーなども増えている。また，ペット，ガーデニング，農業体験，ぬいぐるみなども「癒し」効

---

(1) Lai（2021）はぬいぐるみは幼児だけでなくおとなにもセラピー効果があるとしている。

図5.3　ストレス対処過程と「癒し型ビジネス」

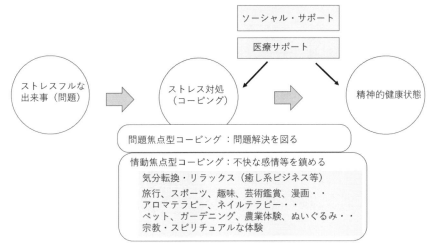

出所：谷口・福岡（2006）を参考に作成

果が知られている。さらにコミュニケーション系ロボットの1つの目的として，老人等に癒し効果が期待されている。また，ビジネスではないが，宗教や先祖供養，スピリチュアルな体験も人の心に安定をもたらす。

　このうち，ペットなどは生き物なので怪我や病気をすることもあるし，別れもある。家族の一員であり自分を癒してくれた存在であるだけに，重病で手術する場合などは大きな不安に襲われるし，別れが避けられない時の悲しみは計り知れない。飼い主にとり，動物病院に通ったり，年をとり弱った動物の介護をしたりして，いつまでも家族同様の愛情を注ぐことが，心の安らぎにつながっている。ぬいぐるみも同じである。長い時間が経ったぬいぐるみは，色あせ汚れが目立ち，糸のほつれが生じ，中の綿が固くなってくる。持ち主は，家族が「病気」「けが」をしたようで，不安，悲しみを感じるだろうし，もし「病気」「けが」が治れば心の安らぎになるだろう。こうした価値を提供するサービスもまた「癒し型ビジネス」と言える。

図5.4　ペルソナ（典型的な顧客像）の設定

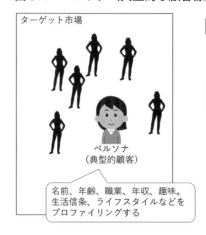

ターゲット市場

ペルソナ
（典型的顧客）

名前、年齢、職業、年収、趣味。
生活信条、ライフスタイルなどを
プロファイリングする

CVP分析

ペルソナがしたいこと(jobs)、喜ぶだろうこと
（Gains）,不満足に感じるだろうこと（Pains）
を想定する。

カスタマー　ジャーニー
（顧客の旅）

ペルソナが商品を知って、はじめて買い、リピーターへ
と「成長」する過程を想定する。

ぬいぐるみ病院のペルソナ（筆者想定）

擬人化されたミコと愛子（保護者）

出所：筆者作成

3.2　「こころ」の顧客価値提案

　次に堀口さんが，顧客に対し，どう「癒し」を提案しているか，また，時系
列的にどうつながるか，ペルソナ，CVP，カスタマー・ジャーニーという順
にみてみよう。

3.2.1　「家族ペルソナ」の設定

　顧客価値提案にあたってはペルソナ（典型的な顧客像）を用いるのが有効で
ある。年齢，性別，職業，趣味，ライフスタイル，性格など詳細なプロファイ
リングをした架空人物が用いられる（図5.4参照）。ペルソナ設定の利点は，
関係者の間でターゲット顧客像についての共通認識をもちやすくすること，
CVPやカスタマー・ジャーニーに際し「彼女ならこう感じるはず」と仮説を
たてやすくなることである。一般にペルソナとしては一人を想定するが，家族
向け商品などでは夫妻と子という「家族ペルソナ」を設定することもある。ぬ
いぐるみ病院のサービスには，擬人化されたぬいぐるみと保護者（持ち主）と

いう「家族ペルソナ」を想定し，人格をもったぬいぐるみと保護者の2人に何とか喜んでもらおうと様々な工夫している様子がみてとれる。ペルソナは，こんな家族ではないだろうか。熊のぬいぐるみのミコ（本当は25歳，永遠の10歳。女の子）の保護者は愛子（30歳，独身，看護士）である。5歳の時に親に買ってもらったミコ。小さい頃，ミコは可愛くてやんちゃな妹のような存在で，いつも一緒に遊んだ。成長し，いろんなことに夢中になった頃から一度は疎遠になった。しかし青年期に悩み事があったとき，ミコに添い寝してもらい，愚痴をこぼすと気持ちが落ち着いた。その後，就職で一人暮らしをするようになってもミコとは一緒に暮らしてきた。仕事の自信もついた愛子はミコの保護者を自認し，目立ってきたケガ（ほころびや傷み）を何とかしてあげたいと考えている。

3.2.2　心に刺さる顧客価値提案：CVP分析

CVP（Customer value Proposition）を用い，顧客がしたいこと（jobs），喜ぶこと（Gains），不満に感じること（Pains）を想定し，顧客の心に刺さる提案をいかにすべきか考えよう（図5.5参照）。ぬいぐるみ病院は，ミコと保護者の愛子という家族をペルソナに対し提案していると考えられる。ミコと愛子がしたいこと（jobs）は「ケガを癒す（補修をする）」ことである。調べると補修サービスを提供する会社はあるが「ケガの状態への不安」「モノとして扱われる」という障害要因（pains）が思い浮かぶ。一方で「治療に対する安心感（想像より綺麗になり，直らないと思ったところも補修できる）」ならば，とても嬉しく感じるだろう（Gains）。ミコと愛子に，どのような提案をすべきであろうか。製品・サービス（product and service）は基本的コンセプトで「ぬいぐるみ病院での入院・治療（家族同様，心のこもった修理クリーニング）」である。そのためには障害要因除去（pain relievers）が大事なので，家族同様に手厚く扱う「スタッフの意識の統一」「技術の向上」「積極的な情報開示」が大切である。さらにぬいぐるみ「ミコ」の立場に立ち，不安・寂しさを癒すため，ぬいぐるみのナースや友達が世話をしてくれる。一方で，期待以上との評

89

図5.5　ぬいぐるみ病院顧客価値提案（CVP）

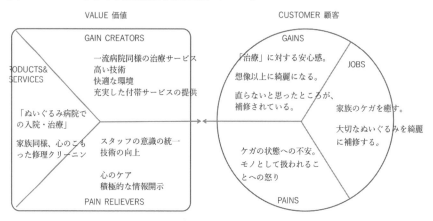

出所：筆者作成

価を生み出す要因（gain creators）は，「一流病院と同様の治療サービス」「高い技術」「患者（ぬいぐるみ）にとり快適な環境」「充実した付帯サービス」などである。堀口さんは，ぬいぐるみを人格をもった顧客として接し，その保護者である持ち主に大きな安心感・満足感を与えていると言えよう。

3.2.3　時系列的な顧客価値提案

　次に中期にわたる時系列的な価値提案についてみてみよう（表5.1）。入院・治療はある一時期のことであるが，患者（ぬいぐるみ）と保護者（持ち主）の喜び，悲しみ，不安などの感情は，長期にわたる。そこで長期にわたる顧客体験（顧客の旅）を「見える化」するためにカスタマー・ジャーニーを用いよう（図5.6参照）。ぬいぐるみ病院では予約から入院まで平均1年余りかかる。そこで，「入院・治療」という中核サービスを中心に，認知・探索，予約，「入院待ち」（事前サービス），「入院・治療」，「退院後リハビリ」（アフターサービス）という各ステージで，顧客の不安を取り除き，安心してもらうことが大切である（図5.6参照）。実際にカスタマー・ジャーニーを作ってみると，堀口さんが「入院・治療」という中核サービスだけでなく，事前・事後段階で，顧

客の満足要因（gains）や障害要因（pains）を配慮し，様々な工夫をしていることが確認できる。入院待ちの「待合室」では家庭でできるケア法や，ケガの治療に関する情報を提供したり，退院後の「患者」に対しては「ぬいぐるみの国」で「患者」や「保護者」の交流を促したりしている。注目されるのは，こうした時系列的な付帯サービスが，コロナ禍にあって拡張されていることであり，顧客の心に向き合う堀口さんの本気を感じさせる。なお，その際にWEBページが顧客と企業とのタッチポイントとして重要な役割を果たしている[2]。

表5.1　カスタマー・ジャーニー（長期）

		認識・探索	予約	入院待ち	入院・治療	退院後
ペルソナの行動		サービスを知り調べてみる	気に入ったので予約する	入院の準備	大切なぬいぐるみを綺麗に補修。	リハビリ 持ち主同士の交流
感情の起伏	満足要因 Gains	サービス内容・料金がわかりにくい	入院時期がわかる	入院準備，家庭でのケアの連絡を受ける	想像よりずっと綺麗。諦めていた部分も補修。	退院後の家庭でのケアの連絡を受ける
	障害要因 Pains	入院・治療の効果への不安	入院時期がわからない	全く連絡がない。	モノとして扱われてしまう	全く連絡がない
タッチポイント		WEBサイト 電話	WEBサイト 電話	SNS	病院	SNS
対応		質問への迅速な対応。丁寧な電話対応 サービス・料金の明確化	迅速な電話対応，入院時期の連絡 明確なサービス体系と価格	「待合室」 入院前の情報提供 家庭でできるケア法	「病院」のようなサービス	「ぬいぐるみの国」 家庭でできるケア法

出所：筆者作成

(2) 同社WEBページは2018年度グッドデザイン賞を受賞した。受賞理由は，「ぬいぐるみを命ある存在として入院・治療・退院というとらえ方で，ホームページ・販促物・メール文面などすべてのデザインをオリジナルな世界観に沿って提示し，ぬいぐるみを患者様として大切に受け入れ，同様の価値観をもつ人々に理解を示し安心感を提供している」ことである。

4. 結び

　本章では，堀口さんの軌跡をたどり，ぬいぐるみ病院のコンセプトがどのように生まれたのか，どのようなサービスが開発されたか考察した。「企業家から学ぶ」では，癒し系ビジネスの概要を踏まえ，ビジネスの先進性を確認した。ぬいぐるみ病院の場合，擬人化されたぬいぐるみとその保護者という「家族ペルソナ」を設けていると考えられる。患者（ぬいぐるみ）と保護者（持ち主）という家族に対し，喜び，不安，悲しみ，怒りなどがどういった局面で起こりうるか想像し，適切な対策をとっている。こうした，患者に対するきめ細かな対応が，家族である持ち主に対しても癒しを提供していると考えられる。また，その提案は「入院・治療」という点ではなく，予約，入院待ち，入院・治療，退院後という時系列において線としてつながっている。

　最後に，ぬいぐるみ病院の顧客がクリーニング・修理が終わった後，実際に寄せた感謝メールを紹介しよう（一部改）。

　　A（ぬいぐるみの愛称）の個性を大事にしていただいた上でのお見積りと施術に大満足です。初めて会った時のように，手足が頑丈になって，腕を広げて「抱っこして?」と言っているような姿になりました。Aとは25年以上一緒にいます。これからの25年も一緒にいたいです。その間にきっとまたAは体調を崩すと思います。その時にまた，ぬいぐるみ病院にお世話になりたいと思っております[3]。

【参考文献】

カーネマン, D.（2014）『ファスト＆スロー（上・下）あなたの意思はどのように決まるか?』ハヤカワ・ノンフィクション文庫

菊川紗希（2017）「女子大生におけるぬいぐるみを抱くことによる抑うつの変化」『跡

（3）ぬいぐるみ病院WEBサイト「お客様のお声」にもとづき一部改変。

　見学園女子大学附属心理教育相談所紀要』13，pp.91-108

谷口弘一・福岡欣治（2006）『対人関係と適応の心理学：ストレス対処の理論と実践』
　　北大路書房

ぬいぐるみ病院WEBサイト　http://nuigurumi-hospital.jp（2023年11月30日閲覧）

南文枝（2018）「ぬいぐるみが「かけがえのない存在」という心理とは？ぬいぐる
　　み病院の新たな試み」『AERA Dotメルマガ』https://dot.asahi.com/print_image/
　　index.html?photo=2018080300037_1

Lai, V. (2021) "The Positives Of Plushies: Stuffed Animals Have Benefits For Chil-
　　dren And Adults", *International Collegiate Journal of Science.* https://icjs.us/the-
　　positives-of-plushies-stuffed-animals-have-benefits-for-children-and-adults/
　　（2023年10月1日閲覧）

The Positives Of Plushies: Stuffed Animals Have Benefits For Children And Adults
　　Medicine, Neuroscience/By Vincent Lai/Rice University/August 8, 2021

第6章

ルカコ　仙田忍さん
：複数チャネル×SNSによる多彩なタッチポイント

社　　　名	株式会社ルカコ LUCACOH Co., Ltd.
所　在　地	大阪府豊中市
代表取締役	仙田忍
設立・創業	2015年10月1日設立 2013年1月23日創業
資　本　金	5,000,000円
主な事業	育児関連用品の企画，開発，製造，輸出入及び販売・育児に関する 情報提供サービス

キーワード●マルチ・チャネル　タッチポイント　SNS活用

1. はじめに

　仙田忍さんは2013年に抱っこ紐カバーという商品をはじめて世に出し，主に電子商取引（以下EC）により販売してきた。抱っこ紐カバーはママさんたちの目に留まり，売り上げが伸びたが，すぐに競合他社が市場に参入してきた。低価格をアピールする競合に対し，仙田さんはどのように対抗し，成長を続けているのだろうか。本章では仙田さんの軌跡をたどり，「企業家から学ぶ」ではEC主体の企業における，自社ECサイト，モール出店などマルチ・チャネル戦略並びアクセス対策，SNS活用策について考える。

2. 仙田忍さんの軌跡

2.1　青少年期の経験から起業までの経緯

　仙田さんの両親は共働きであったため祖母の世話になることが多く，小学生の頃は学校が終わると祖母の家に行った。祖母は着物の縫製をしていたので，祖母がいつも着物を縫っているというのが日常風景であった。その側で，仙田さんは小さい頃はままごとをして遊び，小学校2年生頃からは祖母に教えてもらって編み物をしていた。高校生の頃になると放課後はもう祖母の家においてもらうこともなくなったが，見よう見まねで縫い物や手芸が好きになり，自分の服を作ったりしていた。着物も縫えるが，和裁も洋裁も祖母に教えてもらったわけではなく独学で覚えた。勉強して新しい知識を得ることが好きだった。

　短大では歯科衛生士の勉強をし，歯科医院で歯科衛生士として10年間勤務した。その間に患者さんとのやりとりを通してコミュニケーションスキルを磨いた。またその頃，インターネットの使い方を独学で学んだ。結婚して主婦となった。家も建て一人目の子どもが生まれる前まで夫は単身赴任（単身赴任期間は4年間）。その2年後に二人目の子どもができたが，一人で孤軍奮闘する子育ては想像をはるかに超えて大変だった。そんな中，下の子どもが2歳になって歩けるようになり言葉が話せるようになった時，子育てが少し楽になった。そのような中，自分の趣味や得意なことを役立たせることができて，自分と同じような境遇のママさんたちの困りごとを解決できるかもしれないという思いが芽生えていた。

　そこで，育児と仕事の両立ができて，必要に応じて休みが取れるような雇用環境が整った会社を探したが，なかなか見つからなかった。仙田さんは歯科衛生士とケアマネジャーの資格をもっていたので就職しようと思えばできたが，そうするとフルタイムになり子どもたちを迎えにいける人がいなくなってしまう。育児をしながら働ける環境が欲しかったため，自分で起業することを考えた。自宅で子どもたちの面倒みながら好きで得意なミシンを踏めるということで始めたのが，抱っこ紐カバー作りだった。まず自分のお小遣いの5万円を資

金としてスタートさせた。5万円のうち2,000円を使って生地屋で生地を買った。その2,000円の生地で抱っこ紐収納カバーを作って，子どもたちが寝た後，自分が作った抱っこ紐カバーを撮影しネット上にあげた。抱っこ紐収納カバーは，仙田さんが考案したもので仙田さんにしか縫えないものだったが，だれでも作れるようにと縫い方のレシピをネット上で公開した。

　当時，抱っこ紐が流行っており，外国製の抱っこ紐の使用が増えていたが，それを収納する専用の袋は販売されていなかった。しかし，抱っこ紐を外したとき，「だらーん」と腰からぶら下がってそのままだと危ない。その問題を解決したのが抱っこ紐収納カバーだった。ルカコのビジネスコンセプトは，「おしゃれにスマートに抱っこ紐『だらーん』を解決」することである。マーケットとしては，抱っこ紐を使用する人の数は限られており，さらに抱っこ紐収納カバーを購入する人の数は限られるかもしれないが，あえて抱っこ紐収納カバーだけを扱う専門店とした。それは，仙田さんが当時発信していたブログのダウンロード数の多さから，売れると確信していたからである。問題は，価格をいくらに設定するかであった。仙田さん自身は原価＋アルファ程度の価格で売ろうと考えたが，経理に詳しい夫の意見を尋ねたところ，生地代や将来的な人件費を見越して計算し価格を提案してくれた。そして，ママ友達の意見も聞くようにというアドバイスをくれた。そこで仙田さんはママ友達約30人にアンケートをして，少し高いけれども欲しい人は買うだろうという値段に設定した。それで成功したという。最初の主婦的な感覚で値段をつけていれば月20〜30万円程度の収入にはなったかもしれないが，人を雇用し収益を上げるだけの収益は上がらなかっただろうということである。

2.2　起業から人を雇用するまで

　2013年1月，一人で立ち上げた抱っこ紐収納カバー専門店は，消費者のニーズと合致した商品力もあり半年で月収100万円に達した。しかし創業後1年ほど経った頃，一人で作って一人で売るということに限界を感じ始めていた。電話の受付，商品の発送，問い合わせの対応などをすべて一人でやっていたの

で，でき得る限度だった。もともと子育てを優先して自宅でゆったりする時間をもつために起業をしたのに，子どもたちのことを十分にみてやれないという状態になってしまった。そこで，自宅から徒歩3分のところに事務所を借りて，スタッフを募集することにした。事務所のロケーションは，当時3歳だった子どもが家から自分で来られる距離を考慮した。スタッフを雇用する時間帯は，子育て中の仙田さん自身の経験から，午前10時から午後1時という短時間に設定した。それは，子どもを幼稚園に送り出してから帰宅するまでの時間に合わせたからである。母親が希望するのは，家族を大事にしながら子どもの習い事の月謝が稼げる程度のことだと考えた。縫製スタッフは新聞の折り込みチラシで募集した。それは地域活性化への思いと地域の人なら家族に何かあったときにすぐに帰宅できるようにとの配慮からである。新人たちの縫製の技術指導は仙田さんが担った。また，抱っこひもカバーの作り方はネットで公開していた。仙田さんの狙いは的中した。3名募集のところに70名が応募してきた。全員を面接し，30名ほど採用した。スタッフを多めにすることで，家庭に何かあれば休みやすい会社にしたかった。採用できなかった別の10名には，今回は採用できなかったが会社を大きくしてママさん雇用を増やすのでそのときに採用したいという趣旨の手紙を送った。それに対して，「待っています」という返事に感激してルカコを必ず大きくしようと思ったと仙田さんはいう。

　2019年現在，ルカコで多くのスタッフが働いているが，フレキシブルな就労条件なので各自が家庭の状況に合わせて働くことができる。2015年当時は，30名のうち事務所で働くスタッフは12名，自宅で抱っこひもカバーを縫製する人は20名であった。縫製しなければならない商品数のノルマはなく，週に一度，事務所の営業時間中に納品した数によって対価が支払われる。そのような形で，出産の1週間前まで働いていた人もいれば，介護をしながら働いていた人もいる。もとデザインの仕事をしていた人もいれば，歯科技工士をしていた人もいて年齢も様々である。数多く納品できる人もいれば，まだ子どもが小さくて手がかかり少ししか納品できない人もいる。顧客のレビューをネット上で公開しているので，ルカコの抱っこ紐カバーを買ってよかった・嬉しかった

というコメントが見れることで，縫製を担当したママさんたちは自分たちの作ったものが人々の役に立っているという社会貢献意識をもつことができる。仙田さんは，ルカコの抱っこ紐カバーは，女性・ママさんたちがひとつひとつ手作りで心を込めて丁寧に作っており，いつ・どこで・何の目的で購入したかを履歴として残しており，壊れたときは無料で修理するといったフォローがブランド力の構築につながっている。したがってルカコの雇用者に売上利益を還元するためにも，価格競争に巻き込まれないよう起業初期においては他の大手オンラインショップに出品することは避けていた。

　順調に収益が上がっていることもあって，仙田さんはルカコ事務所の中に自分やスタッフ・縫製担当のママさんたちが，子どもと出社する日があることもOKとした。ママさんが子どもたちを連れてきて職場を見せることもできる。子どもたちは母親がどのような職場でどのような仕事をしているのかを知ることができる。仙田さんは雇用したママさんたちのことだけでなく，未来へとつながる次世代の働き方ややりがいについても考えた。

2.3　ルカコブランドの確立と顧客数を維持するための努力

　仙田さんはブランドを確立するための第一歩として，創業時に店舗名と商品「ルカコ」を商標登録した。商標とは，事業者が，自社の取り扱う商品・サービスを他社のものと区別するために使用するマーク（識別標識）である。主なセールスポイントは「ママさんたちが真心を込めて手作りしている」「日本製である」「100種類以上ある柄の中からチョイスできる」「アフターサービスが行き届いている」ことである。ブランドを支えるのは，縫製に協力してくれるママさん達である。子育てや介護など様々な事情から，外で働けないママさん達は少なくない。こうしたママさん達と良い関係を築くために，中間業者を介さず，家庭で自由な時間に働きながら，パート労働に相当する収入を得ることができるようにした。ママさん達はモラルが高く，毎週，品質の良い商品が納品される。またママさん達の個別事情を木目細かく把握しているので，半年後に流行る柄を先読みし事前発注する代わりに，売れ筋の柄を都合の良い人に発

図6.1　ルカコ製　抱っこ紐カバーの例

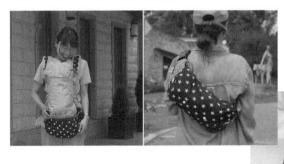

出所：同社資料

注することで翌週には届けてもらえる。

　仙田さんは商品を消費者に知ってもらうために自社サイトとブログを早くから活用してきた。創業時にはウェブサイトを自作した。もともとインターネットやSNSを，歯科衛生士をしていた10年間の間に独学で使い方を学び積極的に使用していた。ルカコの自社サイトも，企画，販売，撮影，更新とすべて仙田さんが行っていたため多忙を極めた。最近こそデザイナーの力も借りているが，ウェブページには仙田さんのこだわりが随所に活かされている。

　仙田さんはルカコを広めるために，創業初期から「紹介制度」を採用した。ルカコの抱っこ紐カバーを購入した人が他者に紹介すると，紹介で購入した人は送料が無料になり，他者に教えた人にはポイントが還元される。この紹介制度でルカコは全国に広まった。また，読者からの声で『たまごクラブ』や『ひよこクラブ』などの育児雑誌にルカコの抱っこ紐カバーが紹介されると，売り上げが伸びた。ルカコはウェブサイトから会員登録をして様々な特典が得られるようになっている。

　さらにSNSをタッチポイントとして積極的に活用して，ターゲット層の顧客との接触を増やした。いずれも子育てに関する情報交換の場となっているだ

けでなく，ルカコストアの商品に関する情報交換の場となっている。例えば，blogの「ルカコストア」をあけると，興味深いブログが読めて，消費行動の参考になる。ルカコのFacebookは商品紹介をはじめとして動画を含む画像と情報量が豊富である。ルカコのInstagramは2023年9月時点でフォロワー数9,000人をこえる。「軽く抱っこするコツ」や育児アプリや，数々のおしゃれな投稿を見ることで，購買意欲が刺激される。仙田さんは複数のSNSを組み合わせながら，顧客間の口コミを通してルカコ・ファンを継続的に増やすことを実践している。仙田さん自身も1日に50〜100件のやりとりをする。顧客とのやりとりを通して新しい商品が生まれることもある。例えば撥水加工を施した抱っこ紐カバーはその一例である。顧客の希望を直接吸い上げて商品に反映させることができるのは，大手企業にはないルカコのフットワークの軽さであり顧客との距離の近さであるという。抱っこ紐カバーの新規顧客開拓に向けて，SNSを通したルカコ・ファンの拡散は，ルカコ商品の効果的な訴求方法といえる。

2.4　コロナ禍以降の実店舗の業績拡大とその後のさらなる発展

　コロナ禍以降のルカコ社の業績拡大とさらなる発展として，次の3点があげられる。

　まず1点目は，実店舗における独自のサービスの提供による売り上げ拡大である。ルカコ社の一階には，仙田さん自身が改装に携わって作った実店舗がある。その営業時間は金曜日と土曜日の11時から15時の4時間である。ルカコは，抱っこ紐そのものは販売していなかったが抱っこ紐に付随する商品を製造・販売していたので，各メーカの抱っこ紐に関しては詳しくメリット・デメリットを熟知している。そこで他社にはないサービスを提供する試みとして，実店舗にメーカー6社の抱っこ紐を置くことで顧客は複数のメーカーの抱っこ紐を比較しながら試着ができ，自分に合った専門的なアドバイスを受けながら抱っこ紐を購入することができるようにしたのである。コロナで子ども連れで外出する機会は減ったものの，抱っこ紐があることで家庭内の子育ては助けら

れる部分が多い。まさしく子育て中の人々のニーズを捉えたサービスで，実店舗の前には長い待ち時間の行列ができた。かなり遠方から来る人もいた。抱っこ紐の試着と販売により売り上げは著しく増大した。そのような中，抱っこ紐の試着レンタルサービスも開始した。このレンタルサービスにより顧客は納得して抱っこ紐を購入でき，販売後にはサポート的なフォローを受けることができる。2点目は，オリジナルな新商品の開発である。ママさんたちから「こんな商品があったらいいのに」というヒアリングをして1年間かけて作ったのが「頭・首かっくん防止スヤコ」である。これは，抱っこ紐の中で子どもが寝たときに，頭や首が後ろにダランとたれるのを防止するためのものである。まず，従来からあった商品に比べて，デザインにこだわりおしゃれなものにした。次に，ママでもパパでも使えるように色にもこだわった。さらに様々なブランドの抱っこ紐に装着できるようサイズに工夫した。「頭かっくん防止スヤコ」と「首かっくん防止スヤコ」の2つで商標登録を行った。このネーミングには年代にかかわらずその用途と目的がわかることの意図が込められている。「持っている抱っこ紐がプレミアムシートになります」というサブタイトルに，仙田さんの創意工夫と顧客のニーズに応えようとする熱い思いが表れているのではないだろうか。3点目は，YouTubeとLineの活用によってルカコ・ファンが増えたことが挙げられる。この点は事例分析編で詳述する。

　仙田さんは常に変化する社会の情報を取り入れ，幅広い年代の人々と交流を通して視野を広げている。会社経営においては仙田さんと各社員の強みを活かしながら，みんなでやっているという感覚を大切にしている。そして何よりも毎日楽しく活動できることが仙田さんの自慢である。なお2022年3月，東京・下北沢にもルカコストアを新たにオープンした。

3. 企業家から学ぶ
：マルチ・チャネル×SNSによる多彩なタッチポイント

　仙田さんは，抱っこ紐カバーという新しい商品ジャンルを創造し，主にECを通じ，全国の消費者に商品を提供し，情報発信を続けている。抱っこ紐カ

バーは製品イノベーションの賜物である。しかし，いかなる新製品でも特許で保護されていない限り，市場の成長とともに他社が類似商品を作って参入するので，価格競争を余儀なくされ収益性が急速に悪化することが多い。抱っこ紐カバーについても，現在では多くの類似製品が販売されている。ところがルカコは，価格競争に陥ることなく，激しい競合の中でシェア・ナンバーワンを保ち続けている。なぜ，顧客がルカコを選択するのだろうか。事例分析編では，複数の販売チャネルとSNSによる多彩なタッチポイントという視点から分析し，顧客に素敵な体験をしてもらうための適格なマーケティングが進められてきたことを確認する。

3.1　EC運営企業のマルチ・チャネル戦略

　はじめにEC企業のマルチ・チャネルについて確認しよう（図6.2参照）。EC主体の企業にとっても，販売チャネルは多様化している。主なものだけでも，（1）電子モール出店，（2）自社ECサイト（兼企業サイト），（3）実店舗が考えられる。1つ目が「楽天市場」や「Amazonマーケットプレイス」など電子モールへの出店である。例えるとイオンモールの専門店に出店するようなものである。利点は，電子モールを訪れた消費者の買いたい分野に応じ，モール内の商品・店舗検索機能により各店舗へ案内してくれることである。またポイント，販促イベントなど，モール全体のイベントに参加し，販促をすることができる。欠点は出店コストや販売手数料が割高なこと，さらに店舗紹介スペースが限られることである。なお最近ではCtoC（Consumer to Consumer）サイトへの出店もある。メルカリは，元々は消費者同士の取引の場だったが事業者出品も可能となったし，CREEMAのように零細・個人事業と消費者のマッチング・サービスもある[1]。2つ目が自社ECサイト（兼企業サイト）であ

---

[1]　メルカリは月間利用者2,000万人で，2021年より法人アカウントが取得可能になった（ただし，中古品販売には許認可証必要）。初期費用ゼロで，販売額の10%の販売手数料，200円の振込手数料が発生する。CREEMAは2010年にサービスを開始したCtoCプラットフォームで，現在，19万人のクリエイターによる1,000万点のオリジ

図6.2　EC運営企業の販売チャネルとアクセス経路

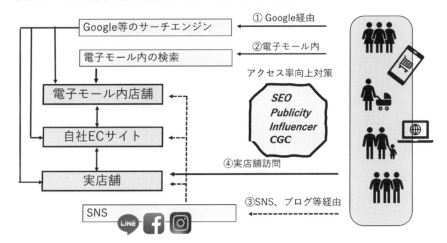

出所：筆者作成

る。例えると，モール外にあるショールームを兼ねた本店である。企業情報，創業理念，扱い商品の特長や使用法，アフターサービス，Q&Aなどの詳細情報，生産・販売パートナーの紹介など，質量ともに豊かな情報を提供できるという利点がある。欠点は電子モール内店舗ほど顧客からのアクセスが期待できないことである。3つ目が「パイロット・ショップ」的な実店舗である。EC主体の企業にとり立地周辺地域の顧客からのアクセスの便に加え，スマホの地図表示アプリに店舗が掲載されることによる認知度向上，手に取って商品を確かめたいという要望に応えることができる。特に，各種オリジナル商品を扱う際，顧客の手に取ってもらうことは有用である。問題は，いかに店舗改装費や家賃，光熱費，人件費などの運営費を抑えるかである。

　外部の消費者が各店舗に誘導される上での主要なハブ（結節点）として，（1）Google等のサーチエンジン，（2）電子モール内の検索，（3）SNS，ブログ等経由，（4）実店舗訪問などが挙げられる。また，消費者は情報を求めて

ナル作品が出品される，日本最大級のハンドメイド市場に発展した。

電子モール内店舗，自社ECサイト，実店舗の間で移動することも多い。こうした中，情報発信の核となるのが自社ECサイト（兼企業サイト）である。

ルカコは自社ECサイト，電子モール内出店，実店舗を展開している。自社ECサイト（兼企業サイト）で創業者の理念，商品，アフターサービス，Q&A等について詳しく情報を発信し，SNSへの結節点の役割も果たしている。一方，楽天市場やAmazonマーケットプレイスでは，簡潔に必要十分な質・量の情報を発信している。モールを訪れた消費者は，販売実績や顧客評価の高さから関心を示し，自社ECサイトを訪れて詳細な情報を得ることができる。さらに実際に手に取ってみたいという消費者は実店舗を訪れることができる。ルカコの実店舗（OSAKA本店）は加工場の一角にあるが，仙田さん自身が改装に携わり，営業時間は金曜日と土曜日の11時から15時の4時間などコストを抑える工夫がされている。実店舗では，他社の抱っこ紐を含めて試着でき，自社サイト等で発信したルカコ抱っこ紐の特徴について確認することができ，さらに自分に合った抱っこ紐を選べるようになっているなど，「顧客体験の場」として機能している[2]。

3.2　アクセス向上対策

　次にEC店舗や実店舗へのアクセス向上対策について考えよう。基本は，(1)検索数を増やす，(2)検索時に上位表示される，(3)外部WEBページからリンクしてもらう，のいずれかである。また，主なアクセス対策として，SEO，パブリシティ，インフルエンサー並びに顧客作成コンテンツ活用がある。1つ目がSEO（Searching Engine Optimization）で，検索エンジンに上位表示させる取組み全般のことである。Googleは世界中の膨大なWebサイトを定期的に巡回して情報を収集し，独自評価基準にもとづき，表示ランキングを決定する。公開されている評価基準によると，WEBサイトの主題，情報量，情報の質（専門性，権威性，正確性），WEBサイト並びに作成者に関する外部評価，

---

(2) 2022年3月にはルカコストアTOKYO下北沢もオープンさせた。

WEBサイトの技術的な品質等が総合的に考慮される。検索で上位表示されるために，これら項目を改善する必要がある。2つ目がパブリシティで，公的機関やメディア会社などに，自社の取組みをWEBサイトに記事にして掲載し，リンクを貼ってもらうことで，集客経路となる。取り上げてもらうためには，優れた商品の開発，従業員の地域活動，先進的な環境経営・健康経営などが必要である。3つ目が広告代理店等を起用し，ネット広告や有償インフルエンサーを通じて広報することである。インフルエンサーとは，SNSやブログで情報発信している，世間に与える影響力が大きい「有名人」のことである。インフルエンサーが自社製品と関連が深いテーマで発信してもらったり，直接，商品のことを言及してもらったりする[3]。もちろん自社関係者がインフルエンサーとなるのが一番良い。4つ目が一般顧客の作成したコンテンツ（Customer Generated Contents，以下CGC）の活用である。「商品の映え写真」「家族と楽しむ場面」など，顧客が自社製品とともにインスタグラムやTwitterなどに投稿したコンテンツ（CGC）を探し，それを顧客の許可を得て自社のWEBサイト上に掲載する。一般顧客の自発的な情報発信は，WEBサイトの発信内容の信頼性を高め，検索時の上位表示につながりやすいとされる[4]。

3.3　SNSを通じた顧客とのコミュニケーション

　SNSを通じた顧客とのコミュンッケーションはアクセス経路対策としてだけでなく，ブランドの信頼性を高め，お得意様をつくるための，EC主体の企業にとり大変重要である。タッチポイントとして機能させるためのポイントを2つあげ，同時にルカコの先進性を述べよう。

---

(3) ただし，インフルエンサーが広告であることを明示しないと「ステマ」（ステルス・マーケティング）としてネットコミュニティから非難されるので，注意が必要である。

(4) アクセス対策の効果は定量的に把握できる。Google社の無償ツール（アナリテックスとサーチ・コンソール）を活用しWebサイトへの流入経路，Google検索をした時のキーワード並びにその時の表示ランキングなどがわかる。

3.3.1　SNS各メディアの使い分け

　第1に各SNSメディアの特長を踏まえ，使い分けることである（表6.1参照）。何よりも各メディアの視聴者層と自社の顧客ターゲットがマッチしている必要がある。

表6.1　主なSNS

	日本のMAU	世界のMAU	特長
LINE	9,500万人	2.0億人	チャットアプリ。日本，台湾では首位
YouTube	7,000万人	20.0億人	各世代からの利用が多い動画配信。企業・商品等の説明が可能
X （旧Twitter）	4,500万人	4.4億人	テキスト中心で即時性が高く，登録者のリツィートを通じ波及効果が生まれやすい
Instagram	3,300万人	10.0億人	画像配信。個人的な感動を訴えやすい
Facebook	2,600万人	30.3億人	人的ネットワーク構築系SNS。Instagramと同系列
TikTok	1,700万人	10.0億人	20代以下の利用者が多い。短い動画配信。「バズる」が狙える
LinkedIn	300万人	9.5億人	ビジネスパーソンに人気のあるFacebook型SNS

（注）MAUはMonthly Active Userの略で月間に利用したユーザー数である。
出所：Gailax社「性別・年齢別SNSユーザー数」（2023年9月）より引用

　例えば，FacebookやYouTubeは20代から60代まで多くの年齢層に活用されているが，TikTokの利用者は10代が多い。また，チャットアプリとして，日本や台湾ではLINEが首位だが韓国ではKakaoTalk，中国ではWeChat，米国ではWhatsAppが有力である。LinkedInは日本での知名度は低いが，欧米ではビジネスパーソンに人気がある。次に各メディアの特性をみてみよう。Facebookでは，企業ウェブサイトでは難しい，経営者，スタッフなどの人間的実像を示すことができるし，他の「友達」とのやりとりで有益な情報が生まれやすくなる。X（旧Twitter）はテキスト中心で即時性が高く，登録者のリツィートを通じ波及効果が生まれやすい。同じ動画系でもYouTubeでは，商品の特長や利用法などを動画でわかりやすく説明するのに利用できるし，Tik-Tokは感度の高い若者向けにインパクトある短い動画を発信し，「バズる」（取り上げる人が飛躍的に増える）ことを狙うのに良い。ルカコの優れた点は，仙

田さん自身が複数のメディアを自由に使うインフルエンサーだということである。その力はコロナ禍でも発揮されてきた。子ども連れの外出や交流の機会が減少したことをふまえ，YouTubeによる抱っこ紐の試着シーンや各メーカーの抱っこ紐のメリット・デメリットの比較説明などの動画配信を開始した。また，顧客にLINE登録をしてもらって，抱っこ紐購入後の丁寧なフォローを行っている。WebサイトやSNSでは，顧客が利用法などで疑問をいだくだろう項目について，画像やオリジナル動画などもフルに活用して丁寧に回答してゆく仕組みができている。顧客からの細かな質問や仙田さんにしか回答できないものは，一人ひとり個別に仙田さん自ら答えるようにしている。こうしたYouTubeとLineの効率的な活用にとどまらず，FacebookやInstagramも高い頻度で更新したり，TikTokでインパクトある動画を発信したりしている。

3.3.2　「顧客経験」を踏まえた情報発信

第2に「顧客経験」（ユーザー・エクスペリエンス）の各フェイズに応じた，適切なタッチポイントの選択と情報受発信である。前章と同様にカスタマー・ジャーニー・マップを描くことが効果的である。ペルソナ（仮想的な典型的顧客）を想定し，認知フェイズ，比較検討フェイズ，購買フェイズ，ポスト購入フェイズという4段階の顧客経験（「旅」）を考え，フェイズ毎に気持ちが高まる要因や落込む要因を特定し，どうすればもっと喜んでもらえるか，どうすれば心配を解消できるかを考え，適切なツールを用いて情報発信する。

　1つ目が商品をはじめて知る認知フェイズである。抱っこ紐を使用しないとき「ダラーン」となるのを不快に思っていたので，商品の存在を知り「面白そう」と感じる。しかし，どう使うのか，耐久性・安全性は問題ないか，など懸念を感じる。ルカコは子育てママ情報サイト，SNS，電子モール，自社ECサイト，実店舗などのタッチポイントを有効に活用し懸念解消に取り組んでいる。例えば自社サイト上の動画を通じ利用シーンを紹介している。2つ目が比較検討フェイズで，顧客は他社製品を含め比較する。ルカコは，体系的・総合的な情報発信ができる自社ECサイトに「シェア・ナンバーワン」「受賞歴」

「マスコミ掲載実績」など情報を掲示し懸念を払しょくし，「ルカコ」の商標登録でブランド識別をしている。3つ目が購入フェイズにおける消費者の立場にたったサービスである。ルカコは丁寧な検品，梱包と迅速な発送を心掛けているし，写真とのイメージが違う場合，基本的に7日以内であれば無償交換に応じている。4つ目がポスト購入フェイズにおける，顧客とのコミュニケーション活性化である。多彩なSNSによる情報発信により，ポイントがたまる「ルカコ会員」になったり，仙田さんのフォロワーになることを後押しする。顧客の中には，ルカコのある生活シーンをインスタやTwitterに投稿する者も少なくない。こうした投稿内容を発信者の了解をとって自社ECサイトに再掲載することをCGC（Costomer Generating Contents）活用マーケティングと呼ばれ，有効な手法として注目されているが，ルカコはこうした取組みも積極的に進めている。

4. 結び

ルカコはこれまで市場になかった抱っこ紐カバーという新しい商品ジャンルを創造し，類似品が市場に登場するようになるまで普及させた。一般には市場成長とともに参入が相次ぎ，類似商品が登場し，価格競争から収益性が急速に悪化する場合が少なくない。ところがルカコは，価格競争に陥ることなく，激しい競合の中でシェア・ナンバーワンを保ち続けている。本章では，その秘訣について考察した。

「企業家から学ぶ」においては，マルチ・チャネル戦略並びにアクセス対策について，「顧客体験」向上を意図した的確なSNSによる情報発信という見地から検討した。電子商取引と一口に言っても自社運営サイト，BtoCサイト，CtoCサイトなど複数のチャネルがあり，どう組み合わせるべきか考察した。カスタマー・ジャーニーでは，抱っこ紐カバーを認知し，比較し，お試しに購入し，満足してリピーターになる，という「顧客体験」の中で，事業者と顧客間の接点（タッチポイント）の重要性をみた。さらに，SNSによる情報発信

では，各メディアの特長を踏まえた情報発信の重要性について確認した。

　仙田さんは，自社EC店舗を含めたマルチ・チャネル戦略を展開し，「顧客体験」の各ステージを通じて，多彩なタッチポイントを活用し情報発信を進めてきた。

【参考文献】

加藤希尊（2018）『はじめてのカスタマー・ジャーニーマップワークショップ』翔泳社

デジ研（2018）「インフルエンサー・マーケティングとは？ 始め方と失敗しないための注意点」http://www.digital-marketing.jp（2019年7月31日閲覧）

東京都（2014）「抱っこ紐等に関するアンケート調査結果」http://shouhiseisaku.met-ro.tpkyo.jp（2019年7月31日閲覧）

第 **7** 章

キンダーキッズ 中山貴美子さん
:「奇跡の英語保育園」のブランド戦略

社 名	株式会社キンダーキッズ
本 社	大阪府
設 立	2000年1月
代 表 者	中山貴美子
資 本 金	2,000万円
生 徒 数	5,300人（2023年3月現在）
スタッフ	1,120名（2023年3月現在）
事 業	キンダーキッズインターナショナルスクールの運営

キーワード●ブランド価値モデル　SERVQUALモデル

1. はじめに

　キンダーキッズインターナショナルスクール（以下キンダーキッズ）は，国際感覚と高い英語力を身に付けることが出来る「日本人のためのインターナショナルスクール」（認可外保育園）である。普通の日本の子どもが英語が話せるようになる施設が必要ではないか。中山さんは「自分の子供を行かせたいと思える教室，ないならば作ってしまおう」と決意する。2000年に大阪府で創業されたキンダーキッズは，現在では関西圏だけでなく首都圏や福岡県など，国内で20あまりのスクールを運営するだけでなく，海外にも3つのスクールを設けている。第2節で中山貴美子さんの軌跡を振り返るとともに，第3節「企業家から学ぶ」では中山さんを成功に導いたブランド戦略についてブランド・エクイティ・モデルにもとづき考えてみよう。また，接客型サービス業の品質をみるSERVQUALモデルにもふれる。

2. 中山貴美子さんの軌跡

2.1　学校卒業，就職，結婚を経て起業に至るまで

　中山さんの母親は仕出し料理の会社を興し，成功した起業家である。中山さんはスポーツが得意な，リーダー的な存在をつとめる活発な少女だった。10代のころからいつか母のように起業したいと思い，大学では経営学を専攻した。卒業後，1年弱，カナダに語学留学した。帰国後，英語の非常勤講師を経て，大手英会話教室に就職した。当初は営業職を担当していたが，その後，教室運営を任された。無我夢中で頑張ったが，この期間に英会話教室の運営についてのノウハウを身につけることができた。

　英語がネイティブな男性と結婚し，大阪で生活するようになった。結婚を機に退職し，子どもにも恵まれ，専業主婦をした。当時，夫は英会話学校の講師だった。中山さんは子どもが2歳と1歳になった頃，わが子をバイリンガルに育てたいと強く考えるようになった。しかし，当時の英会話教室の多くは週に1回，1時間程度のレッスンで，いかにも短時間過ぎると思った。そこで，長時間，英語にふれることができるであろう，インターナショナルスクールをいくつか見学した。しかし，日本に住む子どもには向いているのだろうか，と疑問に感じた。普通の子どもにとり，両親が特に英語が得意という訳ではないし，海外生活経験もないだろう。日本の教育を受けながら英語を当たり前に操れるようになる施設が必要ではないか。中山さんは「自分の子供を行かせたいと思える教室，ないならば作ってしまおう」と決意する。ちょうど，社会にもう一度かかわりたいと考えていた時期でもあった。英語教室の運営ノウハウは身につけていたので勝算はあった。商工会議者が運営する起業スクールに通い，こんな保育所を作りたいというビジネスプランを色んな人に話していた。

2.2　2000年創業

　その頃，母を通じて知人から話が持ち込まれた。東大阪市で体操教室を開校するため，大きな倉庫を借りたが広すぎるので，2階150坪を借りて欲しいと

いうものだった。破格の安さだった。中山さんは即諾し体操教室と同時に保育園を開設することになった。開業までの2カ月余りで，認可外保育園の審査を受け，内部を改装し，椅子・机・黒板などを用意し，講師を募集し，生徒募集をした[1]。業者さんに改装してもらい，廃校になった幼稚園から机やイスをもらってきて，夫と二人でペンキを塗った。「親も子どもも英語がしゃべれなくても大丈夫。日本人のためのインターナショナルスクールです。」中山さんは手作りのチラシを2万部刷り，周囲にポスティングしてまわった。

　本当に英語がしゃべれるようになるのか，毎日，両親からの問い合わせ電話がなった。実績はなかったが，懸命に説明した。当時1歳6カ月から受入れ，卒園まで，英語に浸って生活する。1歳児からの5年間で7,000時間，3歳児からの3年間でも4,000時間を超えるので，無理なく英語の基礎力をつけることができる。年齢と英語の習熟度によってコースを細かく分け，ネイティブの先生が納得できるオリジナル教材を作っている。クラス受け持ちは，必ずネイティブの先生と日本人の保育士の2人1組になるようにする。スタッフ採用にあたっては，保育士には子どもたちに安全な保育の場を提供する使命感を持ち，物おじせずネイティブとコミュニケーションをとれる人間性を重視し，ネイティブの先生はできるだけ子育て経験がある方にお願いするようにしている。最初はネイティブの先生を5人も雇ってしまったことを心配していたが，中山さんの懸命な訴えを多くの両親が受け止めてくれ，口コミもあり70人の定員は3カ月で埋まった。

　スタートから1年以内に，2000年3月に八尾校，2000年10月に大阪本校を相次いで開校した。東大阪校と八尾校によって郊外型立地を進める一方，梅田や天満橋に近い中心市街地に大阪本校を立地することで，短期間に関西地区に

---

(1) 認可保育園は児童福祉法に定められた基準（保育士数，施設面積・設備等）を満たし，国・自治体が認可した施設。保育料が無償となるが，入所希望者が多いため自治体選考に委ねられる。また均一的なサービス内容になりやすい。認可外保育施設は都道府県知事等の認可を受けていない施設であるが，保育時間・サービス内容・料金が柔軟にでき，両親側で施設を選ぶことができる。

おけるキンダーキッズの認知度を上げることができた。短期間に3つのスクールを開設することは大変だが，大手が本格的に参入する前に，勢いがあるうちに名前を知られるようになることが大事だと思っていた。前職で英語教室運営に携わった中山さんは，業態の特性から，冷静にキャッシュフローを分析した。もともと教育授業は月謝が先払いであるが，さらに教材を自前で制作することで教室開設時に得られるキャッシュをできるだけ増やし，運転資金として必要な分を除いたキャッシュを計算し，新スクールの入居時保証金，内装・什器費などの開業費に投入したのである。

2.3　創業期から成長期

　2000年から最初の5年保育の卒園生が出る2005年までの5年間は創業期で，まだまだスクールの運営も手探りで，キャッシュフロー的にもなんとか回ってゆくという，不安定な時期であった。その中で，2002年以降，富裕層が多いとされる北摂・阪神地区に芦屋校，西宮校，豊中校，宝塚校を順次開設し，市場を広げていった。

　5年保育の卒園生が生まれた2006年からの2015年間までの約10年間は成長期といえる。英語検定対策クラスを設け，受験する子ども達へのサポートとテスト対策を行った。子どもの卒園時に英検3級70％以上という目標を掲げた。

図7.1　キンダーキッズスクール数推移

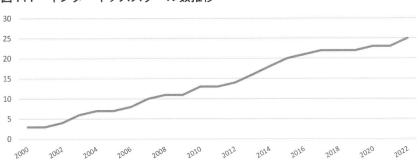

出所：同社WEBサイト（2023年10月1日閲覧）

悠々と達成できた。まだ英語幼児教育のスクールが少なかったこともあり，キンダーキッズは毎年1校ほど増加し，受講者数も順調に成長した。関西圏以外にも2008年2月には横浜校，2010年4月には名古屋校，2010年9月には東京本校を開設した。この頃には売上高が10億円を超えるようになり，銀行のプロパー融資を受けられるようになった。2009年には「Grad Club（グラッドクラブ）」を設けた。キンダーキッズを卒園し通常の日本語の小学校に通いだしたあとも習得した英語力を落とすことなく，さらに伸ばすため英語学習をサポートする。

2.4 事業確立期

2016年以降は規模の拡大よりも体制の整備に力をいれた事業確立期と言える。

キンダーキッズを取り巻く環境をみると，競争の激化と保育無償化の動きがある。第1に2009年に公立小学校で外国語活動が必修化されたのを契機に，幼児英語教育の市場が急速に拡大し，大手から個人事業者まで次々と参入した。「インターナショナルスクールタイムズ」の村田学編集長によると2〜6歳くらいが通うプリスクールが年間20〜30校の規模で増え続け，2019年には国内500校以上となっている[2]。個別指導塾・英会話スクール・幼児教育・民間型託児保育を運営するA社は，2013年に保育園と学童保育とネイティブの先生による英語教育を組み合わせたバイリンガル幼児園事業に参入した。同社はフランチャイズ事業を取り入れる戦略も功を奏し急速にスクール数を拡大し，2021年8月現在で180校余りを運営している。競合の激化は，顧客をめぐる競争激化だけでなく，ネイティブの講師の引き抜き対策，英語日常会話ができる保育士の募集の難しさ，などを予想させた。第2に2018年に入ると保育の無償化が政府等で検討されるようになったことがある。英語教育に力を入れる保育施設は，保育士資格を有するネイティブ教師採用が現実的でないことか

---

(2) 2019年2月13日　日本経済新聞

ら，多くは認可外保育施設として運営されている。2020年以降，認可外保育施設を利用する両親も月3.7万円の補助対象となることが決まった。キンダーキッズに子どもを通わす両親は比較的裕福な方が多いが，競合施設が増えてゆく中で，保育料が一つの判断材料になることは避けたかった。

キンダーキッズは教室運営においてネイティブ講師や保育士への積極的な権限移譲を進め，職場の魅力度を高める工夫をした。英語のできる保育士を採用するのではなく，英語を学びたい保育士を採用し，職場で自然に英語を身につけられるようにした。子どもを預かる仕事には重い責任がある。教室運営について，これまで以上に，サービスの向上に努めるようにした。また，本部運営でも，代表に権限を集中させるのではなく，信頼できるスタッフに権限を分担してもらうようにした。こうした体制整備の結果，ネイティブ講師や保育士の退職率は低くおさえられている。また，全施設が保育費補助の対象として認められている。

2.5　キンダーキッズの特徴

キンダーキッズの中核である3〜5歳児を対象としたクラスを典型的なイマージョン型幼児教育と比較しよう（表7.1）。バイリンガル型イマージョン教育とは，児童・生徒の第1言語や全人格的な発達を犠牲にすることなく，第2言語の力を高度に伸ばすために，学校教育の全部，または一部を，第2言語を使用して行う学校教育である。第2言語による教育は，欧米で標準的なフォニックス（phonics：音声学）や単語集を用いた学習である。

これに対しキンダーキッズは，日本と外国の両方の文化に触れ，日本式教育の良い所を取り入れ「日本の心」を大事にしながら，しっかりと自分の意見を英語で伝える力を身に付ける教育を標榜している。第2言語教育の特長は，オリジナリティあふれる「フォニックス・キャラクター」と単語集「サイトワーズ」，「テーマ学習」に現れている。「フォニックス・キャラクター」はA，B，Cの各文字に名詞・動詞を組み合わせた，可愛いキャラクターのイラストである。例えば，ちょっと怒った（Angry），かわいいリンゴ（Apple）のイラスト

図7.2　フォニックス・キャラクターの例　Angry Apple, Busy Bee, Cool Catapillar

出所：中山（2018b）

がA，aという文字と組み合わせて描かれている。

　こうした取組みで音・綴り・意味を総合的に記憶し，書写を組み合わせる。さらに1歳児クラスからは地理・科学などの「テーマ学習」も英語で行うことで，教室から社会まで興味を広げさせ，欧米の標準的な幼児施設よりも早いペースで「読み書き」を習得することを目指している。一方，第1言語の日本語で体験学習，音楽クラスを行う。またオプションで，受験対策クラス，サイエンスクラス，体操クラス，英検対策クラスがある。それだけでなく第2言語による「テーマ学習」で日本文化・社会を積極的に取り上げ，伝統工芸・工場・商業施設などの社会見学を，年間に7～10回程度も行っている。

　キンダーキッズのカリキュラムや教材は，英語を第一言語とするカナダでも評価されている。2014年に開設されたカナダ校（トロント市郊外）はオンタリオ州の認可幼稚園である。中山さんはカナダ校が州基準以下の少人数クラスにより，想像力，探求力，創造力を身につけた子どもに育て，小学校から大学教育に長期的な成功につなげることを目指すことにした。カナダ校では，日本で制作した改良型フォニックスと，カナダにおける調査にもとづく単語集「サイトワード」を組合せ，音・綴り・意味を総合的に頭に入れ，書写練習を組合わせ，他の一般幼児施設よりも早いペースで「読み書き」習得することを目指している。さらに，皆で合奏・合唱をしたり，組体操をしたり，集団行動を通

じ社会スキルを身に着けている。こうした日本型幼児教育が，第1言語教育としても評価され，キャンセル待ちができる状況が続いている。

表7.1　キンダーキッズの特徴（3〜5歳児クラス）

	典型的なイマージョン型幼児教育（バイリンガル）	キンダーキッズ	キンダーキッズ・カナダ
基本的考え方	児童・生徒の第1言語や全人格的な発達を犠牲にすることなく，第2言語の力を高度に伸ばすために，学校教育の全部，または一部を，第2言語を使用して行う学校教育	日本と外国の両方の文化に触れ，日本式教育の良い所を取り入れ「日本の心」を大事にしながら，しっかりと自分の意見を英語で伝える力を身に付ける教育	州の基準以下の少人数クラスにより，想像力，探求力，創造力を身につけた子どもに育てる。このことによって，小学校から大学教育に長期的な成功につなげる
第1言語教育	日本語教育を家庭に委ねるタイプと，幼児施設において日本語教育を行うタイプもある	日常生活指導，遠足，体験学習，音楽クラスを日本語で行う。オプションで，日本語学習クラス，受験対策クラス，サイエンスクラス，体操クラス，英検対策クラスがある	日本同様の「フォニックス・キャラクター」「サイトワーズ」「テーマ学習」により，一般幼児施設よりも早いペースで「読み書き」を習得する。さらに合奏・合唱，組体操など，集団行動を学ぶ。オプションでフランス語，日本語クラスがある
第2言語教育	欧米で標準的なフォニックスや単語集を用いた学習	「フォニックス・キャラクター」「サイトワーズ」により音・綴り・意味を総合的に記憶する。「テーマ学習」も英語で行い，欧米の標準的な幼児施設よりも早いペースで「読み書き」を習得	

出所：中山（2018a）にもとづき筆者作成

　キンダーキッズの3〜5歳児クラスの卒園生の中に，小学校になっても英語を学びたいとの声が多く寄せられるようになり，2009年からは小学生向け英語塾である「Grad Club（グラッドクラブ）」を運営している。このレッスンは土曜日と平日の放課後を利用して行われているが，3〜5歳児クラスを卒園した児童は，週1〜2回程度，英語教室に通うだけで，日本の学校で義務教育を受ける間にバイリンガルになれるのである。

2.6 オルタナティブ教育への挑戦

中山さんは新たな挑戦を始めた。2021年2月，インフィニティ国際学院として国際的視野にたった初等部・中等部の開設を目指すと発表した。インフィニティ国際学院は，広域通信制高校と連携したグローバル人材育成のためのオルタナティブ教育機関（高校相当）を運営している。初等部は2022年4月に開校し，キンダーキッズが運営を担当する。初等部では英語・中国語に加え，国内のフィールドワーク，プロジェクト学習を導入し本格的な探究学習の実現を目指す[(3)]。

オルタナティブ教育とは，欧米で発達した，標準的な学校教育に代わりうる，家庭の役割や子どもの個性，自由などを重視した個性的な教育法全般のことで，モンテッソーリ教育やシュタイナー教育などがよく知られている。キンダーキッズは（1）英・日・中のマルチリンガル教育，（2）個別型・グループ型クラス編成，（3）教科担任制と20〜30代のチューターによるサポート体制，（4）プロジェクト型学習，（5）ICT学習，（6）お金の教育，（7）旅しながら学ぶ歴史・地理・社会，（8）多読など，学校教育法の縛りの中では実現できない個性的な教育プログラムを実施する予定である。例えば算数・国語・家庭科は日本語で，理科・音楽は英語で，社会・プロジェクト型学習・ICT学習・体育は英語，日本語両方で学ぶ。ただし，オルタナティブ教育は学校教育法第1条に定められた教育機関ではないため，小・中・高校の卒業証書を発行できない。キンダーキッズが運営する初等部の在籍者は義務教育期間内なので，公立小学校に在籍して，教育内容について学校側と連携をとることで公立学校を卒業し，一般の中学に進学できる。なお高校に相当する場合は，同時に通信制高校に在籍・学修して卒業したり，大学入試資格検定を受験したりする必要がある。

認可外保育園だからこそできた0歳から5歳までのユニークな教育を，オリ

---

(3) インフィニティ国際学院プレスリリース「インフィニティ国際学院初等部・中等部開校に向け，キンダーキッズならびにクラスジャパン学園との業務提携のお知らせ」

タナティブスクールとして小学校に相当する6歳から12歳までの児童に対し，個性的な国際教育を推進しようとしているのである。「起業セミナーなどで，リスクばかり目につき怖くなって前に進めなくなってしまう人がいる。でも，私は思い切ってやってよかった。」中山さんの挑戦は続く。

3. 企業家から学ぶ：「奇跡の英語保育園」のブランド戦略

　中山さんは，事業機会を探求し，リスクを過度に怖れず，イノベーションを推進するという意味でアントレプレナーシップにあふれる女性である。一方，その軌跡はブランドを確立するという点で良く考えられたものである。本節では，ブランド価値モデルにもとづき，その先進性について検討するとともに，人的サービスが主体のサービス業において，品質等をどう自己評価すべきか，検討しよう。

3.1　ブランド価値をどのように生み出すか

　ブランドとは「名称，用語，デザイン，シンボルその他の特徴で，ある販売者の商品やサービスを他の販売者のものと識別するもの」（AMA）である[4]。高橋（2008）が述べるように，ブランドは消費者に対し製品・サービスの出所表示や品質保証などを与えるだけでなく，場合によっては製品属性や機能を超えたステータス等の象徴的な価値も提供している。

　ブランドがなぜ価値を生み出すか，顧客の視点から分析したものとして，ケラー（Keller, L.K.）のブランド価値モデル（Customer Based Brand Equity Pyramid：CBEP）が知られている（図7.3参照）。

　ケラーによると，ブランドが生み出す価値は，ピラミッドの下から上にあがるにつれて，大きくなってゆく。まだ生み出す価値の小さい第1ステージは顧

---

[4] A brand is a name, term, design, symbol or any other feature that identifies one seller's good or service as distinct from those of other sellers. AMA, Definitions of Marketing. https://www.ama.org.（2023年12月10日閲覧）

図7.3　ケラーのブランド価値モデル

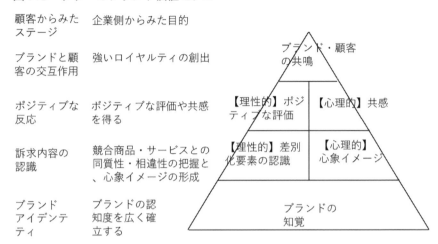

顧客からみた ステージ	企業側からみた目的	
ブランドと顧 客の交互作用	強いロイヤルティの創出	ブランド・顧客 の共鳴
ポジティブな 反応	ポジティブな評価や共感 を得る	【理性的】ポジ ティブな評価 ／【心理的】共感
訴求内容の 認識	競合商品・サービスとの 同質性・相違性の把握と 、心象イメージの形成	【理性的】差別 化要素の認識 ／【心理的】 心象イメージ
ブランド アイデンテ ティ	ブランドの認 知度を広く確 立する	ブランドの 知覚

出所：Keller（2001）

客から知覚してもらうブランド・アイデンティティ段階である。「この製品・サービスは何と言うブランドですか」という，顧客の問いに答えることができる段階である。製品・サービスの提供者は，顧客に他社の製品と識別してもらえるよう名称・用語・デザイン・ロゴ・キャラクターその他を定める。第2ステージは，自社製品・サービスが他社とどう違いがあるか，を顧客が認識している「訴求内容の認識」段階である。顧客の「この製品・サービスの特徴は何ですか」という問いに答えることである。このことで，顧客は価格・品質・アフターサービス等の違いについて理性的に認識するだけでなく，心理的に心象イメージを形成するようになる。そのため製品・サービスの提供者は品質・価格・アフターサービスなどの情報を正確に示すとともに，訴えたいメッセージを伝える必要がある。第3ステージは顧客から「ポジティブな反応」（客観的評価や共感）を得る段階である。第2ステージと同様に理性面と心理面に分かれ，顧客から製品・サービスに関した理性的に高い評価を得ていること，顧客から強い共感を得ていること，である。第4ステージはブランドと顧客が共鳴する「交互作用」の段階で，ここに達するとブランドの生み出す価値は最も大

きくなる。製品・サービス提供者と顧客との間で，互いになくてはならないものという信頼関係が生まれ，顧客が製品・サービスのよさや活用法をSNSで語ったり，改善提案したりする一方，企業も顧客の声に耳を傾け改善に取り組む。こう交互作用を通じ顧客側に強いロイヤルティが生まれる。

　中山さんのこれまでの軌跡をブランド価値モデルに照らし考えよう。まず，創業期にあたる2000年から最初の5年保育の卒業生が出る2005年までの5年間は，第1ステージのキンダーキッズという名称を浸透させること，第2ステージとして訴求するポイントをしっかりと認識してもらうことを精力的に進めた時期とみられる。この時期はまだ3年・5年保育の成果が出ていないので，サービス内容がいかに優れているか，訴えることは大変であったろう。しかし，オリジナル教材にもとづく習熟度別プログラム，様々な行事をネイティブの先生と保育士によるペア，など内容を説明することで，「英語スクール＋保育園」を通じ英語を話すことができるわが子を消費者が想像できたから，その後のキンダーキッズがあるのだ。2006年から2015年までの成長期は，英検合格率や小学校受験などの成果が現れ，顧客からサービスに関して理性的に評価を得るとともに，卒園後の上級クラスを設けて欲しいとの希望が生まれるなど，顧客の強い共感を得ることに成功した時期である。第3ステージの「ポジティブな反応」を得ていると認められる。また，最高点である第4ステージの顧客との交互作用に近づきつつある。卒園したOB・OGの多くが小学生を対象とした英語スクール「Grad Club（グラッドクラブ）」に継続して通ったり，中には，教育補助者として働いたりいているし，その両親たちの交流サイト「Grad＋（グラッド・プラス）」で活発情報交換がなされているからである。キンダーキッズに対する強いロイヤルティをもった顧客が確実に増えている。

3.2　SERVQUAL　人が提供するサービス品質のモノサシ

　ブランド価値モデルでは，理性的なスペック面だけでなく顧客の心象的な支持が欠かせないことが示された。人と人の触れ合いのウェイトが高いサービス業においては，スペック的に優れていることだけでなく，消費者の心に訴える

ことが特に大切である。そこで参考になるのがSERVQUALモデルである。このモデルは，Parasurama, Zeithanll and Berry（1988）が開発したもので，サービス財の品質について，5つの基準からチェックポイントを洗い出したものである（表7.2参照）。

表7.2　SERVQUAL　サービス品質の評価

次元	内容	チェックポイント例
有形性 Tangible	施設・設備・スタッフの身だしなみなど外形的なものが適切か	案内やホームページが優れているか 施設が立派であるか 従業員の服装・身だしなみが適切か 設備・機材が最新であるか
信頼性 Reliability	約束したサービスを適切なタイミングで迅速・確実に提供しているか	約束期日通りにサービス提供されているか 時間通りにサービスを終えているか 企業が信頼できるか 顧客が問題を抱えた時，誠実に対応しているか 正確に接客記録を管理しているか
応答性 Responsiveness	顧客の問いに答えたり，適切なサポートしたりする対応力が十分か	サービス可能な時期を利用者に伝えているか サービス提供が迅速であるか いつでも利用者をサポートしているか 忙しくても利用者の要望に迅速に対応しているか
保証性 Assurance	従業員の能力・スキルや態度は適切か	従業員が信用できるか 従業員が礼儀正しいか 利用者の質問に対応できる知識があるか 従業員と安心して接することができるか
共感性 Empathy	一人ひとりの顧客に対する配慮が行き届いているか	利用者一人ひとりの要望にあわせ対応しているか 利用者の個人的な要望を汲み取れるか 従業員が利用者が何を必要とするかわかるか 利用者の一番関心があることに気を配るか サービスの開始時間・終了時間について配慮できるか

出所：Parasurama et al.（1988）にもとづき作成

　1つ目の有形性（Tangible）とは施設・設備・スタッフの身だしなみなど外形的なものが適切か，である。2つ目の信頼性（Reliability）は，約束したサービスを適切なタイミングで迅速・確実に提供しているか，である。3つ目の応答性（Responsiveness）は，顧客の問いに答えたり，適切なサポートしたりする対応力が十分かである。4つ目の保証性（Assurance）とは従業員の能力・スキルや態度は適切かである。5つ目の共感性（Empathy）はカスタマイゼー

ションに相当し，一人ひとりの顧客にあわせたサービスを提供する柔軟性と配慮が行き届いているかである。

　サービス品質をマネジメントするにはSERVQUALなどを参考に，自社として重視する重点項目を厳選し，それらの項目についてはアンケート等を通じ定期的にチェックすることが大切である。

　キンダーキッズは教室運営サービスの向上に努めており，SERVQUALそのものではないが，同社独自のチェックポイントを設定し，目標設定，実行，評価，必要があれば改善策を講じるPDCAサイクルを確実に回している。

4. 結び

　キンダーキッズは，国際感覚と高い英語力を身に付けることが出来る「日本人のためのインターナショナルスクール」（認可外保育園）である。

　同社のイノベーションは，海外経験のない日本人の子どもに向けた英語保育園，という斬新なコンセプトを打ち出し，「フォニックス・キャラクター」と単語集「サイトワーズ」，「テーマ学習」という，オリジナリティあふれるサービスを顧客に提案したことである。その結果，ケラーのブランド価値モデルに照らし，第1ステージ「ブランド・アイデンティティ」第2ステージ「訴求内容の認識」，第3ステージ「ポジティブな反応」をほぼクリアし，第4ステージ「交互作用」に近づき，ブランドの生み出す価値は大きい。また，サービスの品質向上のため，SERVQUAL同等のチェックポイントを設け，高いレベルを保っている。

【参考文献】
経済産業省（2015）「中小企業・小規模企業の人手不足対応事例集」
中山貴美子（2018a）『奇跡の英語保育園』幻冬舎
中山貴美子（2018b）「子どもが楽しみながら英語学習できる「フォニックス」とは？」

幻冬社Gold Online. https://gentosha-go.com/articles/-/19320（2019年12月1日
閲覧）

Keller, L.K. (2001) "Building customer-based brand equity: A blueprint for creating
strong brands", Marketing Science Institute Working paper, pp.01-107. https://
thearf-org-unified-admin.s3.amazonaws.com/MSI/2020/06/MSI_Report_01-107.
pdf

Parasurama, A., Zeithanll, V.A. and L. Berry (1988) "SERVQUAL: a multiple item
scale for measureing consumer perceptions of service quality," *Journal of Retail-
ing*, 64(1)

第**8**章

リトルムーン，ロスゼロ　文美月さん
：顧客・社会とともに進化し続ける企業家

社　　　名	リトルムーンインターナショナル株式会社
所　在　地	大阪府
創業者・ 現取締役副社長	文美月
起　　　業	2001年（起業時31歳）
事 業 内 容	ヘアアクセサリー・オンラインショップ

社　　　名	株式会社ロスゼロ
代 表 取 締 役	文美月
資　本　金	60百万円
事 業 内 容	食品ロスを活かしたサブスクリプションやアップサイクル食品開発等，フードシェアリングサービス，「ロスゼロ食品」企画開発等

キーワード●ブルーオーション　サービス・ドミナント・ロジック

1. はじめに

　文美月さんはリトルムーンインターナショナル株式会社（以下リトルムーン）の創業者・現副社長である。ヘア・アクセサリー専門のECサイト「リトルムーン」を育てたネットショップ業界における著名な女性企業家である。楽天市場Shop of the Yearを3度（2006年，2010年，2012年）受賞するなど，多くのEC関連の受賞をしている。また，近年では社会的事業にも取り組むなど精力的に活動している。特に2018年に創業した株式会社ロスゼロは，フードロスの縮小に向けて画期的な取組みを行っている。20年ほど前に，2人の子のママが自宅で始めた事業は，顧客そして社会とともに進化し続けている。

本章は文美月さんのエネルギーの原動力と戦略に迫る。第2節では，文さんの軌跡を，大学時代から就職，自己のアイデンティティの模索，結婚，出産，起業，成長などを時系列的にたどる。第3節では，文さんが顧客・社会とともに成長し続けた姿を，「選択と集中」（ブルー・オーション戦略）並びに「モノでなくサービスとしての提案」（サービスドミナント・ロジック）という視点からとらえてみよう。

2. 文美月さんの軌跡

2.1 学生時代・就職・結婚・出産：起業の決意

文美月さんは在日コリアン三世（現在は日本国籍）で建設業を営む一家で，2人の兄と弟に挟まれて育った。中学，高校時代はバスケットボールに打ち込み，高校3年生には国体の選抜選手に選ばれた。大学は猛勉強して一般受験で同志社大学経済学部に現役入学した。1993年に同志社大学卒業後，大手生命保険会社に総合職で入社した。大阪本店で中小企業融資や東京の融資部で大企業融資の仕事を経験した後，退社した。在日コリアンとして自分のアイデンティティを模索する中，韓国留学を決意した。1年3ヶ月の韓国留学中に，夫となる李仁氏と知り合った。李氏も在日コリアンで価値観の合う人で，日本に帰国後に結婚，子どもにも恵まれた。子育ては楽しかったが，孤独感や社会に戻れない不安の中にいた。近隣の銀行のパート職員を受けたが受からなかった。特別なスキルもなくそのまま歳を重ねるのが怖くなった。二人目を出産した後も，就職活動をしようにも雇用証明がないため保育園に預かってもらうこともできない。その時に文さんが思いついたのは，子どもを抱えながらも家でできるネットショップだった。2001年当時はブロードバンド化が進んだ頃で，常時接続・定額制のサーバを設置しネットショップを開設することが容易になり始めた時だったので家にいながらネットショップを立ち上げることを思いついた。

2.2　雑貨店としての起業　2001年から2003年

　ネットショップを立ち上げることを思いついてからの文さんの行動は早かった。ネットで調べるうちに楽天市場のことを知った。個人事業主では楽天市場に出店できず，法人格が必要であった。その次の日には，図書館に行って会社の作り方に関する本を2～3冊借りてノウハウを勉強し，それに沿って起業の手続きはすべて自分で行った。そのようにして，2001年10月，貯金など300万円を元手として有限会社リトルムーンを設立した。自宅1階のPC1台からのスタートだった。起業を決意した頃，運よく3日間の夫婦韓国旅行に当選した。文さんは，その旅行を韓国の商品の仕入れに使った。商売の経験はなかったが，チャンスだと思って韓国では買えるだけ仕入れた。

　当初，韓国から仕入れたのは，李朝時代の家具や青磁の茶器，アンティーク雑貨だった。毎日ホームページを作って楽天市場でそれらの商品やヘア・アクセサリーを販売する日々が始まった。ところが，ホームページの作り方，写真の撮り方，メールマガジンの書き方，受注・発送の仕方，納品書の書き方といったインターネット販売のスキルをもっていなかった。その一つひとつを自ら学んでいった。最初の1ヶ月間はまったく売れず，2ヶ月目はやっと一つ売れて3,980円といった調子であったが，販売スキルを猛勉強するうち月商150万円までになった。しかしながら，特に利益もなく不眠不休で，家事も子育てもおろそかになっていた。というのも販売していた李朝家具の大きさはバラバラで，割れ物もあったため梱包に多大な時間がかかった。送料も高く，その都度，個別料金を請求するしかなかった。日本ではそもそも韓国の雑貨に対してそれほど需要がないということもわかっていなかった。そのような多忙な中，下の子どもが大怪我をしたのをきっかけに，自身の物事にのめり込む性格を反省し，起業から1年半後，子育てに専念するためネットショップは閉店し，半年間休業した。

2.3　ヘア・アクセサリー専門店としての再出発と成長

　文さんは半年間の休業前に気づいたことがあった。それは，韓国雑貨と並行

して販売を始めたヘア・アクセサリーの売れ行きがよかったことである。自分が売りたいものと人が買いたいものが異なることが分かったのである。当時ネット上ではヘア・アクセサリーの専門店がなかったことから，そこに特化すれば成功するかもしれないと思い，完全に業態替えをしてヘア・アクセサリー専門店としてリニューアルし，復帰したのが2003年11月だった。単価が安いヘア・アクセサリー専門の会社にするには勇気がいった。周囲の商業関係者に聞くと，マーケットが小さいし低単価なのでやってゆくのは無理だと思う，と言われた[1]。しかし競合相手がいないことから，自社が一番になれば，以前のような不眠不休の苦労も報われるだろうと考えて事業に集中した。

　2004年，強力な協力者が現れた。外資系企業でエンジニアをしていた夫・李仁氏が退職し経営に加わった。二人でいかに月商1,000万円を超えるか様々な方法を研究した。同じ2005年に日本にはないものを創ろうという熱意から「夜会巻きコーム」を開発した。「夜会巻きコーム」とはロングヘアーをアップにする際に美容院に行かなくても，自分で手早く簡単に髪の毛をまとめられるというコンセプトにもとづくコーム状（櫛形）のヘアピンである（図8.1参照）。独特の形状であるギザギザつきの湾曲した櫛の歯は，安定的な髪形を維持するのにうってつけである。「夜会巻コーム」のデビューは，広告効果を考えオークション形式にした。2004年4月にオークションを開始したが一撃落札（即落）が9ヶ月で10,000本を突破した。その使い方・手順に関しては，自分をモデルにした写真を掲載するなど，素人目線で解説したことも好評だった。この大ヒットにより，一気に月商が上昇し始めた。

　「夜会巻コーム」は，顧客の声を聞きながらサイズや色，種類を増やしてゆき，ヘア・アクセサリー・ブームの火付け役となった。さらに，2005年4月にはヘア・アレンジの動画配信サービスを開始し，楽天市場で動画の再生ランキング1位となった。同年8月，夜会巻きコームを実用性の高さと美しいデザイン性を目指して改良し，「髪に優しい櫛」を開発して実用新案登録・意匠登

---

(1) 文美月 (2015) p.67

128

図8.1　夜会巻きコームの一例

女髪(Megami)　**夜会巻きコーム【　特許　/実用新案/意匠登録】**

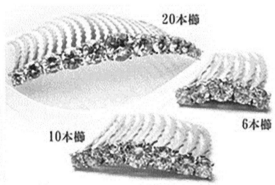

左モデル着用：オリオン／　右物撮り：ルフラン

出所：リトルムーンウェブサイト「工房探検：技術編」

録を行った（特許取得は2006年11月）。そのおもな特徴は，櫛の根元が「く」
の字型になっているので，そこに髪が入り込みしっかりと固定される。櫛の研
磨回数と研磨方法が他と異なるため滑りが良い。弾力性のある素材を使用して
いるため，ヘア・アレンジが長時間持つ。素材と台座設計の工夫により強く薄
く軽いため，よりファッション性のあるデザインが可能である。したがって，
長い髪を束ねてこの櫛を1本させば，髪がまとまり台座につけられた色とりど
りのストーンによっておしゃれな演出ができることとなる。2005年10月，夜
会巻きコームの販売数は累計で10万本を突破し，月商7,000万円となった。
2005年12月には，有限会社から株式会社化し，社名をリトルムーンインター
ナショナル株式会社とした。モノ作りと物流の仕組み作りに長けた李氏が社
長，販売・ブランディングが得意な文さんが副社長となり，それぞれの強みを
最大限に活かした。そしてその月，楽天ヘア・アクセサリージャンルで年間ラ

ンキング1位を達成した。

2.4 楽天市場における確固たる地位の確立

　文さんはインターネット販売のスピード感と顧客の声が集まってくる点に魅力と強みを感じている。商品の要望に関しては双方向のやりとりができる。様々な職業の人やTPOのニーズに対応できるため進化が速い。一方、クレームに対しても文さんは丁寧に真摯に対応する。例えば、1,500円の商品の配送ミスがあった折には、顧客の使用日に間に合わせるために1,500円の商品を持って関東まで直接出向いたこともある。また商品の素材上、経年劣化が発生する場合でもクレームがくる。そのようなクレームを減らし商品の信頼性を上げるためにもウェブページには顧客が見落とさないように丁寧な商品説明が掲載されている。その積み重ねによって商品もウェブページも店も良くなってゆくと文さんは言う。

　また配送面でも工夫をしている。お急ぎでない人には「お取り置き」、すなわち配送を保留し、次のお買い物を同梱してもらうことで、受取回数を減らせる顧客にとっても、配送作業を省略できる企業にとってもメリットが出る。

　現在、リトルムーンの累計販売数は450万点を超えた。品揃えの豊富さと製品開発力の背景にあるのは、韓国と中国の合弁企業との協業による一貫製造販売体制である。そこでは、素材選び、企画デザイン、製造、流通、販売までの一元管理を行っているため、独自の素材や色合い、デザインを工夫することができる。韓国だけでなく中国にも製造拠点を得ることができたのは文さんの行動力、韓国語の語学力、豊富な人脈、知的好奇心に助けられている。製造拠点を探し求めて文さんが中国の青島に行ったのは2006年のことであった。文さんは、中国にいる韓国人、中国にいる日本人、韓国語と日本語ができる中国人などから現地のアクセサリー製造地区に関して情報を得て、自社オリジナルな商品の製造を開始した。

2.5　企業の在り方を求めて：社会貢献につながるプラットフォーム

　文さんであっても，全てが順風満帆であった訳ではなかった。2008年には精神的疲労から「心が折れて」しまったことがあったが，復帰することができた。共同経営者である夫やスタッフそして家族など自分を支えてくれた人たちの存在を大きく感じた。これを契機に，文さんはいかに顧客満足を追求し利益を上げるかという「企業のやり方」だけでなく，企業にかかわる人たちがみな人間として幸せに生きてゆくためにはどうすべか，という「企業のあり方」を考えるようになった。このころ，企業の社会的責任に対する取組みを知り，自分もできることからやってみようと考えた。

2.5.1　途上国の少女に笑顔を届けるリトル・エコ・プロジェクト

　2010年，使わなくなったヘア・アクセサリーを集め発展途上国の少女に寄贈するという活動をはじめた。現在までに4万点近くを回収し，カンボジア，

図8.2　リトル・エコ・プロジェクトのSDGsプラットフォーム

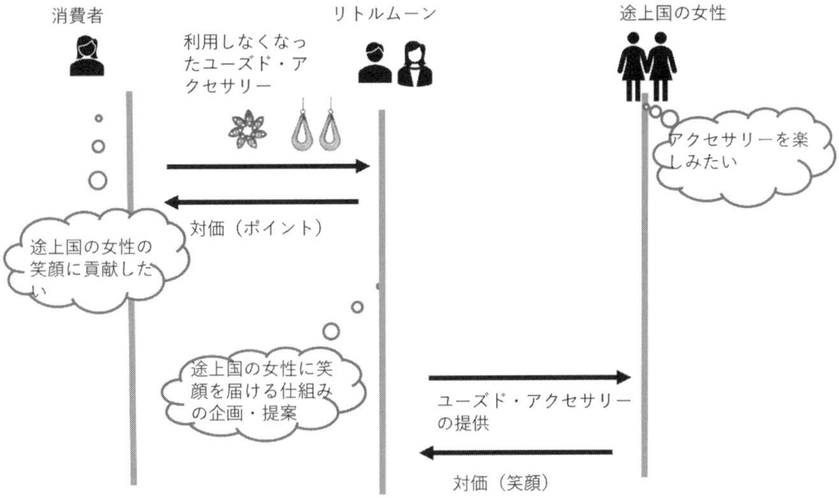

出所：筆者作成

ラオス，タイ，ベトナム，アフガニスタンなど10ヶ国の少女に寄贈したほか，現地での販売によってえた資金を奨学金や職業訓練校の寄付にまわしている。まずリトルムーンが消費者に対して，利用しなくなったユーズド・アクセサリーを途上国の女性に送り，笑顔に貢献しませんかと呼びかける。次に消費者はユーズド・アクセサリーをリトルムーンに送ると，ショップで使えるクーポンを得ることができる。次にリトルムーンより途上国の女性達にユーズド・アクセサリーを送る。対価は彼女たちの笑顔である。2017年2月関西テレビ「ソーシャル映像祭」入賞，同年6月ソーシャルイノベーション「グリーンオーシャン大賞」入賞など，この活動は社会的に高く評価されている。

2.5.2　株式会社ロスゼロとフードロス削減への貢献

　文美月さんは，2018年，インターネットで「日本で最も『もったいないもの』を減らしたい」と考え，一念発起して二度目の事業を開始した。食品ロス削減事業『ロスゼロ』を立ち上げ，食品メーカーで発生する製造余剰品や規格外品などを販売するほか，イベントなどを行った。そして2019年には大阪府の食品ロス削減推進パートナー企業となり，10月にはレストランと協力して規格外食材を使用した料理を提供する「ロスゼロ食堂」を限定運営している。

　㈱ロスゼロでは，規格外品・過剰在庫を，美味しく食べられるうちにネットで販売するほか，未利用食材で作るアップサイクル食品の開発，サブスクリプション「ロスゼロ不定期便」の運営，法人の福利厚生としてのロスゼロ導入を推進している。さらにSDGsや環境問題に関する情報発信や啓発活動・研修も進めている。食品ロスゼロを推進する仕組みを提案している社会的企業である。

　㈱ロスゼロの事業は大きく3つのステップに分けることができる。第1ステップとして㈱ロスゼロは食材や食品の生産者並びに流通業者などのパートナーに対して，廃棄予定食材を譲り受ける。姿形・サイズが基準を満たさなかったり，需給バランスの関係から余剰が出たり，廃棄の可能性のある食材が生じてしまう。パートナー企業はこうした食材を㈱ロスゼロに提供することで

図8.3　㈱ロスゼロの提案するSDGsプラットフォーム

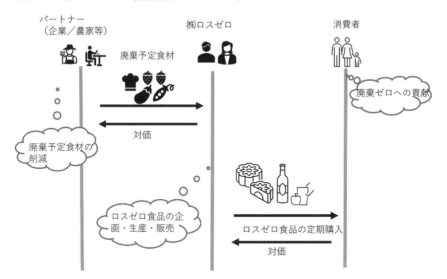

出所：筆者作成

対価を得る。第2ステップとして，㈱ロスゼロは通常は廃棄される食材を活用し，おいしい加工食品として生まれ返らせる。これらは「ロスゼロ商品」として販売される。第3ステップとして，消費者は「ロスゼロ商品」を定期的に購入することで，廃棄ゼロに貢献することができる。

　文さんは並外れた行動力を擁し，また高い社会貢献意識をもった企業家である。その背景には，起業家として自己実現を果たしてきたことに対する家族や社会への感謝の気持ちと，マイノリティのためにエールを送ってゆきたいという熱い思いがある。文美月さんは「民族的マイノリティであること，男性社会の会社で女性総合職として働いたこと，働く母として起業したこと，いろんな意味で私はマイノリティの塊ですが，だからこそ見えるものがたくさんあった。」（山口, 2014）と述べている。さらに，今後は少しでも若者や社会的マイノリティの方，特に働く女性・働くお母さんの応援のために「諦めないで。やればできるのだ」と私なりのメッセージを肩肘張らずに発信してゆくこと，を

133

使命であるとしている。

3. 企業家から学ぶ

文美月さんの企業家としての足跡から，その先進性を「選択と集中」と「モノとしてではなくサービスとしての提案」という2つの視点から検討しよう。

3.1　選択と集中：ブルー・オーシャン戦略

文さんは「選択と集中」すなわち，戦う場を決めてそこを深掘りし，小さくてもそこで一番になる戦略をとった[(2)]。これはW・チャン・キムとレネ・モボルニュが提唱したブルー・オーシャン戦略（blue ocean strategy）に相当する。キム＆モボルニョは，血で血を洗うような競争の厳しい既存市場（レッド・オーシャン）ではなく，競合相手のいない領域であるブルー・オーシャン）を切り開くべきだであるという考え方である。2004年に当時まだなかったヘア・アクセサリー専門のネットショップを開いた文美月さんは著書の中で次のように述べている。

　　　（服とか靴とかバッグなど）「すでにアパレルなどの業界で月商数千万円の先駆的ネットショップがありました。そんな市場に後から参入して勝てるはずがありません。参入の余地が残されている市場は，まだ誰も手をつけていない分野だけでした」（文, 2015）

文さんが参入した2004年当時も，また現在でも，楽天市場などでは，多くのアクセサリー店が血で血を洗う厳しい競争を繰り広げている。消費者に対し，価格が安いことを訴える店もあるし，デザインや素材などで差別化していることを訴える店もある。一般には低価格と差別化は両立しない。ではどうす

---

(2) 文（2015）

べきか。キム＆モボルニョは，顧客に訴える要素のうち，いくつかを「取り除く」一方，いくつかを「増やす」「付け加える」ことで，顧客に対しお値打ち感を維持したまま高い付加価値を提供できると述べている。その提案した付加価値が，確かに消費者からみて満足感につながるものであり，新しい生活スタイルなどに結びついているなら，競合相手のいない「ブルー・オーション」に漕ぎだしたことになる。では実際に文さんの戦略をみてみよう。

3.2　「選択と集中」をいかに進めるか：戦略キャンバスによる見える化

　キム＆モボルニュはブルー・オーシャン戦略を「見える化」するため戦略キャンバス（strategy canvas）を提案している。キャンバスの横軸には顧客に提案する競争優位につながる顧客価値要因（competing factors），縦軸には顧客に対する提案レベル（offering level）かとる。これらをライバルと目する企業（ベンチマーク企業）と対比する。

　リトルムーンの戦略キャンバスを描いてみよう（図8.4参照）。横軸の顧客価値要因として，（1）価格のお値打ち感，（2）品揃えの広さ，（3）品揃えの深さ，（4）ネット通販特有の顧客価値基準である配送の迅速性，顧客対応，情報提供，（5）新しい提案，をとる。リトルムーンが2014年に参入した時と，工夫を重ねた2019年について図示しよう。まず有力ライバルとなりうるベンチマーク企業の顧客に対する提案レベルを考えよう。ベンチマーク企業は「価格のお値打ち感」「アクセサリー全般の品揃えが広さ」が高水準だが，「品揃えの深さ」（個々の商品分野における品揃え）はやや劣ることが多い。しかし，ネット通販で重視される「配送の迅速性」「顧客問い合わせへの対応」「商品に対する情報提供」は高い水準である。これに対して，リトルムーンは参入時に「品揃えの広さ」は思い切り減らして，ヘア・アクセサリーに特化した「品揃えの深さ」は大胆に増やした。さらに「新たに付け加えた要素」が「モノとしてではなくサービスとしての提案」「長い髪を簡単にお洒落にまとめるサービス」である。「長い髪を簡単にお洒落にまとめるサービス」とは，夜会巻きコームを用いることで，美容室に行かなくても，長い髪をアップし手軽に個性

図8.4　リトルムーンの戦略キャンバス（2019年）

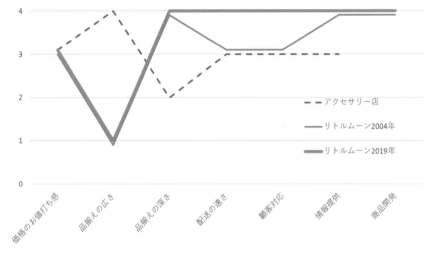

出所：筆者作成

的なヘアスタイルを楽しめることである。さらに文さんは試行錯誤を続け，2019年には「ネット通販特有の顧客価値基準である配送の迅速性，顧客対応，情報提供」においても，ライバル企業を凌駕する水準に達している。これは，楽天市場の消費者評価でリトルムーンは極めて高い評価を得ていることからもわかる[(3)]。ネットショップをはじめた頃の文さんは，まだまだ配送の迅速性，顧客対応，情報提供に慣れていない面があった。しかし，顧客のことを自分におきかえて，どうしたら満足が得られるか考え改善に尽力した。

　こうした努力の結果，スタッフの応対，梱包，配送などの面でも消費者から高い評価を得るようになった。2005年から経営に加わった元エンジニアの夫とともに，文さんはブルー・オーシャンを切り開いていった。

---

(3)　楽天市場の総合評価は4.66で品揃え4.62，情報量4.54，決済方法4.73，スタッフの応対4.63，梱包4.70，配送4.73である（2019年8月1日閲覧）。

3.3　モノとしてではなくサービスとしての提案
　　　：サービスドミナント・ロジック

　夜会巻きコームから㈱ロスゼロに至るまで，文美月さんの一貫したコンセプトは，顧客にモノとしてではなく，サービスとして提供するという考え方である。これはマーケティングではサービスドミナント・ロジックとよばれる（図表8.5参照）。世間の常識では，モノの価値は生産者によって生み出されるもので，据付，利用者のトレーニング，事後対応などのサービスは付帯的なものとしてとらえられている。これに対し，サービスドミナント・ロジックはすべての商品をサービスとしてとらえるべきとする考え方である。ここでサービスドミナント・ロジックの考え方を簡単に述べよう。1つ目にモノ（有形財）の価値はサービスに包含される。例えば，プリンターというモノは「家庭で文書印刷を行う」というサービスに包含される。このサービスには，「設定」「パソコン側からの処理」「インク補充」「故障対応」などが含まれる。2つ目に商品の価値は消費者と共創される。企業の役割は提案することであり，提供された商品の価値は，消費者が知識・スキルを活用して，使用経験を重ねることで初めて生じる。商品価値は，生産に費やしたコストでも，市場における取引価格

図8.5　サービスドミナント・ロジック

	考え方	企業		顧客
Goods Logic モノ中心ロジック	・ モノ（有形財）の価値は生産者によって生み出される。 ・ サービスは付帯的なもの、モノから分離されたものである。 ・ 価値は生産者（販売者）が創る。	モノ サービス		
Service Logic サービス中心ロジック	・ モノ（有形財）の価値はサービスに包含される。 ・ 価値は顧客と共創される。 ・ 企業の競争優位の根源は知識とスキル（含む顧客の知識とスキル）	サービス		顧客の知識やスキル

出所：Lusch and Vargo（2014）にもとづき作成

でもなく，消費者の使用価値である。3つ目に，価値すなわち顧客にとっての使用価値は企業と顧客により共創されるものである。企業が競争優位を高めるためには，自社が保持する知識・スキルだけでなく，顧客がサービスを実際に活用するための知識・スキルを充実させることが欠かせない。

3.4　サービスドミナント・ロジックからみた「夜会巻きコーム」

　リトルムーンの「夜会巻きコーム」の商品化に際し，モノである髪留めを提供するという考え方でなく，髪留めを活用して「長い髪をお洒落に簡単にまとめるというサービス」を提案するという考え方にたっている。髪の長さ，質感，色，頭の形，持っている洋服，TPO，これらは顧客によって異なる。従って提案を受けて購入した顧客は，自分のおかれた状況を考え，知識やスキルを注ぎ込み，よりお洒落に，より簡単に，長い髪をまとめるように努める。顧客が実際に活用することで「長い髪をお洒落に簡単にまとめるというサービス」

図8.6　サービスドミナント・ロジックからみた「夜会巻きコーム」

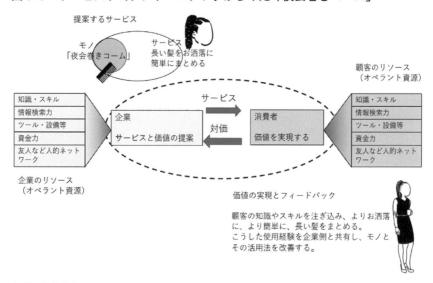

出所：筆者作成

の価値が生まれる。さらに，顧客はこうした使用経験をSNSなどを通じて企業と共有しモノとその活用法の改善に貢献する。

4. 結び

　2人の子のママが自宅で始めた事業が，なぜ高い評価を受けるようになったのだろうか。本章は文美月さんのエネルギーの原動力と戦略について考察した。文さんの行動力の背景には，起業家として自己実現を果たしてきたことに対する家族や社会への感謝の気持ちと，そして日本における民族，男性社会における女性，資本主義社会における貧困層などマイノリティのためにエールを送ってゆきたいという熱い思いがある。文さんは自らのミッションを次のように課している。

　　少しでも若者や社会的マイノリティの方，特に働く女性・働くお母さんの応援のために「諦めないでやればできる」と私なりのメッセージを肩肘張らずに発信してゆきたい。

　文さんの先進性は，「選択と集中」と「モノとしてではなくサービスとしての提案」という2つの視点からとらえることができる。1つ目は「選択と集中」である。競合の激しいネット・アクセサリー市場において，企業は低価格や差別化で訴えようとしているが，双方を両立させることは難しい。顧客に訴えたい要素のうち，いくつかを採用し，いくつかを取り除く「選択と集中」が欠かせない。さらに採用した要素を通じ，消費者が満足感を得て，新しい生活スタイルなどに結びつくなら，競合相手のいないブルー・オーションに漕ぎだしたことになる。2つ目は「モノとしてではなくサービスとしての提案」である。リトルムーンは「モノである髪留めを提供するという考え方でなく，髪留めを活用して「長い髪をお洒落に簡単にまとめるというサービス」を提案するという考え方にたっている。また㈱ロスゼロでは，「食品ロスを削減するサービス」

をパートナー企業や消費者に提案している。これらの価値は，消費者やパートナー企業とともに共創されるものである。

【参考文献】

菊池一夫（2014）「サービス・ドミナント・ロジックの進展へのノルディック学派の対応」『佐賀大学経済論集』45(1)，pp.69-92

文美月（2015）『悩みと向き合える女性は，うまくいく』角川書店

山口裕史（2014）「ロングインタビュー：徹底的に自分に向き合って出した答えは「妻，母，経営者」」『Bplatz』大阪産業創造館

Keller, K.L. (2001) Building Customer-Based Brand Equity: A Blueprint for Creating Strong Brands.Working Paper. Marketing Science Institute, Report No.01-107, pp.3-38

Lusch, R.F. and Vargo, S.L. (2014) *Service-Dominant Logic: Premises, Perspectives, Possibilities*, Cambridge University Press

Voorhees C.M., Fombelle, P.W., Gregoire, Y., Bone, S., Gustafsson, A., Sousa, R. and Walkowiak, T. (2016) "Service encounters, experiences and the customer journey: Defining the field and a call to expand our lens", *Journal of Business Research*, 79, pp.269-280

W・チャン・キム＆レネ・モボルニュ（著）/入山章栄（監訳）/有賀裕子（訳）(2015)『ブルー・オーシャン戦略：競争のない世界を創造する』ダイヤモンド社

顧客のハートをつかむ

第9章

マダムシンコ　川村信子さん
：おもてなしのプロが考えた製品差別化

社　　　　名	株式会社カウカウフードシステム
所　在　地	大阪市
代表取締役	川村信子・川村幸治
創　　　業	1993年8月
設　　　立	2002年2月
資　本　金	15百万円
売　上　高	非公開
従　業　員	約100名
業　務　内　容	洋菓子製造・販売，店舗並びにインターネット販売
事　業　所	マダムシンコ箕面本店，大丸梅田店，バウムクーヘン豊中工場

キーワード●製品階層モデル　信用創造

1. はじめに

　マダムシンコ（川村信子さん）は関西きっての有名人である。銀座の売れっ
子ママから，人気第一のバウムクーヘンを主力に洋菓子の製造・販売を行って
会社の会長に転身した。川村さんは，若いころからいくつもの事業を手掛け，
困難に直面してもその都度，新たな事業機会にチャレンジし続けた，根っから
のアントレプレナーシップである。

　第2節では，川村さんの山あり谷ありの半生を振り返り，喫茶店，高級バー，
焼き肉屋などの事業を経て，今日の洋菓子事業をはじめたこと，また，その中
で様々なマーケティング上の工夫を凝らしてきたことをみてみる。第3節「企
業家から学ぶ」では，川村さんが製品イノベーションを成し遂げる上で，消費

者の潜在的で抽象的なニーズを探し出し，それを具体的なウォンツとしてとらえ，それに沿って製品を提案していることをコトラー（Kotler, P.）の製品階層モデルを用いて示す。また，こうしたイノベーションを支えたのが信用を積み上げるという姿勢であることを確認する。

2. 川村信子さんの軌跡

2.1 生育期から様々な事業の経験

　川村さんは1951年，島根県に，両親が共に韓国人の在日韓国人2世として生まれた。兄弟は5人である。「大阪に行けば金持ちになれる」という父親の思いから，10歳の頃に大阪へ移ったが，しばらくは経済的に厳しい状況だった。父親は建設工事業を営んでいたが，努力が実り事業も次第に軌道に乗ってきた。川村さんは，中学卒業後，専門学校を経て，18才の時にお見合い結婚をしたが，2年で離婚，府内のクラブなどに勤務したり，不動産業，高級クラブ，貴金属などの販売などで働くようになる。

　川村さんの最初の事業は，1972年，若干20歳で飲食業をはじめたことだった。昼は喫茶，夜はスナックで1日中働き，さらに仕事の終わった後は中心部で遊んだという。1977年（26歳）には大阪・江坂で高級クラブをオープンする。

　1990年（39歳）には銀座で高級店「クラブ信子」をオープンさせ，大企業の役職者などから支持されて大成功を収める。このとき，店舗スタッフとして応募してきたのが，後に結婚する川村幸治さんである。バブル崩壊後，社用族が減少するのを目のあたりにして，1998年（47歳）に大阪に戻ることを決心する。1999年（48歳）に高槻市に焼肉かうかう倶楽部を開業する。2002年（51歳）には法人化，幸治社長と結婚する。また，阪急駅前かうかう倶楽部，囲み屋をオープンする。しかし，タイミング悪く，牛海綿状脳症（BSE）事件が発生する。BSEプリオンと呼ばれる病原体に牛が感染した場合，牛の脳の組織がスポンジ状になり，異常行動，運動失調などを示し，死亡したりする。

英国などを中心に，当時，牛の脳や脊髄などを原料としたえさに感染牛が含まれていたため，BSEの感染が広がり，日本でも2001年9月以降，感染牛が発見された。BSEにより焼肉店は大打撃を受け，4店のうち，3店を閉店せざるを得なかった。追い打ちをかけたのが，2006年に本店を襲った火災である。

2.2　菓子事業

　川村さんはまず和菓子のフランチャイズを手掛け，「甘味茶寮川村」をオープンした。次に本格洋菓子と喫茶マダムシンコをオープンし，会長である川村信子がマダムシンコとして多方面で文化活動を開始した。現在，本店に加え，大丸梅田店を構え，インターネット販売（自社サイト・楽天市場）を実施している。

　マダムシンコの開店直前には，川村さんの経営者としての考え方が店長候補のパティシエのプライドと衝突し，彼が出勤拒否する事態が勃発し，目玉となる商品を提供することができなくなってしまった。川村さんは何とか特長のある商品ができないか考え，バウムクーヘンを焼くオーブンに目が止まった。バウムクーヘンは素材が命なので，工夫をすれば，残ってくれたパティシエ達と協力して人気商品が作れると考えた。しかし，バウムクーヘンを焼くオーブンは1台しかなかった。そこで専門メーカーである不二商会の社長を展示会に訪ね，熱意を説明し，展示用製品を譲ってもらった。オーブンを活用し，スタッフが心を込めて作り始めた。

　マダムシンコの快進撃にはプロモーション戦略が功を奏した面がある。川村信子氏は元銀座の高級クラブのママママダムシンコとしてメディアに登場し，自ら広告塔になって宣伝に努めてきた。こうしたメディア戦略を提案したのが，ご主人の幸治氏である。

2.3　「マダム・ブリュレ」の成功

2.3.1　バウムクーヘンの主製品化と「マダム・ブリュレ」誕生

バウムクーヘンは決して簡単に作れるものではないが，職人的な手作業とい

図9.1　マダムシンコ「マダム・ブリュレ」

出所：同社提供

うよりも，素材の見極め，丁寧な下地作りなど，裏方の真心が品質に反映され
やすい面がある。まず素材選択では新鮮な卵とカナダ産のメープルシュガー，
そしてニュージーランド産バターとハチミツを惜しげもなくタップリと入れる
ことで，しっかりとしたコクと風味が際立つようにする。次に生地作りでは
ベースとなる粉は機械で一斉にこねているが，生地全体の食感や風味を大きく
左右する卵の泡立ては職人が毎回，気泡を殺さないよう丁寧に混ぜ合わせる。
これにより，卵のコクと風味が生きた味わい深い生地が生まれる。次にオーブ
ンで焼き重ねていく工程であるが，このとき中央の層は固めに，外側の層は軽
めにふんわりとさせ，異なる食感が絶妙に調和する生地に仕上げる。

　このようにして工夫したバウムクーヘンにさらに付加価値を加えた人気商品
が「マダム・ブリュレ」である。この商品は川村さんがパティシエなどのス
タッフとともに開発した。フランス語で「焦がしたクリーム」を意味するク
リームブリュレ（crème brûlée）という焼き菓子に見立て，バウムクーヘンを
カットした後で，フランス産赤砂糖をたっぷりまぶし，バーナーで一気にキャ

図9.2　「マダム・ブリュレ」の工程とこだわり

工程	素材	生地作り	焼き上げ	カット・キャラメリゼ
内容	卵 シュガー ハチミツ 小麦粉 バター 牛乳		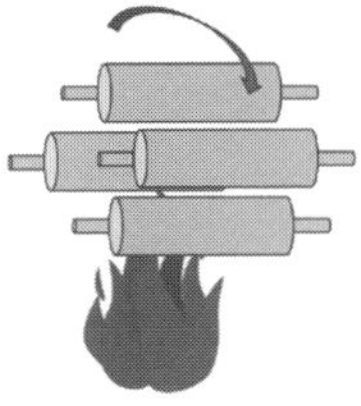	
マダムシンコのコミットメント	新鮮な卵とカナダ産のメープルシュガー、そしてニュージーランド産バターとハチミツを惜しげもなくタップリと入れることで、しっかりとしたコクと風味が際立つ。	ベースとなる粉は機械で一斉にこねているが、生地全体の食感や風味を大きく左右する卵の泡立ては職人が毎回、気泡を殺さないよう丁寧に混ぜ合わせる。これにより、卵のコクと風味が生きた味わい深い生地が生まれる。	最新型ベイキング・マシンの導入。 焼き重ねていく過程で、中央の層は固めに、外側の層は軽めにふんわりとさせ、異なる食感が絶妙に調和する生地に仕上げる。	フランス語で「焦がしたクリーム」を意味するクリームブリュレ（crème brûlée）という焼き菓子に見立て、カット後、フランス産赤砂糖をたっぷりまぶし、バーナーで一気にキャラメリゼ（焼成）する。

出所：マダムシンコWEBサイトを参考に筆者作成

ラメリゼ（焼成）する工程を加える。

2.3.2　マダムシンコの販売チャネル

　マダムシンコの販売チャネルは実店舗（路面店），百貨店出店，インターネット通販に分けることができる。まず路面店には旗艦店である箕面本店がある。箕面本店は地域の顧客だけでなく関西圏からも広く集客し，喫茶が併設され，メニューとしてブリュレセット，ケーキセットなどがある。専属パティシエにより豊富なケーキ類も提供している。次に梅田大丸店に出店し，関西圏の顧客や観光客・出張者の大阪土産としてブリュレなど50アイテム以上を販売している。この他に鉄道・航空の土産売り場への商品卸売や全国の有力小売店（百貨店，モール，高級食品スーパー等）の催事に出店している。さらにインターネット通販では自社サイトの他，楽天に出店し，全国の顧客に対し，ブリュレなど主力アイテム程度を販売している。また，かつては北花田阪急，川西阪急，名古屋松坂屋店といったデパートに出店し，路面店も他に2店設けて

いた。

　川村さんはマダムシンコ創業以来，全国のデパートや有力小売店の催事に積極的に参加してきた。自らが足を運んで宣伝することも多く，遠隔地の潜在的顧客に「大阪の味」を訴えてきた。

表9.1　マダムシンコの販売チャネル

チャネル	典型的な顧客像	商品の特徴	顧客タッチポイント
旗艦店：箕面本店 菓子販売・喫茶	地域商圏（北摂）の顧客，関西圏からも集客	喫茶メニュー：ブリュレセット，ケーキセット	メディアを通じた発信 特徴的な店舗
超広域型デパート：梅田大丸店	関西圏の顧客，観光客・出張者	ブリュレなど	メディアを通じた発信 特徴的な店舗
鉄道・航空の土産売場 有力小売店催事（百貨店，モール，食品スーパー）	観光客・出張者，全国の顧客	ブリュレなど主力1〜5アイテム	メディアを通じた発信 小売店の催事広告
インターネット通販	全国の顧客	ブリュレなど主力20アイテム程度	メディアを通じた発信 催事への積極出店

出所：マダムシンコWEBサイトを参考に筆者作成

2.3.3　賞味方法の提案

　マダムシンコの斬新な試みの一つに，食べ方の提案（「トリセツ」）がある。一般的にバウムクーヘンは，そのままの状態で食べることが多い。これに対しキャラメライズした「マダム・ブリュレ」の場合，3種類の楽しみ方ができる。まず，冷凍庫で冷やしておいたものを，チルドのまま食べると，キャラメル部分は固形のままで「バリッ」とした食感を，生地部はアイスの食感を得ることができる。次に電子レンジで20秒〜30秒温めると，キャラメルが溶けて生地に染み込み，「ふわふわ」な食感になる。さらに冷蔵庫から出したものをしばらく置いておいて常温に戻したものを食べると，キャラメルが少し溶けかかり，ジャリジャリとした食感が得られる。

2.4　小括：「信用」を重視するアントレプレナー

　川村さんは，知人から出資を求めたり，金融機関から借り入れたりすること

で，より大きな事業機会を探求してきた。銀行や出資者からみると，大切なお金を投じる訳であるから，「信用」がない相手には貸さない。川村さんは，事業を通じ，「信用」を徐々に高めてきた。

　まず1990年に1億円の開業資金で銀座に高級クラブを開業した。バーやクラブなどの接客業の創業にあたって一般事業と同じように信用金庫・銀行のプロパー融資を受けることは困難だが，加えて公的資金も得ることは難しい。バブル期ではあったが，川村さんは有名店の接客を通じて培った，個人の「信用力」で5人の知人から出資を募って開店にこぎつけたのである。出資者の見立ては正しく，開業後は，持ち前のリーダーシップと営業力であっという間に有力店としての地位を築いた。また，従業員の引き抜きなどリスクマネジメントにも気をかけた。ところがバブル崩壊後の交際費縮小など環境変化を受け止め，撤退の決断をした。

　次に2000年に始めた焼き肉チェーンである。川村さんは第1号店（本店）を自己資金で開業している。焼肉店の経営においては，仕入れルートの確保と肉を客に提供する前処理がポイントとなるが，既に焼き肉店を営んでいた兄弟からの紹介により仕入れルートを確保し，川村さん自身も前処理を担当するなど工夫をこらし，顧客の評判を得て，事業を継続してゆくなかで，徐々に信用力が向上した。店舗を増設する頃には信用金庫・銀行のプロパー融資を受けるようになった。しかしBSEという予想できない環境変化が襲い，客足が遠のいてしまったため本店以外を閉店したが，その本店が放火の被害にあってしまった。

　製菓・喫茶事業は3,000万円の開業資金が必要だったが，焼肉事業にあたって借り入れた分を含め，信用金庫・銀行からのプロパー融資でまかなった。金融機関からは，事業計画とあわせ，長いビジネス経験を通じて培った，代表者である川村さんの経営能力や人間性が「信用力」として評価されていたのである。その後の店舗展開やバウムクーヘン工場の建設にあたってもプロパー融資を受けている。

　マダムシンコ開店の際，店長候補のパティシエが川村信子氏に対し，自分の

147

店舗運営に口を出さないようにと反乱を起こした。しかし，借金をしてリスクを負っているのは川村さん個人である。大きな決断はリスクを負っている者が行うのが当然である。まして，銀座高級店のママによる目利きがセールスポイントである。開業後の成功は，先に述べた通りであるが，定期的事業評価により一時的なブームによるものと継続的な売り上げ動向を厳しく見極め，営業店舗の閉店もあえて進めるなど，常に身の丈にあった経営を心掛けているところに，リスクを背負っている厳格性を見ることができる。

3. 企業家から学ぶ
：潜在的なニーズを探ること，信用を積み上げること

　川村さんは苦境に陥るたび，何度も製品開発に挑戦し，成功した。「企業家から学ぶ」では，コトラーの製品階層モデルを用いて川村さんの挑戦に迫るとともに，その挑戦を何度もできた背景には，金融機関との間に信頼を積み上げた信用があったことを示す。

3.1　製品階層モデル　潜在的なニーズをいかに探るか

　コトラーは製品（Product）とは，顧客のニーズ（needs），並びにそれが具体化されたウォンツ（wants）に応えるあらゆるものであると定義した。ニーズとは，本源的要求が満たされないで，何らかの点で人間が欠乏を感じている状態である。ウォンツとは，欠乏を感じた人間が，それを解消するための具体的に「望むこと」であり，どのような要求が生まれるかは，その個人的特性や文化によって異なる。また顧客のデマンド（Customer Demand）とは顧客の「望むこと」の中で，対価を支払って獲得する価値があると考えることである。したがって製品提案は，消費者の間に，既に具体化・表象化したウォンツに対してでも，具体化されていないニーズに向かってでも良い。

　具体化されていないニーズに向かった提案は製品イノベーションにつながる。コトラーは，これを製品階層（Product level）を念頭に置き，具体化されていないニーズを踏まえ，顧客に提供する価値を考えることを提唱した。中核

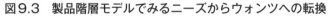

図9.3　製品階層モデルでみるニーズからウォンツへの転換

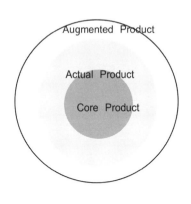

	ニーズ 抽象的・潜在的欲求	ウォンツ 具体的に望むもの
拡張製品 付随サービスが加わったレベルの製品	個々のライフスタイルにあった喫茶スペースが提供される	専用容器販売 WiFiサービス ひざ掛け
現実製品 現実の製品として提供されるレベル	落ち着いた、お洒落な雰囲気で喫茶を楽しむ	各種コーヒー製品・ビバレッジ類（パッケージ）、店舗、机・椅子・什器
中核製品 本質的な機能レベルの製品	安価にイタリアン・テイストのコーヒーを楽しみたい	セントラル・キッチン（焙煎）された、品質にぶれのない安価なイタリアンコーヒー

出所：Kotler and Armstrong（2001）にもとづき筆者作成

製品（Core benefit）とは，本質的な機能・概念レベルの製品である。現実製品（Actual product）とは，現実の製品として提供されるレベルで，パッケージ，ブランド・ネーミング，品質保証等が加わる。これに対し拡張製品（Augmented product）とは，付随的サービスが加わったレベルである。

　製品階層モデルでみるニーズからウォンツへの転換についてスターバックス・コーヒーの例で考えよう（図9.3参照）。中核製品レベルのニーズはイタリアン・テイストのコーヒーを手軽に飲みたいというニーズであるが，これに対してセントラル・キッチン方式で焙煎した「品質にぶれのない安価なイタリアンコーヒー」を望むという，具体化されたウォンツに対応しますという姿勢が示された。現実製品レベルのニーズは「落ち着いた，お洒落な雰囲気で喫茶を楽しむこと」であり，この欲求を具体化し，「各種コーヒー製品・ビバレッジ類（パッケージ）を，店舗，机・椅子・什器の中で楽しみたい」というウォンツに対応するようにしている。拡張製品レベルのニーズは「個々のライフスタイルにあった喫茶スペースが提供されること」であるが，オフィスに持ち帰るので専用容器が欲しい，簡単な仕事をするのでWiFiサービスが欲しい，冷

え性なのでひざ掛けが欲しい，等の個別的・具体的なウォンツを掘り起こし対応している。

　川村さんの売れ筋商品「マダム・ブリュレ」についてみよう。まず中核製品レベルでは「個性的なバウムクーヘンを食べたい」という顧客ニーズを，「キャラメリゼしたバウムクーヘンが欲しい」という具体化されたウォンツという形で掘り起こした。次に，現実製品レベルでは「関西の香りがする，遊び心満載のお菓子が欲しい」というニーズがあることを確信し，「大阪色の強い，ヒョウ柄パッケージのキツイ洋菓子が欲しい」というウォンツとして表象化し，それに対応するネーミング，ロゴ，パッケージ，メッセージを組み合わせた現実製品を提案した。さらに拡張製品レベルでは，「すぐ傷むセンシティブなものでなく，生活の様々なシチェーションで洋菓子を楽しみたい」というニーズがあると考え，食べ方について提案をした。「長く冷凍保存でき，冷凍のままでも常温でもレンジでチンしても美味しい生洋菓子が欲しい」というウォンツに自社製品がいずれにも対応できるということを顧客に示した。「マダム・ブリュレ」の説明には「冷凍したら，上はパリッ，下はアイスのようになる。常温だとキャラメリゼのジャリジャリとした食感が楽しめる。レンジで数十秒温めたら，焼きたてのフワフワの食感を楽しめる。」と記されている。このように製品階層モデルでみると，川村さんが潜在的なニーズがどこにあるかを考える天才であることがよくわかる。

3.2　信用を積み上げること

　経済的な意味での信用は，大辞林によると，「給付と反対給付との間に時間的なずれのある取引を成立させる信頼」である。大きく，外部資本導入，特に金融機関借入における信用，日常の業者間のいわゆるツケによる取引における信用がある。川村さんは金融機関や取引先との信用を構築することに力を注いできた。川村さんは経営者にとり「借金はずーっとお友だち」であるとし，お友だちである以上，喜んで貸してもらえるようにしなければならないとする。そのためには，（1）しっかりとした事業計画書の作成，（2）事業に取り組む

熱意を示すこと，（3）税金をきちんと払うこと，（4）期日通りに返済し信頼を積み上げること，（5）できれば3期，少なくとも2期にわたり黒字経営を続けること，が肝要であると述べている[1]。

川村さんの著書『成りあがりマダムお金の教え』（2013年，イースト・プレス）に次の記述がある。借金を期日返済しないと「取引振り」が悪くなるので店舗放火の時でさえも必死に守った。

焼肉屋時代に狂牛病問題でもがいていた頃，文字通り身を粉にしてはたらいた。焼肉の出前で銀行に行った時，焼き肉を焼いていた七輪の底蓋が真っ赤な炭火とともに，スポンと抜け落ちた。私は，お客様に火傷させるわけにはいかないと，とっさに素手で底蓋をつかんでいた。銀行の方は，こういう人物なら融資しても良いと感じてくださった。

中小企業と金融機関の関係について詳しくみよう。銀行・信用金庫は運転資金や設備資金を調達する，経営者にとって大切な存在である。自己資金のみの場合より大きなビジネスを実行できるし，預金に時間がかかり機会を逸するのを避けることができる。また，運転資金の面では，日々の資金を融通してくれるし，経営的に厳しい状況で融資を受けることもある。一方で貝有期間の融資は経営者・オーナーのリスクを大きくする面もある。というのは，銀行・信用金庫は債権保全のために，個人事業者であれば連帯保証を，法人であれば経営者個人保証を求めることが多いからである[2]。株式会社は会社法上，有限責任

---

[1] 税金完納が審査基準として明記された例として日本政策金融公庫の小規模事業者経営改善資金融資（マル経）制度がある。所得税，事業税等を全て完納する等の要件を満たさなければならない。

[2] 『中小企業白書 2016年版』によると，中小企業の76％が代表者等の保証により金融機関から融資を受けている。個人事業の場合，経営者が返済できないと，連帯保証人に弁済請求がなされる。株式会社など法人の場合，個人保証を行った経営者は私的財産を処分しても弁済しなければならない。近年は過度のリスク負担に対する見直しの動きもある。

なので返済が滞った場合，経営者個人財産へは影響が及ばないが，個人保証により経営者は財産を処分して返済にあてなければならない。

現在では，連帯保証人や経営者個人保証が不要な融資もある。ただし，依然として債権保全措置をとる金融機関が多いし，不要な場合も金利や調達額で制約がある場合が多い[3]。

表9.2　小規模事業者に対する一般的な債権保全措置

	一般の銀行融資	日本政策金融公庫・制度融資
法　　人	経営者個人保証・経営者個人資産への担保設定	同左。不要な場合もある
個人事業者	経営者個人資産への担保設定 連帯保証人・連帯保証人資産への担保設定	同左。不要な場合もある

出所：筆者作成

金融機関との取引では「信用」が不可欠である。公的融資・制度融資などを除くと，金融機関からのプロパー融資を誰でも受けることができる訳ではない。『中小企業白書 2016年版』によると信用金庫・銀行は中小企業への融資判断にあたり財務内容，事業の安定性，代表者の経営能力や人間性，会社や経営者の資金余力，返済実績・取引振りなどを総合的に評価する。これらが「信用」の源泉と言えよう。先述の経営者個人保証についても，債権保全目的だけでなく，経済的に（1）経営者の規律付けによるガバナンス強化（法人個人の一体性），（2）企業の信用力補完（財務基盤の脆弱性），（3）情報の非対称性の補正，などの役割を果たしているとされる。このようにみると，川村さんの考え方はまことに理にかなったものと言えるだろう（マダム信子，2013）。

---

(3) 中小企業の経営者による個人保証は，（1）経営者の規律付けによるガバナンス強化（法人個人の一体性），（2）企業の信用力補完（財務基盤の脆弱性），（3）情報の非対称性の補正，等の役割を果たすとされる。

表9.3　融資判断時に金融機関が重視している項目

評価項目	比率
財務内容	99.0%
事業の安定性，成長性	94.1%
代表者の経営能力や人間性	76.9%
会社や経営者の資金余力	63.8%
返済実績・取引振り	59.4%
技術力，開発力，その他知的財産	48.5%
営業力，既存顧客との関係	21.6%
経営計画の有無・内容	21.4%
代表者の後継者の有無	8.4%

出所：中小企業庁（2016）

4. 結び：商品開発のカギを握る潜在的なニーズ掘り起こし

　本章では，川村さんの山あり谷ありの半生を振り返り，「企業家から学ぶ」では，製品開発への挑戦における着眼点と，挑戦を可能にした金融機関との信頼関係について検討した。

　コトラーの製品階層モデルからみると，お菓子そのもの（中核製品），包装・パッケージを含めた商品（現実製品），「トリセツ」（拡張製品）という各レベルにおいて，消費者の潜在的で漠然としたニーズを探し出し，顧客が望むかもしれないこと（ウォンツ）を考え，そのウォンツに沿った製品を提案してきたことが確認できる。勿論，こうした斬新な発想は容易でない。川村さんの豊富な交友関係と様々な事業経験が助けになったことは間違いないだろう。しかし，だから私達には無理だととらえるのは間違いである。川村さんは，環境変化で苦境に陥ったり，何度も失敗したりしても，挑戦してきた。私達も何度でも挑戦すれば良い。そのためには，どのような局面でも誠を尽くし金融機関をはじめ関係機関との信用を積み上げてゆかねばならない。

　川村信子さんと経営にあたってきた幸治さんは，筆者とのインタビューでコロナ禍について次のように述べている。

153

幸い当社では大きな落ち込みはないものの，コロナ禍は放火事件を思い出させて，飲食店の方のご苦労が本当によくわかります。予測できない，自分の責によらない事態が発生して，客足が遠のいてしまう。不合理と思うことでも，逃げるわけにはいかなかったです。言葉にならないような辛いことを経験しても，金融機関をはじめ支援してくれた人達の信頼を裏切らないようにする。助言できるような立場ではないですが，そうした姿勢を貫けば，いつかきっとチャンスがくると思います。

【参考文献】

大屋雄裕（2019）「個人信用スコアの社会的意義」『情報通信政策研究』2(2)

中小企業庁（2016）『中小企業白書 2016年版』

日本規格協会（2019）『JISQ 31000:2019（ISO 31000:2018)』

マダム信子（2011）『やまない雨はない』ロングセラーズ

マダム信子（2013）『成りあがりマダム　お金の教え』イースト・プレス

日本銀行協会（2021）「経営者保証ガイドライン」https://www.zenginkyo.or.jp/adr/sme/guideline/（2023年12月1日閲覧）

Kotler, P. and G. Armstrong (2001) *Principles of Marketing, 9th ed.*, NJ, Prontice Hall

Miller, D. and Friesen, P.H. (1978) Archetypes of strategy formulation. *Management Science*, 24(9)

第**10**章

アクセスライフ　住川奈美さん
：時代を先取りした地域社会に生きる薬局経営

社　　　名	株式会社アクセスライフ
所　在　地	大阪府
代　表　者	住川奈美
起　　　業	2004年6月
資　本　金	1,000万円
売　上　高	34億円
店　舗　数	31店（大阪府25　石川県2　和歌山県4）
従　業　員	220名（パート社員を含む）
事　業　内　容	薬局経営等（サンライト薬局グループを運営）

キーワード●専門職の起業　正統性

1. はじめに

　株式会社アクセスライフは31店を展開する調剤薬局チェーンである。調剤薬局数は全国6万店余りで飽和状態にあるとされる中，同社は地域の信頼を得て確実に成長をとげてきた。同社の特長は，2015年以降に国が推進している「健康サポート薬局」「地域連携薬局」という地域に根差した調剤薬局の在り方を先取りし，2004年の創業時から，医療機関近接地に立地する，単なる「門前薬局」ではない総合サービスを提供してきたことである。なぜ，住川さんはこうした試みを早くから取り入れたのだろうか。本章の構成は次の通りである。第2節では住川さんの軌跡として生育から起業，現在に至るまでを時系列的にたどる。第3節「企業家から学ぶ」では，正統性という概念を示し，企業家がそれをどう獲得すべきか検討する。

2. 住川奈美さんの軌跡

2.1 生育期から結婚・育児：起業への意識の高まり

　住川さんは公務員の家庭に育った。両親は成績や人格形成に厳しくしつけられたため，「頑張り屋」としての性格が形成され，中途半端なことをせず徹底して行うという心構えが身に着いた。一つ上の兄が薬剤師になったのがきっかけで薬学部に進学した。母親もこれからの社会で女性として力強く，自立して生きていく，手に職をもちなさいと薬剤師を薦めた。学生時代は沢山のアルバイトをこなしたという。大学卒業後，薬剤師として働いた後，25歳で結婚を機に退職し3人の子どもに恵まれた。家庭で子育てをしながらできる仕事ということで本部の教材を用いる学習塾をはじめた。生来の頑張り屋という性格もあり，学習塾は100人の生徒を集めるまで成長した。そして，離職から7年後，一番下の子が3歳になった時，学習塾を続けながら，もと務めていた病院から誘われ勤務薬剤師としてキャリアを再スタートさせた。

　しばらくは薬剤師をしながら学習塾も続けてきたが，1990年代以降の医薬分業の流れの中で薬剤師の将来性を考え，将来の独立を視野に入れ，繁盛していた学習塾は人に譲り，薬剤師としてのキャリアを選択した。ただし，勤務薬剤師を続けながら，多い時には4つほどの別の薬局でアルバイトとして働いた。

　学習塾の経営や勤務薬剤師としての再スタートは，住川さんにとり起業意識を高め，起業準備につながった時代でもある。第1に薬局開業にはかなりの資金が必要であり，自己資金を意識して貯めた。第2に学習塾を経営したり，勤務薬剤師として多くの薬局経営をみてきたりした経験が現在の薬局マネジメントにつながっている。例えば，学習塾経営時に自分でポスティングしたり，広告の方法を工夫したことはマーケティング活動の基礎であるし，生徒や父兄の方との話し方を工夫したり，やめたいという子を継続させるにはどうしたら良いか考えたり，コミュニケーションの基本をここで学んだ。また，調剤薬局に薬剤師として勤務した時代，他の薬局にアルバイトに行っていたが，これは様々な薬局のそれぞれ長所に実際に触れることで，将来の独立したときに参考

にしようと考えていたからである。

2.2　起業期・起業初期　2000年から2004年

　サンライト第1号店は門前薬局として誕生した。2003年，大阪府大東市に，ある医師が開業することになり，門前薬局を開いてくれるパートナーを探していた。医師は住川さんに「一緒にはじめませんか」と声をかけた。当時，住川さんは調剤薬局での勤務薬剤師時代，3人の子が高等教育を受ける頃になると，教育資金のため，もう少し収入面で余裕をもちたいと思うようになっていた。また，勤務薬剤師として患者様への対応など自分でやりたいことを提案しても，上層部の意思決定に時間がかかりすぎ，患者様の状況が変わってしまい，自分が経営者だったら即断即決できるのにと考える出来事が重なった。そこで，住川さんは医師の誘いに応じて開業することにした。長女が薬学部に入学した年で50歳になっていた。しかし，医院の近くに適当な土地がないか，四方八方手を尽くして探したのだがどうしても見つからなかった。あきらめかけていた時，偶然，医院の正面にあたる物件が売りに出された。天命のようなものを感じた。無借金経営を標榜していたため，ある程度の蓄えはしてきたが，他に株式会社としての法人登記するため当時の会社法では1000万円が必要なことが想定していなかった。この資金は文字通り貯金をかき集めたり，父親から支援を受けたりした[1]。流行っていた医院の前で営業したので，業績は順調だった。薬局経営にあたり薬剤師としての専門知識には自信があったが，経営スキルについては未熟な面があり，地域金融機関の助言が役にたった。

2.3　成長期　2004年から2010年

　1990年代より医薬分業が進展し，この時期は調剤薬局が数を伸ばしており，病院や個人医院の面前で開業すれば一定の利益を上げることができた。医薬分

---

(1)　中小機構「業種別開業ガイド」によると，調剤薬局の店舗施設に関する要件は，「薬局等構造設備規則」に定められており，標準的な開業資金は約4000万円である。

業が急速に進展したのは，医療機関が薬で利益を得る「薬漬け医療」が問題となり，病院内での調剤よりも院外処方箋発行の方が有利になるように国が政策変更をしたからである。

　最初の店舗が経営的に成功したので，徐々に店舗数を拡大することにした。一つの個人医院に依存し過ぎるのではなく，いくつかの個人医院の門前店を多店舗展開することによって経営の安定と成長が図れると考えたからである。そこで，開業を予定している医師を訪ねて，門前に出店したいという「営業」を展開した。縁もあって徐々に店舗数は増えていった。

　2005年，店舗数が5店に拡大した頃，成長のひずみというか，経営方法の改善について見直す契機となった事件があった。利益も出て，売上高も順調に伸びているのに，現金がないという事態になった。一方で薬品在庫はたくさんあった。調剤薬局の場合，顧客からは現金で支払ってもらうことが多いので，一般的にはキャッシュフローをあまり気にしないでよいのだが，それが裏目に出て在庫管理が甘くなってしまったため，仕入れや給与などで現金支払いが重なるとキャッシュフローが厳しくなってしまったのだ。

　偶然，その頃，旧友と再会し，経営管理面で手伝ってもらうことにした。彼が進めたのは，在庫管理意識の徹底と現物と帳簿させるための棚卸管理である。調剤薬局は法律上1,200種類の薬剤を常備しなければならない。薬を切らせることは確かに問題であるが，必要な薬剤を必要なだけ在庫するようにしないと，薬剤の使用期限は一般的に2〜3年であるため期限切れ廃棄する薬剤が続出してしまう。そこでアクセスライフでは医薬品小売業・小規模卸の免許をとり，各店の在庫と売れ行きを把握した上で，ある店で売れなくても別の店では需要があるような薬剤について，在庫の店舗間異動ができるようにした。

2.4　地域を照らす灯りとなる薬局

　2010年以降は数的な成長よりも質的な成長を重視するようになった。それまでは早く規模を大きくしたかったが，これからは数を増やすことを第一に考えるのではなく，数は自然に増えるもの，認められて増えるものだと考えるよ

図10.1　アクセスライフの店舗数推移

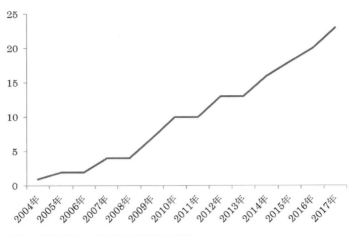

出所：同社資料，2023年8月現在31店舗

うになった。

　では世間から真に求められる薬局になるにはどうすべきか。薬局という仕事を通じて社会貢献をすることである。もちろん起業して以来ずっと模索し続けていきたのだが，一つの決まった答えがあるのではなく，取り巻く環境が刻々と変化してゆくなかで，薬局も環境変化に合わせて形を変え，存在していかなければならないのだと住川さんは考えた。本来薬局というものは，地域の中で当たり前に存在するべきものである。地域の皆様にとって，特別なものであってはいけないのではないか。住川さんは「信頼とともに，地域を照らす灯りとなる薬局へ」というスローガンを掲げた（図10.2）。

　具体的な取組みとして，第1に管理栄養士が各薬局を巡回し，薬剤師とともに患者の生活を支援することにした。このアイディアは起業からずっと温めていた。食生活は，すべての基本であり，食生活によって薬の効果が大きく変わる。例えば高血圧症など生活習慣病とされる疾患の場合，主食・主菜・副菜をどう揃えたら良いか，食品交換表を用いて，食品の摂り方について実物大写真やフードモデルを使って，納得がいくまで説明するのが望ましい。医師から処

図10.2　ビジョン：「信頼とともに、地域を照らす灯りとなる薬局へ」

信頼とともに、
地域を照らす灯りとなる薬局へ

出所：同社提供

方箋ともに栄養指導指示書（栄養指導指示箋）を発行してもらい，サンライト薬局では薬剤師から服薬について助言を得るとともに管理栄養士から食生活について指導を受けるというワンストップサービスを提供している。また栄養指導指示書が発行されない一般の患者に対しても，調剤する間の待ち時間に，管理栄養士が顧客と世間話をしながら，自然な形で助言できるようにしている。第2に従業員に対して，知識を得る事に貪欲であれとして，薬剤師だけでなく，ケアマネジャーやアロマセラピストなど種々の資格取得を支援するようにした。ケアマネジャーの資格取得を通じ，地域包括ケアシステムという高齢化する地域住民の介護や介護予防をサポートする仕組みを理解することができるし，アロマセラピストは精神的な面で患者を支えることにつながるし，サプリメントアドバイザーは日常の食生活を補い薬剤の効用をさらに引き出すことが可能になるからである。これらの資格を通じ，地域の皆様とのコミュニケーションをさらに円滑化し，あらゆる方面から，地域の皆様を守ることにつながる。

2.5　現在：時代が住川さんに追いついた

　2011年，全国商工会議所女性会連合会（全商女性連）の経営革新に果敢に取り組んでいる創業期の女性経営者を表彰する「女性起業家大賞」最優秀賞（日本商工会議所会頭賞）に株式会社アクセスライフ代表取締役の住川奈美さんが輝いた。薬剤師，栄養士など各種資格者を擁し，服薬指導だけでなく患者の生活面までケアする「地域に寄り添う薬局」として，地域集中展開で成功している点などが評価された。

　高齢化に伴い医療費膨張に歯止めがかからない中，薬剤師数はまだ足りない一方，調剤薬局数は飽和状態にある。こうした中，国は地域における薬局の在り方を示してきた。第1に2015年に実施した健康サポート薬局の制度化である。健康サポート薬局とは，かかりつけ薬剤師機能に加え健康サポート機能を果たすことができる薬局で厚生労働大臣が定める一定基準を満たしている薬局である。まず，かかりつけ薬剤師には，（1）ひとりの薬剤師がひとりの患者さんの服薬状況を一カ所の薬局でまとめて管理し，かつ，それを継続して行うこと，（2）24時間対応を行ったり，患者さんの自宅に伺い在宅医療を行ったりすること，（3）処方医や医療機関と連携することが求められている。次に健康サポート機能とは，国民の病気療養や健康をサポートすることで，市販薬や健康食品，介護や食事・栄養摂取に関することまで気軽に相談できる薬局である。第2に2020年に制度化された地域連携薬局である。地域連携薬局は，入退院時の医療機関等との情報連携，夜間・休日の対応を含めた調剤応需体制，在宅医療への対応等について，地域の他薬局と連携しながら，一元的・継続的に対応できる薬局である（図10.3）。

　アクセスライフの取組み状況について，3分の2の店舗が集中している大阪府薬局検索システムでみてみよう。まず健康サポート薬局届出数は2022年3月現在，全国3,000店余りで4％程度であるが，アクセスライフでは大阪府下24店舗のうち5店が健康サポート薬局として届出済である。次に地域連携薬局は全国では2022年9月現在，認定施設数は3,109であるが，アクセスライフは大阪府下で7店舗が認定施設となっている。また，届出を行っていない事業

図10.3　厚生労働省　患者のための薬局ビジョンにもとづく制度化

2015年 厚生労働省「患者のための薬局ビジョン」：「門前」から「かかりつけ」そして「地域」へ

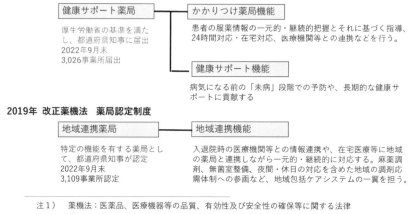

2016年　厚生労働省令第19号

健康サポート薬局	→	かかりつけ薬局機能

健康サポート薬局：厚生労働省の基準を満たし、都道府県知事に届出　2022年9月末　3,026事業所届出

かかりつけ薬局機能：患者の服薬情報の一元的・継続的把握とそれに基づく指導、24時間対応・在宅対応、医療機関等との連携などを行う。

健康サポート機能：病気になる前の「未病」段階での予防や、長期的な健康サポートに貢献する

2019年　改正薬機法　薬局認定制度

地域連携薬局		地域連携機能

地域連携薬局：特定の機能を有する薬局として、都道府県知事が認定　2022年9月末　3,109事業所認定

地域連携機能：入退院時の医療機関等との情報連携や、在宅医療等に地域の薬局と連携しながら一元的・継続的に対応する。麻薬調剤、無菌室整備、夜間・休日の対応を含めた地域の調剤応需体制への参画など、地域包括ケアシステムの一翼を担う。

注1）　薬機法：医薬品、医療機器等の品質、有効性及び安全性の確保等に関する法律
注2）　薬局認定制度のもう一つの対象として専門医療機関連携連携薬局がある。

出所：厚生省（2015）にもとづき作成

所のうち，開局時間外でも連絡を受ければ24時間対応が可能とする店舗もある[2]。さらにアクセスライフでは，地域における高度医療を支えるための取組みや，在宅患者への対応も積極的に進めている。1つ目に高度医療を取り扱える無菌調剤室を八尾店などに導入している。無菌調剤室では，徹底した衛生管理のもとで輸液調剤を行い在宅のがん患者にも対応できる。2つ目にほぼすべての店舗が在宅患者に対し訪問薬剤管理指導を行う届出施設となっている。高齢者施設や個人宅などの在宅患者に対する医師の診察に，薬剤師が同行し薬のプロとして助言するなど，チーム医療の一員として活躍している。また，薬の飲み忘れを防ぐため，一包化を行い，患者一人ひとりの名前もしっかり確認するなどケアに努めている。

　コロナ禍において薬剤師業界では市町村等へのワクチン接種の協力，自宅・

(2) 厚生労働省（2022）

宿泊療養者への医療提供，検査事業への協力，地域における感染対策・公衆衛生活動など積極的な取組みを行ってきた[3]。アクセスライフは大阪府・石川県の18店舗が検査実施事業所として認定されるなど全面的に協力する一方，将来を見据えてオンライン服薬指導の推進やデジタル化を加速させた。デジタル化の具体的として「e-お薬手帳」の対応店舗を増やしたり，将来のマイナンバーカードと保険証の統合に向けオンライン資格確認システムの整備を進めたりしている。

3. 企業家から学ぶ：いかに正統性を獲得したか

起業家が地域で認められてゆく過程は正統性の獲得としてモデル化される。住川さんの事業について正統性の獲得という観点から分析しよう。

3.1　正統性の獲得

正統性（Legitimacy）とは，規範や価値・信念などが共有される社会システムにおいて，ある経済主体の行動について，それを望ましいもの・相応しいもの・適正なもの，であると広く認めることである（Suchman, 1995）。もし経済主体の間で正統性を認められれば，協働が促され，取引費用が下がり，社会での評判・評価を高めることができる（Kumar and Das, 2007）。正統性はSuchman（1995）によると「互酬的正統性」（pragmatic legitimacy），「倫理的正統性」（moral legitimacy），「認知的正統性」（cognitive legitimacy）に分かれる。「互酬的正統性」は，商品販売，サービス提供などの経済的な取引を通じ，信頼に足る人物・法人であるとの評価を得ることである。「モラル正統性」とは，社会規範という点から，ひとかどの人物・法人であるとの評価を社会から得ることである。「認知的正統性」は，社会システムを構成する重要な人・組織として，なくてはならないものとの評価を得ることである。「認知的

---

(3) 日本薬剤師協会（2022）

正統性」を獲得することは稀とされる。

表10.1　正統性の区分

	正統性の要素	正統性が立脚するもの
互酬的正統性 Pragmatic legitimacy	互酬 Exchange 影響 Influence 傾向 Dispositional	自己利益 Self-interest コストメリットを評価基準 　Evaluation（cost benefit）
モラル正統性 Moral legitimacy	結果 Consequential 手続き Procedural 個人 Personal 構造 Structural	文化的ルール Cultural rules 規性を評価基準 　Evaluation（ethical）
認知的正統性 Cognitive legitimacy	誰からも受入れられる理念 　Comprehensibility 存在が当然視される 　Taken-for-grantedness	文化的ルール Cultural rules 評価基準はない No evaluation 新たな価値観の標準化 　Standardized new perspectives

出所：Suchman（1995）にもとづき筆者作成

3.2　正統性の獲得過程

　専門性の高い薬局において「互酬的正統性」の獲得は比較的容易である。しかし，「モラル正統性」は一朝一夕には獲得できない。「モラル正統性」の獲得過程を，企業家の思い，市場・競合，価値の提案，顧客からの評価という点からみてみよう（図10.4参照）。

　1つ目に企業家の思い（経営理念）であるが，アクセスライフの理念は「信頼とともに地域を照らす灯となる薬局へ」である。住川さんは起業当初から地域に貢献するという漠然とした考えをもっており，医食同源という考えから管理栄養士の店舗巡回指導などを実施してきたが，こうした活動を継続することを通じ，地域社会との交互作用が生じ，地域課題についての理解がさらに深まり，理念の深化がなされた。2つ目が市場・競合で，調剤薬局の利用者は，医療機関の利用者であり，個人医院の「門前薬局」は通常1つなので競合は働かない。しかし厚生労働省は将来，地域単位での包括医療システムが形成される中で地域単位の薬局立地をあるべき姿としており地域での薬局間の競合が生まれると予想される。3つ目が価値の提案で，高齢化進展に伴う地域社会の潜在的ニーズを早くから認識し，かかりつけ薬局，健康サポート薬局の機能を先取

図10.4 住川さんのモラル正統性獲得過程

企業家の思い	「信頼とともに地域を照らす灯となる薬局へ」 当初から地域に貢献するという理念があったが、実際に管理栄養士の店舗巡回指導などの実践を通じ、地域の課題についての理解がさらに深まり、理念の深化がなされた。
市場・競合	調剤薬局の利用者は、医療機関の利用者であり、個人医院の「門前薬局」は通常１つなので競合は働かない。しかし厚生労働省は将来、地域単位での包括医療システムが形成される中で地域単位の薬局立地をあるべき姿としており地域での薬局間の競合が生まれると予想される。
価値の提案	高齢化進展に伴う地域社会の潜在的ニーズを早くから認識し、かかりつけ薬局、健康サポート薬局の機能を先取りする。 薬剤師に加え、管理栄養士（食）、アロマテラピスト（精神）など多分野の専門家による総合的な健康維持サポートの実践
顧客からの評価 （正統性獲得）	(1)調剤薬局業務を確実に推進し経営的にも成功することで消費者の役に立つという「互酬的正統性」を獲得した。 (2)さらに、企業理念の高潔さと時代を先取りした施策を通じ地域住民の隠れたニーズに対応し、住民から尊敬を集めつつある。加えて女性起業家大賞を受賞するという「モラル正統性」を獲得しつつある。

出所：Suchman（1995）にもとづき筆者作成

りする。薬剤師に加え，管理栄養士（食），アロマテラピスト（精神）など多分野の専門家による総合的な健康維持サポートの実践してきた。4つ目が顧客からの評価（正統性獲得）で，堅実な業務推進と経営的な成功で「互酬的正統性」を獲得し，さらに企業理念の高潔さと時代を先取りした施策を通じ地域住民の隠れたニーズに対応し，住民から尊敬を集め，女性起業家大賞の受賞もあり「モラル正統性」を獲得しつつある。

3.3 外部環境の変化に対応した戦略と正統性獲得

「モラル正統性」獲得の鍵となるのが市場・競合についての認識である。調剤薬局をとりまく環境は大きく変わりつつある。1990年代に薬漬け医療の反

図10.5 調剤薬局に関する市場の変化

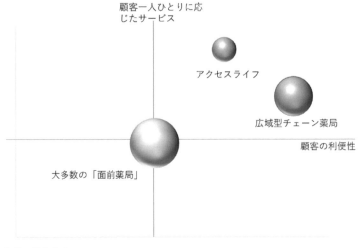

顧客一人ひとりに応じたサービス

アクセスライフ

広域型チェーン薬局

顧客の利便性

大多数の「面前薬局」

出所：筆者作成

省から制度的にインセンティブを設け，医薬分業を国が推進していた。ところが2010年には医薬分業は十分に進んだ一方，総医療費抑制のため，むしろ医薬分業に伴う追加的費用を問題視するようになっている。

　図10.5で調剤薬局に対する市場の変化とアクセスライフのポジション・マップを「利便性」，「顧客一人ひとりに応じたサービス」という2軸でみよう。大多数を占める「面前薬局」の位置づけを中心とする。高齢化社会の進展に伴い，顧客は市販薬や健康食品なども含めた商品の豊富さと助言などを期待するようになるので，立地や規模，品揃えが「利便性」につながる。この点では，生活圏に数多く立地する広域型チェーン店や調剤室併設型ドラッグストアが優位にたつ。もう一つの軸である「顧客一人ひとりに応じたサービス」には，複数の医療機関に通う患者の薬歴管理・助言を行う「かかりつけ薬剤師」機能や，将来の病気に備える地域住民を支援する「健康サポート機能」などが含まれる。調剤薬局をめぐる顧客のニーズは右上にシフトしつつある。国も「門前薬局」は飽和状態にあり「かかりつけ薬局」の便益が大きくなるとしている。

　サンライト薬局は早くから「かかりつけ薬局」，「健康サポート薬局」として提唱された機能を先取りしており，国が制度を設ける以前に，その事業機会を認識し，対応をしてきた。サンライト薬局は広域型チェーン店に規模的には劣るものの，地域チェーンとして各店舗の特色を明確化し総合力を発揮し「利便性」の向上に努めてきた。また，健康サポート薬局など「顧客一人ひとりに応じたサービス」にも早くから力を入れてきた。この意味ではサンライト薬局は市場変化を先取りしたポジショニングをとってきたと言えるだろう。

4. 結び

　多くの女性はキャリアと家庭における育児との間で選択を余儀なくされる。薬剤師のような専門的資格をもっていても，キャリア中断の影響は小さくない。住川さんは比較的長いキャリア中断（家庭での育児）期間を経て，学習塾を手掛けるなど，将来に向けた努力をしてきた。生徒や家族に対する働きかけることで，コミュニケーション・スキルを磨き，地域社会における生活者の様々な等身大の姿をしっかりと把握した。

　本章では，まず住川さんの軌跡として生育から起業，現在に至るまでを時系列的にたどり，いかに正統性を獲得したか理論的に考察した。その結果，地域における調剤薬局をとりまく環境の変化を先取りし，限られた形ではあるが，複数の医療機関に通う患者の薬歴管理・助言まで行う「かかりつけ薬剤師」機能を果たしたり，他の地域医療機関との連携を通じ，現在は健康だが病気になる可能性のある地域住民までを潜在的顧客として考える「健康サポート機能」を果たしたりしてきたことが確認できた。住川さんからの，将来の女性企業家に向けたアドバイスを紹介しよう。

　　凝り固まらない見方，パラダイムシフトが必要である。毎年，こういう出来事が起きているからこうなるだろうという見方をしないこと，広く柔軟な見方をすることが大切である。起業する場合，専門性は基礎・土台に過ぎな

167

い。起業するためには人間的なふくらみをつけなければならないし，そのためには多様な感覚や多種の見方に触れてゆくことが絶対に必要である。あとはチャレンジ精神である。現状に甘んじるのではなく，型破りでないと起業には向かない。

【参考文献】
厚生労働省（2015）「地域のための薬局ビジョン」
厚生労働省（2022）「健康サポート薬局の届出件数（令和4年3月31日時点）」大阪府・和歌山県・石川県保険薬局検索システム（2022年10月1日閲覧）
日本薬剤師協会（2022）「コロナ感染症対策について：薬剤師の立場から」『第3回新型コロナウィルス感染症対応に関する有識者会議ヒアリング説明資料』
Suchman, M. (1995) "Managing Legitimacy: Strategic and Institutional Approaches", *The Academy of Management Review*, 20(3), pp.571-610

第11章

ダンウェイ　高橋陽子さん
：障害者就労支援を通じ社会のD&I推進に貢献

社　　　　名	ダンウェイ株式会社
事　業　所	神奈川県川崎市中原区
代表取締役社長	高橋陽子
創　　　　立	2011年
資　本　金	2,100万円
職　員　数	30人（パート3名を含む）
業　務　内　容	障害者就労支援事業並びに就労定着支援，雇用支援事業，障害者雇用事業，障害者就労支援，雇用指導者育成事業，障害児支援事業（放課後等ディサービス），教育事業，ICT事業

キーワード● D&I　インクルーシブ・リーダー　ロジック・モデル

1. はじめに

　高橋陽子さんが経営するダンウェイ株式会社は社会のダイバーシティ＆インクルージョン（Diversity & Inclusion，以下D&I）推進に貢献する社会的企業（Social business）である。社会的企業はソーシャルビジネスとも呼ばれ「社会的課題を，ビジネスを通して解決・改善しようとする活動を行う事業者」（内閣府, 2015）である。言い換えると社会性と事業性をともに満たす企業で，株式会社，NPO法人，社団法人など組織形態は問わない[(1)]。

---

(1) 経済産業省（2008）は「ソーシャルビジネス」の定義として社会性，事業性に加えて，革新性を加えている。本書では，革新性を定義に加えるのではなく，社会的事業を持続的に進め，社会的インパクトを生み出す用件としてとらえている。なお，経済産業省（2008）によると，革新性とは新しい社会的の商品・サービスやそれを提供す

高橋さんは障害者就労支援サービスを提供する一方，雇用しようとする企業を支援している。さらにWEBページ作成等ができる障害者支援ツール「ICT治具」や障害者の特性・能力を可視化する「シームレスバディ®」を開発し，全国の支援組織・企業や学校などに提供している。こうした多角的な取組みが評価され日本商工会議所「全国女性起業家大賞」を受賞している。

　本章では，第2節で高橋さんの軌跡をたどり事業の特色について述べる。また第3節「企業家から学ぶ」では，インクルーシブ・リーダーを通じD&I推進における心的態度について考え，社会的企業の活動とインパクトは結び付くか，ロジック・モデルで検討する。

2. 高橋陽子さんの軌跡

　「これを見たことありますか」。高橋陽子さんが1枚の資料を見せてくれた。それは行政機関による障害についての評価通知書である。自治体では，こうした検査を定期的に実施し，家族に通知する。高橋さん自身も発達障害・自閉症児の母親である。動揺し，苦悩し，そして克服した経験から，障害児そして家族に寄り添いたいと考え，ダンウェイを立ち上げた。

2.1　起業の経緯

　高橋さんは，神奈川県に生まれ大学を卒業後，上場企業に就職した。会社では総務・人事部門で制度設計，給与，社会保険などを担当した。その後，後に上場するベンチャー企業に転職し，あわせて10年以上にわたり総務・人事に関するキャリアを培った。さらに，結婚・出産などのライフイベントに合わせて，専門性を生かし，柔軟な働き方ができるように人事・労務に関する難関資格である特定社会保険労務士を取得した。

るための仕組みを開発したり活用したりすること，また，その活動が社会に広がることを通じて，新しい社会的価値を創出することである。

　障害者の雇用というテーマに取り組んだ背景には，息子さんの障害がある。成人して，親がなくなっても，立派に生きて欲しい。そのためには福祉に頼るだけでなく，自立をする必要がある。しかし，周囲を見渡すと，障害児（18歳未満）が社会に出るまでの間，社会から分断され，また家族も社会から分断されている現実に直面した。「企業が障害者を雇用したくても，社会に出る前の準備が十分でないと，ミスマッチが生じてしまうのは当然である。障害児や障害者と社会との分断を埋めるために，私にできることは何だろう。」このように考えた高橋さんは2010年に独立し，障害者雇用や就労支援を専門とする社会保険労務士事務所を開業した。2011年には，障害者や障害児の「その人なりの自立」「地域共生」を掲げ，ダンウェイ株式会社を設立し，行政から福祉に関する事業所指定を得て，発足させた。

2.2　ダンウェイの就労支援サービス

　ダンウェイの事業の柱は福祉制度を活用した障害者・障害児支援サービスである。こうしたサービスを提供するめには，関係法令である障害者総合支援法，生活困窮者支援法，児童福祉法などに定められた要件を満たした上で，都道府県または政令指定都市に申請し，指定事業者とならねばならない。高橋さんは，商店街の一角に事業所を構え，福祉サービスの専門家を雇用した。

　ダンウェイは就職準備から一般就職後まで，すなわち自立訓練，就労移行支援，就労継続支援，定着支援，キャリアアップ支援というサービスをシームレスに，しかも高度な水準で提供している。障害者の就労支援サービスは，大きく，就労前の方を対象として就労に向けた福祉的支援と，一般就労に至った方に対する就労定着支援に分かれる。さらに両者はいくつかのステージに分かれる。福祉的支援の第1ステージである自立訓練は，日々の暮らしの中で自立して生活できるようになることを目指す。第2ステージは，一般就労に至っていない方を対象として，軽作業などを提供する就労継続支援である。就労継続支援には，サービス提供機関との間で雇用契約を結び給与を支払うA型と，非

図11.1　ダンウェイによるシームレスなサービス提供

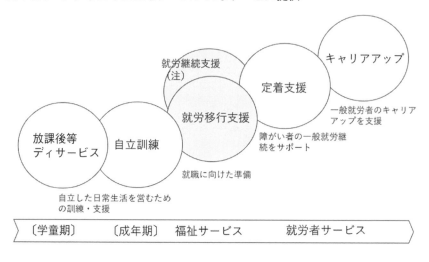

(注)就労継続支援：一般就労に至らない対象者向けの軽作業等の就労訓練。Ａ型（雇用型 給与 払）とＢ型（非雇用型、工賃払）があり、ダンウェイはＢ型を提供。

出所：同社資料を参考に作成

雇用型で工賃を支払うＢ型がある。第3ステージが就労移行支援で，パソコンなどの事務作業や，電話応対，報告・連絡・相談などのビジネスマナーを身につけ，実際に就職活動を行う。一般就労者を対象とした支援に関しては，就職後に障害者が職場で何らかの壁にぶつかり離職してしまうことを避けるための定着支援サービスが中心である。さらに職場定着後に，スキルを向上し，より高度な作業を任せてもらえるようになることをめざすキャリアアップ支援サービスがある。

ダンウェイは，就労継続支援（Ａ型）を除き，就職準備から一般就職後までのサービスを提供している[2]。第1に児童期の障害児を対象とした放課後等

____

(2) 高橋さんの事業の原点を社会保険労務士サービスと考えると，事業領域拡大ととらえることができる。すなわち事業者向け・雇用者向けのサービスから，潜在的雇用者（雇用準備者）向けのサービスへの拡張である。

ディサービスである。放課後等ディサービスは，障害のある6歳から18歳までの小中高校生が学校の授業終了後に通うことのできる施設で，生活能力の向上のために必要な訓練をしたり，社会との交流の促進のための機会を設けたりするものである。高橋さんは障害のある方が就労するとき，職業訓練だけでなく，生活面の経験値をあげて自立につなげることも大切だと考えている。第2に障害者総合支援法にもとづく自立訓練サービスである[3]。将来の一般就労を目指すための第一歩として，生活スキルだけでなく，各人の進捗に応じて，パソコンや手作業など実際の就労に必要なスキルを学ぶことができる。第3に就労移行支援サービスで，障害者だけでなく生活保護受給者・生活困窮者等を対象にした3カ月の訓練サービスである[4]。パソコンではワープロや表計算だけでなく「ICT治具」を使いウェブページの作り方を学ぶ。また手作業では印鑑押しや，資料の切り貼り，タオルたたみ等を行い事務作業能力や集中力，手先の器用さを養う。一般就労を希望する場合，職員が適切と判断した時点で，ハローワーク等と連携して，就職に向けた具体的活動を支援する。第4に，現時点で一般就労が難しい方などに向けた就労継続支援B型事業（「ダンウェイ・ラボ」）である[5]。作業対価である工賃を得て，それぞれに応じた自立を目指す。イベントでの物品販売や広報，ホームページ制作，手作業などの様々な就労訓練の中で，役割を通し実務経験を積むことで，生活リズム，体力，挨拶，社会的マナーなどを身につける。第5に自立訓練，就労移行支援または就労継続支援を利用して一般就労した障害者に対しては，希望に応じ就労後も継続して支援を行っている[6]。就労移行支援サービスの利用期間は最大3年間で，障害者が新たに雇用された事業所での就労の継続を図るため，雇用者側との連絡調整や雇用に伴い生じる日常生活又は社会生活を営む上での各般の問題に関す

---

(3) 障害者総合支援法　自立訓練（生活訓練）指定事業者
(4) 障害者総合支援法　障害者就労移行支援　指定事業者，生活困窮者支援法　生活
　　保護受給者等就労準備支援事業　指定事業者
(5) 障害者総合支援法　障害者就労継続支援B型　指定事業者
(6) 障害者総合支援法　障害者定着支援　指定事業者

る相談，指導及び助言その他の必要な支援を行う。そのため，担当者が定期的に障害者と面談し，現在の職場での環境や生活リズムなどを聞き，どんな課題があるのかを把握する。

2.2.1 「ICT冶具」の開発と活用

福祉サービスだけでも立派な事業であるが，高橋さんはそれにとどまらず，インテル社と協働で準備を進めてきた，知的障害者や高齢者らが楽しみながらWEBページを制作できるソフト「ICT冶具」を開発した。発売は2012年のクリスマス（12月25日）だった。「ICT冶具」では専門的な用語を使わないで，動物の絵や色などで作業を指示し，共同作業が苦手な方で各自が分担して入力できるようになっている。「ICT冶具」は訓練だけに活用されるのではない。実際に地域企業からWEBページ制作の委託を受け，職員の指導の下で障害者が「ICT冶具」を用いて，分担して企業用WEBページを作成している。また，障害児が学ぶ支援学校などの教育機関や，就労支援機関に対して，「ICT冶具」を販売し，個々の人に合わせて徐々にスキル図る教材「だんだんシリーズ・プログラム」を提供している。「ICT冶具」は障害者の可能性を広げる道具の一つであるが，これを用いて障害者が地域企業のWEBページを製作することで，障害者が中小企業に貢献する役目を果たすこともできると考えた。

一方，高橋さんはビジネスだけでなく地域活動・社会活動にも熱心に取り組んできた。2012年から2016年まで川崎市教育委員会教育委員を務めた。また2015年から一般社団法人川崎中原工場協会において地域女性活躍推進委員会（現：地域女性活躍・障がい者等雇用推進委員会）の委員長に任命されている。さらに社会保険労務士の集まりである東京都社会保険労務士会において2017年からがん患者・障がい者等就労支援特別委員会委員を務めている。

「ICT冶具」を利用する目的は，主に知的障害がある方や高齢者の方がITリテラシーを醸成し，チーム作業に慣れ，やればできるという達成感を経験してもらうことである。今日では支援学級や就労訓練機関ではワープロや表計算を習得するための時間が設けられている。しかし，既に様々な支援機器・ソフト

図11.2 「ICT冶具」とステップアップ・プログラムの開発

特長

①アクセスの容易性

　直感的なアイコン・コマンド

②作業のモジュール化

③「だんだんシリーズ」
　障がい者や高齢者などの指導
　経験を踏まえたステップアップ
　教本

目的：ITリテラシー醸成、チーム作業への慣れ
　　　やればできるという達成感の経験

先生や指導者：個々の利用者の作業状態を把握

利用者1：
イラスト担当

利用者2：
文章担当

利用者3：
ページデザイン
担当

協働してWEBページ
を作成

出所：同社資料より作成

　が世に出ている身体障害の方に比べると，知的障害者がワープロや表計算をマスターするための支援ソフトへの関心は高くなかった[7]。パソコン画面を開くと沢山の指示のためのアイコンやコマンドがあり，それらの内容を理解しようとしても抽象的で直感的に理解しにくいし，一度に沢山の情報が頭に入って混乱したりする。また一人ひとり障害の種類や程度が違うのに，個々人に合わせた指導を行うのには限界がある。そこで「ICT冶具」では，作業指示を動物や道具など具体的な形で表象するなど，直感的なアイコン・コマンドを用い，アクセスを容易にした。例えば，画面上の動物のアイコンをマウスで動かして乗り物のアイコンに乗せると，それぞれの動物が表象する作業を行うことができる。また，WEBページ作成作業をモジュール化し，イラスト，文書作成，ページデザインなど，それぞれが得意なところを分担し長所を伸ばすことができる。こうした機能は，障害者や高齢者の指導経験を踏まえたステップアップ教本である「だんだんシリーズ」によって，ノウハウ共有化が図られる。ま

---

(7)　視力障害の方のための音声入力・読み上げ機能，聴力障害の方のための「手話・音声通訳技術」の開発や「手話・字幕によるパソコン講座」の実施，肢体障害の方のためのテンキー入力機能ソフトや視線等による入力装置などがある。

た，「ICT冶具」にはインストラクター機能があり，先生や指導者は個々の作業者の進捗状態を把握して，それぞれの個性に応じた支援を行うことができる。

ダンウェイでは訓練としてWEBページを作ってみるだけでなく，地域の企業などからウェブ制作の注文を受け，実際にビジネスで用いるWEBページを制作する。職員の方が全体のデザインや納期管理は担当するが，ほとんどの作業は障害者の方が中心で，それぞれの得意分野に分けて「ICT冶具」を用いて制作している。

2.2.2 「シームレスバディ®」を通じた一人ひとりの特性・能力の可視化

次に高橋さんは「シームレスバディ®」を満を持してリリースした。障害者の障害特性や能力を可視化することでキャリアをサポートする電子カルテ・ツール（クラウドサービス）でダンウェイ設立前から設計にとりくみ，知見を蓄積してきたものだった。知的障害とされる分野にも様々な種類があり，心的態度や性格などが多様で個性の違いが大きいため，各人の障害に応じて，どのようにスキルを育むか，また，どのような仕事内容がむいているのか，については勘と経験に頼らざるをえないところがあった。そこで，一人ひとりの障害特性や能力を可視化するために，高橋さんが自社開発した新サービスが「シームレスバディ®」である（図11.3参照）。障害者の人達が学校や就労支援機関で活動する中で生じた生活・学習・訓練等のデータ，さらに企業等での就労や訓練の際に生じたデータをインターネット経由で収集し，データベースに蓄積する。ダンウェイ側は蓄積された膨大なデータを分析し，一人ひとりの障害特性や能力を可視化し，作業・職務との相性など就労支援に有益な情報を提供する。

「シームレスバディ®」という商標には，一人ひとりの成長に応じ，学校，就労支援機関そして就労先企業が，役割を分担しながら，切れ目なく，自立し働くために必要な力を身につけてもらうようすればよい，という気持ちが込められている。加えて「障害児者本人にとっての切れめない相棒である」という

図11.3　「シームレスバディ®」による一人ひとりの特性・能力の可視化

出所：同社資料より作成

意味もある。

「シームレスバディ®」は，ICTを活用することで，障害者の就労促進という目標に向かい，教育機関，就労支援機関，企業など関係者間の高度な連携を可能にしたものといえる。コロナ禍に伴い，これまで障害者への依頼が多かった封入などの作業は減少し，かわりにパソコン作業が増えている。これまでは知的障害者がパソコンに慣れて使いこなしてゆく過程でのデータは十分には集積されていなかった。そのため企業等が割り当てたいと考える作業と障害者が向いている作業の間にミスマッチが生じることも多かった。「シームレスバディ®」により，企業等は一人ひとりの特性にもとづく就労促進を進めPDCAをまわしてゆくことができ，特に「できること」を確かめることで，この壁を乗り越えた。

将来的には，高橋さんは障害者の特性，作業履歴等をビッグデータ化してAIを用いて，その人にあった合理的配慮など，よりきめ細かな情報を提供し

たいと考えている。そうなれば，障害者の雇用促進にさらに大きな影響を与えるだろう。

3. 企業家から学ぶ

　今日の社会的課題の一つがダイバーシティ＆インクルージョン（Diversity & Inclusion，以下D&I）とであることは誰も疑いをもたないだろう。障害の有無に関わらないこと，性差，民族の違い当と並び，D&Iの柱である。「企業家から学ぶ」では，組織のD&Iを推進するため，いかなるリーダーが求められるか考え「個々の多様性について正しく知る」の重要性を確認する。次に，そのために高橋さんの取組みがどのような意義をもつか検討し，最後に企業の活動が社会的課題の解決にどう結び付くか総体的フレームワーク（ロジック・モデル）を用いて考察する。

3.1　ダイバーシティ＆インクルージョンを進める

　D&Iとは，多様な人材を活かし，その能力が最大限発揮できる機会を提供するダイバーシティと，一人ひとりが職場で尊重されたメンバーとして取り扱われていると認識している状態を指すインクルージョンを合わせたものである（経済産業省, 2021）。バーク＆エスペディード（2019）は，D&Iを進めるには，組織内のひとり一人の能力を引き出すインクルーシブ・リーダーシップが必要であるとし，兼ね備えるべき6つの心的態度を示した。1つ目が「D&I推進のコミットメント」である。多様性への本気の取組みを明言し，現状に疑問を投げかけ，D&Iが組織の優先課題であることを宣言する。2つ目が「謙虚さと学びの姿勢」で，たとえ管理者でも自分自身の能力を過信せず，謙虚に周囲から学ぶ姿勢である。3つ目は「バイアスへの認識」で，どんな組織でも，どんな人でも，時にはバイアスがかかった判断をしていることを認識することである。4つ目は「一人ひとりの個性」を知ろうとする意識をもち，傾聴・共感の姿勢で，働く仲間のことを積極的に知ろうと努めることである。5つ目は

178

図11.4　D&I推進とインクルーシブ・リーダー

出所：バーク＆エスペディード（2019）

「多様性に関する知識・理解」で，様々なグループ毎の一般的な違い（文化，信条，忌避すること，嗜好等）について正しい知識をもち，配慮し，必要なら組織を適応させることである。6つ目は「権限委譲とチームの結束」で，思考の多様性と心理的安全性に気を配った上で，積極的に権限を委譲し，各人が個性を発揮ながら，チームとしてもまとまるように努めることである。

　これらを発揮する上で鍵となるのは「個々の多様性について正しく知る」である。

3.2　個々の多様性を正しく知る

　「個々の多様性について正しく知る」上で，性差や民族差などは学校・職場等で学ぶ機会が比較的あるが，障害に関しては専門知識不足からどう把握し対応すべか戸惑う方も少なくないだろう。高橋さんが開発した「シームレスバディ®」は，科学的見地から一人ひとりの障害特性・能力を可視化し，障害の多様性を把握し，どうアクションをとるべきか示してくれる。

　障害者一人ひとりの障害特性・能力を可視化するためには「概念理解」「情

報保障」「自己・他者・相互理解」という3つの基本要素を理解する必要がある。「概念理解」は，大小，上下，時間，数，色などの抽象的な概念をどの程度，理解できるかである。「情報保障」とは，障害者に必要な情報とコミュニケーションを保障するためには，情報の受発信にあたり，どのようなコミュニケーション手段が求められるかである。「自己・他者・相互理解」とは自分の気持ちを理解し，相手の感情を理解し，互いに理解し合い折り合いをつけられるか，というコミュニケーション力の高低である。例えば，他者と意見が衝突する場面で適切な対応がとれるか，自分の行動が他者に与える影響を理解できるか，などである。

　子どもは成長の過程で概念→言葉→コミュニケーションの順で発達するので，「概念理解」水準を客観的に測ること，課題がある場合には，1人1人にあった「情報保障」を提案することが「自己・他者・相互理解」（コミュニケーション）のため重要である。「シームレスバディ®」の特長は，「概念理解」「情報保障」「自己・他者・相互理解」について科学的見地から可視化し，幼少期から青年期まで関わってゆく組織間で情報を共有化できる仕組みを構築していることである。その結果，各組織が連携して能力発揮のための道をガイドするができる。学童期には学校や放課後等ディサービスなどが健康管理，日常生活管理，基礎的な対人スキルを指導し，成人期には就労支援機関が日常生活管理，やや高度な対人スキル，基本的な労働習慣を身につけ，自立期に企業が基本的労働習慣を固め職業適性に見合った配置をする。そうすれば，「会社で働いている！」という喜びにつなげることができる。

3.3　社会的インパクトとロジック・モデル

　社会的企業においては，その活動が社会的課題の解決にいかに貢献しているか，利害関係者である行政や地域社会に対して示すことが望まれる。その際に，広く用いられるロジック・モデルを用いて検討しよう。ロジック・モデルは社会的企業のミッション達成に向けた活動を示し，ミッション達成によりどのように好ましい社会的影響が生まれるか，因果関係にもとづくフロー図とし

図11.5　社会的インパクトとロジック・モデル

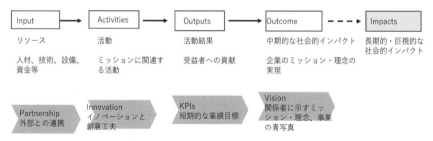

出所：PwCあらた有限責任監査法人（2017）並びにWry and Haugh（2018）にもとづき筆者作成

て示したものである。好ましい社会的影響を表すのが社会的インパクトであり，「企業活動等の結果として生じた社会的，環境的なアウトカム」（内閣府，2016）と定義される。ロジック・モデルを通じ，企業は社会的インパクトを客観的に，成功要因は何か，改善すべき要素は何かを把握できる。

　ロジック・モデルの前提となるのが，企業がどのようなミッション・理念を掲げるかである。それを実現するための道筋として，次のようなステップが描かれる。1つ目がInputで，活動のための人材，技術，設備，資金力などリソース投入である。2つ目がActivityでミッションを果たすための活動の内容である。3つ目の活動成果（Outputs）は，受益者に対して企業活動がどの程度貢献したかである。4つ目がOutcomeで中期的（3〜5年程度）な社会的インパクトである。企業が掲げたミッション・理念がどの程度実現されたかという達成度とも言える。5つ目がImpactsで長期的・巨視的な社会的インパクトである。企業活動並びにその社会的影響は主にInput, Activity, Output, Outcomeの4つで示され，Impacts（長期的・巨視的な社会的インパクト）は，その時々の環境や社会的情勢によって変わってくるので企業活動との関係は限定されたものになる。

　ロジック・モデルで高橋さんの活動を確認しよう。ミッション・理念は「障害者のその人なりの自立，障害児のその子なりの自立に取り組み共生社会及び

地域コミュニティを目指す」ことである(8)。この実現のために，Input（リソース投入）では，自治体，学校それにIT会社などとの協働を進めた，Activity（活動）では様々な創意工夫をこらし，「ICT治具」や「シームレスバディ®」などICTを積極的に活用した。Output（活動成果）は，雇用訓練受講者数，雇用者数，「シームレスバディ®」導入事業所数などで，受益者への貢献が客観的に示される。Outcome（中期的成果）では，ビジョンの実現に着実に近づき社会的インパクトを生みつつあることが確認される。長期的・巨視的なインパクト（Impact）の点でも，「シームレスバディ®」等の普及による，我が国社会のD&I推進への貢献が容易に見通せる。

このようにロジック・モデルにより，社会的企業がミッション，活動内容，社会的成果についてできるだけ客観的・論理的に示すことで，事業のPDCAを進めるだけでなく，利害関係者に対しどう支援してゆけばよいかという有益な情報を提供することができる。

4. 結び

高橋さんのミッションには，同じ障害児の母達との出会い，そのために貢献したいという創業時の思いがつまっている。母親にとり，障害児の出生と成長の過程での精神的，肉体的な負担は大きい。しかし，乳児期から幼少期，青年期へと一緒に様々な体験をする中で，懸命に生きようとするわが子の姿に，励まされ自己肯定的な気持ちになる。共感しあい，貢献したいと感じた。

社会のD&I推進には「個々の多様性について正しく知る」が重要である。障害者一人ひとりの個性を「見える化」し，それぞれの違いを認識し，傾聴し，共感をもってもらうため，自ら主導して「ICT治具」「シームレスバディ®」等によるデジタル革新を進めた。特に「シームレスバディ®」は，一人ひとりの特性を「見える化」し共有することで，障害者の就労促進という目標に向か

---

(8)「ダンウェイの10年後のビジョン」より編集

い，教育機関，就労支援機関，企業など関係者間の高度な連携を可能にした。

　高橋さんは事業性と社会性を両立させる典型的な社会的起業家である。自分の事業について福祉ではなく「社会に必要とされるビジネス」として考えていると述べている。

【参考文献】

経済産業省（2008）「ソーシャルビジネス研究会報告書」

経済産業省（2018）「デジタルトランスフォーメーションを推進するためのガイドライン」

経済産業省（2021）「多様な個を活かす経営へ：ダイバーシティ経営への第一歩」

厚生労働省「重症心身障害児者等支援者育成研修テキスト」https://www.mhlw.go.jp/stf/seisakunitsuite/bunya/0000123648.html

厚生労働省（2018）「障害者雇用のご案内」厚生労働省パンフレット

日本銀行協会（2021）「経営者保証ガイドライン」https://www.zenginkyo.or.jp/adr/sme/guideline/（2023年12月1日閲覧）

バーク，J.＆エスペディード，A.（2019）「インクルーシブ・リーダーシップが組織のパフォーマンスを高める」『ダイヤモンド・ハーバード・ビジネスレビュー』2019年5月7日号

メディカルノート編集部（n.d.）「地域包括ケアシステムとは①　高齢者ケアだけではなく児童や障害者のケアなどを含む「街づくり概念」への進化：田中滋さんインタビュー」https://medicalnote.jp/contents/161215-001-NX

PwCあらた有限責任監査法人（2017）「社会的インパクト評価の普及促進に係る調査研究　最終報告書」https://www.npo-homepage.go.jp/toukei/sonota-chousa/social-impact-sokushin-chousa

Wry and Haugh (2018) "Brace for impact: Uniting our diverse voices through a social impact frame", *Journal of Business Venturing*, 33(5), pp.566-574

第**12**章

やっぺす　兼子佳恵さん
：地域社会の復興・再生を支えるママさんの人づくり

団 体 概 要	特定非営利法人やっぺす（旧称石巻復興支援ネットワーク）
創業者・前代表	兼子佳恵
共同代表理事	高橋洋祐・柏原としこ
創　　　　立	2011年
スタッフ数	21名（2022年3月現在）
業 務 内 容	復興支援，人材育成，女性支援

キーワード●社会的起業　環境適合　アントレプレナーの多様性

1. はじめに

　NPO法人・やっぺす（前石巻復興支援ネットワーク）は，2011年の東日本大震災で大きな被害を被った地元の復興に向けて，兼子佳恵さんを中心としたママ達が設立した団体である。定款によると設立目的は「石巻市民並びに石巻市内及びその周辺地域の団体が，互いにネットワークを構築し，雇用の創出，その他の支援活動を行い，石巻市の復興に寄与すること」である。主な事業分野は①復興支援コーディネイト・被災者支援分野，②地域資源・人材の発見・育成分野，②女性・子育てサポート分野である。「やっぺす」は石巻地方の言葉で，地域や立場は関係なく「一緒にやっていきましょう」という想いが込められている。「やっぺす」は活動は高く評価され2018年にはふるさとづくり大賞内閣総理大臣賞を受賞している。

　なぜ「やっぺす」は継続的に高水準の活動を続けることができたのか，検討しよう。第2節では，兼子さんと「やっぺす」の軌跡について述べ，第3節で

は「やっぺす」が進めた，環境適合できる人づくり，地域のポテンシャルとなる人づくりについて検討しよう。

2. 兼子佳恵さんの軌跡

2.1　震災まで

　兼子佳恵さんは高校卒業後，バス会社に就職し結婚を契機に退職した。すぐ2人の男の子に恵まれた。しかし，乳幼児期の子どもたちを，どのように育てたらよいのか，模索する日々が続いた。相談する相手もいないで，孤独に悩まされた。その後，小学校のPTA活動に参加し，子育てについて話し合える仲間たちと出会った。兼子さんは没頭した。10年以上にわたり小学校，中学校，高校のPTA活動に積極的に参加し，高校ではPTA副会長も勤めた。またママさんバレーボールでスポーツを通じた交流にもつとめた。

　兼子さんは，子育てに悩んだ経験から，当事者であるお母さん同士が思いを共有し，気軽に相談できる場所が必要と思い，1999年「イッツ・ナウ・オア・ネバー」という任意団体を設立した。子どもたちが夏休みの間，自然の観察・研究をする環境教育活動をサポートしたり，個別の子育ての悩みを聞いたりする活動を始めた。さらに2009年には団体名称を「環境と子どもを考える会」と改称し，環境教育活動に加えて子どもが笑顔になるイベントの開催，街づくりに問題提起する講演会等を企画運営した。兼子さんは，地域の子どもを地域全体で見守り自然の中でのびのび遊ばせるといった環境づくりが必要なこと，また，「子育てイコール親育て」で親が元気でなければ子どもも元気になれないことを痛感した。本当に大変な人は，声を出せない人たちであり，声を出せない人の心に寄り添うことが大切だと，考えるようになった。こうした活動を通じ，ママ友同士の教育関係者はもちろん，NPO，行政，地域経済団体などとの絆を深めた。

　さらに，2010年には田村太郎氏（現多文化共生センター代表）を呼び多文化共生のワークショップを開催した。当時，田村氏は阪神大震災の経験を踏ま

え，地域内のネットワークづくり，他地域とのネットワークづくりについて全国各地で講演していた。兼子さんは「人と人を隔てる様々な壁を越え，お互いを尊重し合える社会」というダイバーシティの理念に共鳴し，大災害時には，自力で身を守る「自助」，地域で助け合う「互助」が重要なことを学んだ。

2.2 震災とやっぺすの設立

2011年3月11日に東日本大震災が発生し，石巻市は死者3,277人，震災関連死275人，行方不明420人という被害を被った[1]。多くの市民が家族，住居，そして仕事を失った。兼子さんの自宅は全壊，余震の恐怖は続いた。一方，当時中学生の次男は震災直後の1日を避難所で過ごした。戻ってきた次男から，食料や毛布が足りていない避難所の様子を聞いた。すぐ避難所に食料や毛布をもって行きたかったが，余震が続き海水がまだ引いてない中で何もできなかった。なぜもっと早く助けに行けなかったのか。悔しい思いは，その後の活動の原点となった。兼子さんは，「被災者をNPOとつないで支える合同プロジェクト（つなプロ）」の代表幹事を務めていた田村さんに連絡をとった。そして，震災2か月後の2011年5月，田村さんのサポートの下で「やっぺす」（石巻復興支援ネットワーク）をママ友とともに任意団体として立ち上げた。さらに2011年12月に「やっぺす」はNPO法人となった。石巻市は震災後10年間で復興を成し遂げるために4期に分けに目標を定めている。それぞれの期間の「やっぺす」の活動をみてみよう[2]。

(1) 復旧期（2011〜2013年度）：生活や産業の再開に不可欠な住宅，学校，
　　生産基盤，インフラなどの復旧に加え，再生・発展に向けた準備を精力的
　　に進める期間

(2) 再生期（2014〜2017年度）：復旧されたインフラと市民の力を基に，

---

(1) 石巻市公表資料。2020年2月現在。
(2) 石巻市（2020）「石巻市の復興状況について（令和2年1月）」によると，2021年までの10年間合計の国・県・市の石巻市における事業費見通しは，復旧事業費3,600億円，復興事業費8,200億円，その他400億円で，市の一般会計予算20年分である。

震災に見舞われる以前の活力を回復し，地域の価値を高める期間

(3) 発展期（2018～2020年度）：石巻市が新たな魅力と活力ある地域として生まれ変わり，発展していく期間

2.3　復旧期の活動　2011～2013年度

復旧期には，全国から多くのボランティアが集まり，被災した家屋・施設や道路などで後片付けや整理などにあたった。「やっぺす」のその後の活動の基礎が作られた時期である。

「やっぺす」が取り組んだ事業は，仮設住宅の被災者支援，復興コーディネイト並びに地域女性へのサイドビジネス提供である。まず仮設団地において暮らす被災者を対象に，住民が楽しめるイベントを単独または自治会と協力して行ったり，子育てをする母親達が息抜きできる居場所を開設したりした。復興コーディネイト事業では，全国からの個人あるいは企業・大学などのボランティア希望者と被災者の間の橋渡しを行った。また地域の女性の中には，子育てなどで外に働きに出にくかったり，復旧期でまだ少ない販売・事務などのパートを見つけにくかったりという理由から，少しでも生活費の足しになることをしたいと希望する者が少なくなかった。兼子さんは「おうちしごと」としてアクセサリー製作の内職の仕事を自ら創出したり斡旋したりして外に働きに行けない被災地の女性の雇用創出に努めた。

兼子さんは，国・企業などからの助成事業にも積極的に取り組んだ。国・企業は復旧支援に関して，指定したテーマに沿った地域のNPO法人等の活動を助成したり，企画した事業の運営を地域のNPO法人等に委任したりする。こうした助成は原則として単年度限定で，成果が上がったと判断されると何年間か継続されることがある。兼子さんの営業活動もあり，「やっぺす」は多くの助成を獲得することができた。この中で，地域のアントレプレナーを育むのに寄与した事業が「起業支援ファンド・人材育成スクール」と「石恋♡」である。「起業支援ファンド・人材育成スクール」は内閣府支援事業で，被災地で起業を希望する者に対し支援を行うとともに，被災地で社会的企業に働くこと

図12.1　石恋♡

石恋　♡　（2013－2018年）

「オンパク」方式　地域に既にある魅力を発掘し体験できる
イベントを短期集中的にたくさん開く。
石巻広域圏で人材育成事業として推進。

石巻市

女川町

東松島市

「達人」による少人数の体験プログラ
ムを、一定期間内に集中的にたくさん
開催する

公民館、自宅、商店街、広場など

5年間で10回開催　体験プログラム数のべ500
参加者　9000人以上　達人　250人

「達人」：多様な特技をもった住民

絵手紙、お菓子作り、ヨガ、石巻やき
そば、アクセサリー、カヌー・・・

出所：筆者作成

を希望する女性・若者50名に託児付きのスキルアップ教室を運営した。また「石巻に恋しちゃった♡」（以下「石恋♡」）は2013年に始まった「オンパク」手法にもとづく，ヨガ，お菓子作りなど様々な趣味や特技をもつ「達人」を発掘し，その活躍の場を作る事業である。「オンパク」（温泉博覧会）とは1998年に大分県別府市で始まった地域開発事業で，地元の人達が中心となって多数のプログラムを運営し，開催期間中に集中して地域の中のいろいろな場所で行う手法である。地域産の食材，温泉など観光資源，地域の人達の趣味・特技など，地域のリソースを再発見し，ちょっと背伸びして観光客や地域住民を対象にしたプログラムを企画・運営するものである。

2.4　再生期の活動　2014～2017年度

　再生期は家屋・施設，道路などのハード面での復旧は進んだが，震災によって壊された住民の生活やコミュニティなどソフト面の再生はこれからという時期であった。「やっぺす」は復興とその先にある未来に向けて，被災地域の人々が前に踏み出すためのきっかけを提供するため活動を発展させた。

　この時期「やっぺす」は，復興コーディネイト・被災者支援分野では仮設住宅の被災者支援，復興コーディネイト並びに地域女性へのサイドビジネス提供について，届きにくい小さな声に耳を傾け住民ニーズを反映させる形で発展させていった。まず仮設団地において暮らす被災者への支援事業では，イベント開催に加えて，被災者に支援者を交えた談話の場（サロン活動）を設け，コミュニティづくりに努めた。復興コーディネイト事業では，被災者が何を求めているかというニーズの変化をとらえ，ボランティア希望者との橋渡しを行った。一方，復旧期にはじまった人材育成分野の事業の多くは再生期まで継続され成果を生み出した。「石恋♡」は，2013年から2018年にかけ10回開催され「達人」は250人に達した。さらに「やっぺす」は化粧品会社から支援を受けて女性起業家支援プログラムを2014年度から2018年度にわたり開催した。講座を卒業した女性達の中から何人もの起業家が生まれた。また地域女性支援分野では，子育てなどで外に働きに出でにくい地域女性向け雇用創出では，委託加工を発注する事業者の開拓や新製品開発に努めた。

2.5　発展期以降の活動　2018年度～

　復興が一段落すると，見えてくるのが少子高齢化・人口減少社会という地域の課題である。被災地は，若者の流出が進みやすいので，日本全国と比べ，より早いタイミングでこの課題が顕在化すると言われる。2023年現在，「やっぺす」は自ら輝こうとする女性のエンパワーメントのため「女性の活躍推進」，「子育て支援」，「復興支援活動」という3つの分野で活動を行っている。これまでの活動の柱だった「石恋♡」事業は2018年で終了し，2019年に「石恋まつり実行委員会」が立ち上がり，地元有志に引き継がれた[(3)]。化粧品会社の助成による女性起業家スクールも2018年度で終了した。一方で「子ども食堂」事業を2019年からスタートさせ，2020年からはDVに遭った女性やその子どもなどを一時的に保護する「シェルター」事業に取り組んでいる。石巻市で

---

(3) 2020年，2021年，2022年の「石恋まつり」はコロナ禍で中止を余儀なくされた。

「シェルター」を運営するのは「やっぺす」と後述する「りとりーと」だけである。

このように兼子さんは，復興ステージに応じ，組織の進むべき目標を的確に示し，自主事業や寄付金・補助金にもとづく事業を展開し，目標達成のためにボランティアの受け入れや企業との提携事業の推進などで地域ネットワークのハブ的役割を果たしてきた。さらに，事務所経費を柔軟に対処したり，「石恋♡」を市民団体に移管するなど持続的な経営に努めてきた。

2.6 コロナ禍での新たな挑戦

石巻市では震災復興が進む一方，少子高齢化が進み，復興予算縮小から市財政も悪化しており，民間団体が取り組むべき課題として，地域課題の比重が高まりつつある。兼子さんは2021年度末をもって10年以上も代表を務めた「やっぺす」を退職した。後任の共同代表理事を髙橋洋祐さんと柏原としこさんに委ねた。兼子さんは2020年度末に代表理事を1年後に引退することを内外に公言しており，既定路線であった。

兼子さんは新しい挑戦に踏み出した。2022年6月に一般社団法人「りとりーと」を設立し代表理事に就任した。「性別や生まれ育った環境にかかわらず差別されることなく生きられる地域」を目指し，（1）女性相談窓口の運営，（2）女性や子どもを一時的に保護する「シェルター」や食品・日用品を困窮家庭に配布する「パントリー（食品貯蔵庫）」の運営，（3）セミナー等の「学びあう場」「交流の場」設置，などの活動をしている。現在の中心メンバーは2名で，プロジェクト毎に「やっぺす」時代に培った人的ネットワークを生かして運営している。

3. 企業家から学ぶ：持続可能な地域社会を支える人づくり

「やっぺす」が石巻地区に築いたレガシーとして，NPO法人の組織を支えるメンバー成長と地域社会を支える潜在的アントレプレナー創出という，2つの

人づくりについて検討しよう。まず復興をめぐる環境変化の中で，兼子さんが期待される役割を果たそうと奮闘した背景について考え，次にマイルズ＆スノウの環境適合モデルとサラスバシーのエフェクチュエーションを用いて，人づくりの重要性を考えよう。

3.1　NPOの持続可能性と自助・互助・共助・公助

　NPOとはNon-Profit Organizationの略称で，様々な社会貢献活動を行い，団体の構成員に対し，収益を分配することを目的としない団体の総称である。このうちNPO法人といった場合，一般には2008年12月施行の特定非営利活動促進法に基づき設立・認定された特定非営利活動法人をさす。全国のNPO法人数は50,183（2023年7月末現在）である[4]。藤井（2012）によるとNPO法人の代表者には営利企業に比べてシニア層や女性が多い。こうしたNPO法人も設立から10年以上経過すると，様々な外部環境変化が生じ，代表理事の高齢化や法人内の人的構成の変化から持続可能性が課題となっている[5]。

　NPOの持続可能性をみる際，地域の中での役割を現在そして未来の視点から考えることが重要である（表12.1参照）[6]。地域において福祉サービスは行政やNPOなど様々な組織や支援者から構成され，地域包括支援システムとよばれるが，ここでは「自助」「互助」「共助」「公助」という概念がある。「自助」は受益者の自費によるサービス購入などで，「互助」は民間による自発的な支えあいで，両者とも行政は基本的に関与しない。これに対し「共助」は法律・条例等により制度化された財源の裏付けのある相互扶助で，老齢年金や障

---

(4)　内閣府NPO法人ホームページ
(5)　内閣府によると，NPO法人の抱える問題には「人材の確保や教育」が62％，「後継者の不足」44％，「収入源の多様化」43％，「法人の事業運営力の向上」31％などがあり，代表理事の年齢が60歳以上の団体が6割を超えている。
(6)　田中滋（2016）によると，地域包括システムとは「中学区ほどの日常生活圏域を一つの単位として，住民の中で支援を必要としている人々，例えば子育て中の親，児童や幼児，虚弱や要介護のお年寄り，障害者などが何らかの支援を受けつつ自立生活を送る仕組み」である。地域包括システムの理念は，最初に高齢者福祉で用いられ，現在では障害者や生活困窮者など福祉サービス全体にまで拡張されている。

害年金，医療保険，介護保険などにもとづくサービスが含まれる。また「公助」は行政が行う公的サービスである。

　次にNPOのそれぞれに対する関わりを述べよう。まず，「公助」「共助」に関しては，行政等が実施するサービスを受託し，代わって実施する。行政が所有する福祉施設等からの「指定管理者」業務の受託や，介護保険法にもとづき介護サービスを実施する場合がこれにあたる。次に「互助」については，寄付金にもとづく活動，企業等のフィランソロピー（慈善活動）で助成を受けた活動，ボランティア受け入れによる活動などがある。「自助」としては，会員からの会費収入や事業収入，受益者から料金徴収などにもとづく活動がある。ここで問題なのは，一部を除き，予算規模の中期的な予想が難しく不確実性が高いことである。というのは行政や企業が支援するテーマは定期的に変わり，関連予算・決算が単年度主義で行われることが多いためである。

表12.1　NPOと自助・互助・共助・公助

	行政の立場	NPOの役割	例
公助	行政が行う公的サービス	行政サービスの受託	施設の指定管理者 特定の行政課題に関する業務委託
共助	法律・条例等により制度化されたサービス	社会保障等の制度にもとづくサービス受託	介護サービス
互助	行政が関与しない，民間の自発的な支えあい	自主財源による活動 企業等のフィランソロピー 一般ボランティア受け入れ	会員の会費，商品売上 寄付金，助成，人材派遣
自助	受益者が費用を負担するサービス	受益者から料金を徴収するサービス	一部費用の負担要請

出所：地域包括ケア研究会（2015）にもとづき作成

3.2　持続可能な組織を支える人づくり

　こうした中，兼子さんは持続可能な組織をめざし環境適合に尽力し人づくりに努めた。

　まず「やっぺす」をとりまく外部環境の変化と事業領域のシフトについてみてみよう。外部環境は設立10年間で変化していった。復興の進展に伴い社会そして受益者（顧客）のニーズが変わり，関連して「公助」「共助」に関わる

図12.1　「やっぺす」の事業領域

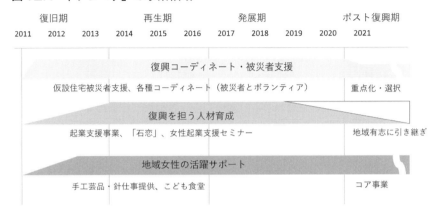

出所：同法人資料にもとづき筆者作成

国の補助金や民間の寄附・支援も年を追って変わっていった。兼子さんは復興進展に伴う顧客ニーズの変化をとらえ，既存の事業を効率的に進めると同時に新たな事業機会を探索することにした。「やっぺす」の事業領域を，復興支援，人材育成，女性サポートに分けてみてみよう（図12.1参照）。

　まず震災直後から3年間の復旧期には復興コーディネイト・被災者支援事業に力を入れた。2014年から2017年の再生期には震災に見舞われる以前の活力を回復し地域の価値を高めるため，復興コーディネイト・被災者支援事業に加え，人材育成や地域女性の活躍サポートにも積極的に取り組んだ。さらに2018年以降の発展期に入ると，一応の復興期間である10年間が終わった後のポスト復興期を見据え，事業ドメインの見直しを進めてきた。すなわち，復興コーディネイト・被災者支援領域ではずっと続ける事業に重点化して継続的に推進する一方，人材育成事業は地域有志に引き継ぐなどして段階的に縮小している。これに対し，地域女性の活躍サポート分野は今後の「やっぺす」の主要事業領域として位置付けた。こども食堂事業を2019年より始めるなどしている。既存サービスである復興コーディネイト・被災者支援領域や人材育成領域では重点化ならびに効率化を追求する一方，女性活躍サポート領域では新たな

事業を進めている。

3.3　環境適合を図る組織の人づくり

　マイルズ（Miles, R.E.）＆スノウ（Snow, C.C.）によると，環境変化に適合するためには，組織は「事業課題」（Entrepreneurial problem）を明確化し，設備・技術・スキルを適合させる，人づくりを含めた「技術課題」（Technical problem）に取り組み，組織づくりをする「組織課題」（Organizational problem）という3つの課題に，整合的に対応できる意思決定サイクルを確立させる必要がある。当モデルに照らし「やっぺす」の人づくり，組織づくりをみてみよう（図12.2）。

　1つ目の「事業課題」については復興支援，人材育成，女性支援という3つの事業領域において，環境変化に応じて個別事業の見直しを継続的かつ大胆に進めた。地域のママ，普通の主婦の視点から，各復興ステージで地元の人達が困っていることは何か，一般の人達である自分たちに何ができるか，考えてきた。2つ目の「技術課題」については，既存事業をより効率的に進めるようマ

図12.2　環境適合の意思決定サイクル

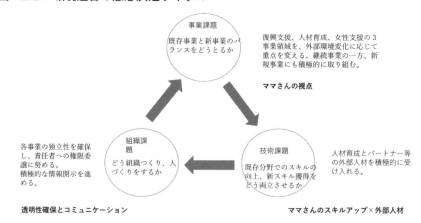

出所：Miles and Snow（1978）にもとづき筆者作成

194

マさんスタッフのスキルアップに努める一方，新たなスキル獲得のために外部人材受入れを積極的に進めた。スタッフ成長のため，講習会等で学ぶ機会を設け，報告会報告者やセミナー講師を積極的に任せた。大都市の企業を回って，共同事業などの重要性を訴え，地域に外部人材を呼び込んだ。3つ目の「組織課題」では，既存事業や新規事業を並行して進めるため，それぞれに適した進め方ができ，全体としてまとまりが生まれるよう注力した。各分野の責任者に運営を任せたり，外部の協力スタッフとの対等な関係づくりに努めたりした。兼子さんが特に重視したのが透明性確保である。法律に定められた事業報告書だけでなく，独自に年度事業報告書や各事業報告を丁寧に作成し，WEBサイトでの情報発信に努めた。これら情報公開により，様々な事業に取り組むスタッフ一人ひとりは自分の立ち位置を確認し，企業等の外部パートナーは利害関係者に対し社会貢献事業の情報を発信することができた。

3.4　地域における潜在的アントレプレナー養成

「やっぺす」の人づくりは地域社会にも広がり「私にはできる。機会があれば起業したい」と考える潜在的アントレプレナーを，石巻・女川地区で育んできた。契機となった活動を挙げると，1つ目に「石恋♡」で地域の一般女性や若者に特技を生かしてワークショップを運営しようと呼びかけ，多数の「達人」を発掘したことである。「あなたの特技を生かそう」「やってみよう」「きっと成長できる」と自己変革の可能性を訴えてきた。2つ目に主に地域女性を対象にした女性起業スクールなど各種講座を開催し，働くスキルを高めるよう努めた。スクール運営にあたっては女性の視点を徹底し，例えば化粧法を学び表舞台での自信を深めるなど，既成のビジネス講座に枠に止まらないようにした。3つ目はNPOや福祉団体，行政等との協働である。従来は中年男性や地域の有力者が中心であったネットワークに，女性が加わることで，女性特有の課題について認識が深め，支援策を企画することに貢献した。

なかでも「石恋♡」には出店という小さな「成功体験」をし，「できるよ」という周囲からの「言語的説得」をうけ周囲の身近な仲間のがんばりを「代理

体験」できるという点から，Bandura（1978）の自己効力感を高める仕組みが見事に組み込まれているといえる。

さらに地域に生まれた「達人」（潜在的アントレプレナー）の多様性が，環境変化に対する地域社会の柔軟な対応を支える原動力になっている（表12.2）。

表12.2　アントレプレナーの多様性

	リスク回避を優先するか，目標達成を優先するか	「石恋♡達人」の例
コーゼーション型 （経済合理性にもとづく意思決定）	目標優先。最終目標を狭く設定し，リスクを評価し，リスク相当を割引いた期待利益を最大化するように目指す。 合理的なリスク対策（リスク縮小策，保険等）をとる。	Aさん （石鹸製造販売）
エフェクチュエーション型 （成功するための企業家の知恵）	許容可能な損失設定優先。最終目標を幅広く設定し，現時点で保持するリソースを所与とし，許容可能な損失を設定し，その範囲内で達成できる目標を選び実行する。この結果，リソースが拡大すれば，同様の方法で事業を進める。 このサイクルを繰り返し，最終目標に近づける。 外部の組織とのコラボレーションを推進する。	Bさん （洋菓子清掃販売） Cさん（農園）
フリーランサー	オフィスを持たない受託型自営業者	Dさん（セラピスト）
自宅教室	自宅を活用し投資を抑えた教室	Eさん（アロマ教室）
副業起業家	会社勤務や主婦をメインとし，週1～3日程度，副業に携わる	

出所：Sarasbathy（2001）を参考に，『石恋達人図鑑』等にもとづき作成

サラスバシー（Sarasbathy, S.）は「リスク回避」「目標達成」のどちらを優先するかという視点から企業家を分けている。第1が「コーゼーション型」で目標達成を優先し，借入などリスクをかけて，そのため必要なリソースを調達する[7]。同時に合理的なリスク対策（リスク縮小策，保険等）をとる。第2が「エフェクチュエーション型」でリスク回避を優先する。最終目標を幅広く設定しておき，いま手元にあるリソースと許容可能なリスクの範囲内で達成でき

---

(7)「コーゼーション型」は，理論的には割引済現在価値法で「リスク調整済割引率により割引いた期待利益の最大化」に努める。小規模企業の場合，割引済現在価値法を用いる企業は少ないので，ここでは資金借入への姿勢により「コーゼーション型」「エフェクチュエーション型」を区分する。

る短期目標を設定し実行する。平たく言えば，「無理せず，できることからやろう」となる。ここでは「エフェクチュエーション型」にフリーランサー，自宅での教室，副業としての起業などを含めて考える。サラスバシーは「エフェクチュエーション型」の特徴として，同業者を競争相手であると同時に協働する間柄と考えることを挙げたが，これら事業者は正にそうした傾向がある。例えばフリーランサーは普段，単独で受注するが，大きな仕事を受注する場合は共同受注する[8]。

「達人」には，起業した者もそうでない者も含まれ，起業した者の間でもそのタイプは多様である。いくつかの例をみてみよう。まず「コーゼーション型」に近いのが，Aさん（石鹸製造販売）である。Aさんは明確に目標を設定し，借金を厭わずリソースを拡大し目標達成を目指した。「エフェクチュエーション型」に近いのが，Bさん（洋菓子製造販売），Cさん（農園），Dさん（セラピスト），Eさん（アロマ教室主宰）などである。洋菓子製造・販売のBさんは，借金しないことを基本方針に，菓子店は週2日だけ開くなどを，無理のない範囲で自分の夢を追求している。Cさんは一般社団法人として地域資源を最大限活用して農園を運営しているが，大学や行政との連携を積極的に進め，コラボレーションを通じ外部の人材等のリソースにアクセスしている。またDさんはオフィスを持たない自営業者で，企業などからの受託セラピストとして働いている。Eさんは，自宅を活用しアロマ教室を主宰している。

内閣府（2021）によると，フリーランス的な自営業者は，本業としている者214万人，副業として携わる者248万人と推定される。このうち女性は本業31万人，副業91万人である。アントレプレナーシップの発現形態は既に多様化しており，一人ひとりの違いを尊重した「達人」という取組みは理にかなっている。

---

(8) Sarasbachy（2001）は先端産業を例にとり，新薬開発のような場面では，企業間の競争も勿論激しいが，互いの長所を出しあって共同プロジェクトを組み，革新的成果をあげることも多いとした。

4. 結び

　兼子さん並びに「やっぺす」の地域へのレガシーは，2つの「人づくり」である。1つ目は，激変する環境に適合できる組織における人づくりである。2つ目は「石恋♡」などの事業を核として，地域の力となる，潜在的アントレプレナーの育成に努めたことである。兼子さんは「石恋♡」を振り返り，「『私にはできる』『機会があったら起業をしてみたい』と考える人達をたくさん石巻・女川地区で生み出すことができた。」と述べている。

　「1人の100歩」を応援するのでなく，「100人のそれぞれの1歩」のきっかけになるような活動に取り組んでいきたいと思います[9]。

　兼子さんは，2022年度で「やっぺす」を後進に任せ，社団法人を設立し，女性や子どもを一時的に保護する「シェルター」運営等をしている。兼子さんは「住民同士が互いに『得意なところ』を提供し『少し足りないところ』を支援してもらうという関係にならないと，地域社会は発展しない。私達の活動は，そうした関係に支えられてきた。」と述べている。

初出

Kato, A. and E. Miyake (2018) "Social entrepreneurship and legitimacy gaining: The case study of Ishinomaki city, reviving from 2011 Great East Japan Earthquake", Proceedings of the 63rd ICSB World Conference

---

(9) 兼子（2022）p.129

【参考文献】

石巻復興支援ネットワーク「各期事業報告書」

影山喜一編（2008）『地域マネジメントと企業家精神』雄松堂出版

兼子佳恵（2022）『やっぺす：石巻のお母さん，まちづくりに奮闘する』英治出版

厚生労働省（2014）「平成26年度男女共同参画白書」

後藤祐一（2008）「NPO・政府・企業間の戦略的協働に関する実証研究：ツール・ド・北海道の事例分析」『経済学研究』57(4)

サラスバシー，S.（2015）『エフェクチュエーション』碩学舎碩学叢書

田中滋（2016）「地域包括ケアシステムとは」『Medical Note』2016年12月23日

地域包括ケア研究会（2015）「地域包括ケアシステムと地域マネジメント」https://www.mhlw.go.jp/file/06-Seisakujouhou-12300000-Roukenkyoku/01UFJ-1.pdf

内閣府（2016）「平成27年度 特定非営利活動法人及び市民の社会貢献に関する実態調査」

内閣府（2021）「選択する未来2.0報告参考資料」

日本政策金融公庫（2012）「NPO法人の経営状況に関する実態調査」

野上泰生（2014）「オンパクとは何か：別府オンパクにその神髄を学ぶ
https://www.jtb.or.jp/wp-content/uploads/2014/07/H25jissen_gijiroku_0002.pdf

平本健太（1989）「戦略と組織：日本企業を対象とするマイルズ＝スノウ理論の検証」『經濟學研究』39(2)，pp.129-157

藤井辰紀（2012）「NPO法人の存在意義と経営課題」『日本政策金融公庫論集』

Bandura, A. (1978) "Self-efficacy: Toward a unifying theory of behavioral change", *Advances in Behaviour Research and Therapy*, 1(4), pp.139-161

Miles, E. and C. Snow (1978) *Organizational Strategy, Structure, and Process*, NY: McGraw-Hill

Sarasvathy, S. (2001) "Causation and effectuation", Academy of Management Review, 26(2), pp.243-263.

第**13**章

モア・ハウス 大藪佐恵子さん
：農業地域における女性の自立

社　　　名	株式会社モア・ハウス
所　在　地	福岡県三潴（みずま）郡大木町
代　　　表	大藪佐恵子
設　　　立	1997年
資　本　金	1,100万円
売　上　高	1億7,100万円（2016年3月期）
理　　　事	4名
従　業　員	19名（インタビュー日時2019年5月20日）
事業内容	じめじ，アスパラガスの生産等

キーワード●自己実現　ハーズバーグの2要因理論

1. はじめに

　きのこ生産に携わるため設立された農事組合法人モア・ハウス（現在は株式会社に組織変更）の事例を取り上げ，農業における女性起業の意義と課題について考える。

　モア・ハウスが立地する大木町は福岡県の南西部に位置し人口1万4,000人で，西鉄電車で福岡市中心部まで約1時間で結ばれ通勤者も多い。筑後平野の中心部に位置するこの地域はかつて水はけが悪い土地が多かったが，土地改良と縦横にめぐるクリークの整備により，肥沃な土地に生まれ変わっている。農業が盛んで，稲作，麦作などの他，ハウスによるきのこ栽培や（ぶなしめじ），ビニールハウスを用いたアスパラガス，イチゴなどの栽培が行われている。

　主力品であるぶなしめじの年間生産量は「特定林作物生産統計調査」（2017

年）によると，福岡県は約14,000トンで長野県50,000トンや新潟県21,000トンに次いで全国第3位である。このうち，大木町ではシメジ6,500トン余りで，モア・ハウスは380トンほどを生産する。

　本節ではまず大藪さんの軌跡として農事組合法人の設立から現状までを俯瞰し，次に「企業家から学ぶ」として農業分野における女性起業の意義について自己実現の追求という視点から，ハーズバーグの動機付け・衛生要因のモデルにもとづき検討する。

2. 大藪佐恵子さんの軌跡

2.1　モア・ハウスの設立

　大藪佐恵子さんは大木町生まれで兼業農家に育ち，1974年に食品関係の仕事に就職し，1976年12月専業農家の夫と結婚した。嫁ぎ先では，イグサ栽培などをしたが，海外産に押され，価格下落が続くようになった。1997年，子ども4人を抱え，先が見通せない状況であった大藪さんは，大木町できのこ栽培に取り組むグループのリーダーで農事組合法人きのこの里理事長の水落重喜さんの呼びかけに応じて，ブナシメジづくりのための農事組合法人を他の3人の女性とともに立ち上げた。水落さんは旧農林省が設けた農業者大学校の卒業生で，先進的な農業リーダーとして全国に知られる人物である。きのこの里は水落氏が1985年に他の青年4人と立ち上げたもので，その後，いくつかの農事組合法人などが立ち上がり，旧JA大木しめじ部会へと発展した[1]。2001年に大川市・城島町のJAと合併してJA福岡大城となり，現在，JA福岡大城しめじ部会は10以上の事業者から構成される。

　ぶなしめじの生産方法には空調を用いない自然栽培もあるが，大半は空調により温度管理を行う人工栽培で通年収穫が可能である。大きく菌糸培養工程（培地つくり・きのこ菌の植え付け・熟成）と金属棚への移し替えた後のきの

---

(1) 水落（2014）

図13.1　JA大木町しめじ部会の概要

出所：筆者作成

こ生育工程（芽だし・生育），収穫，袋詰めに分かれる。全国のぶなしめじ産地ではこれら工程を一貫して行う事業者も少なくないが，JA大木しめじ部会に属するモアハウスでは，菌糸培養工程を農事組合法人大木しめじセンターで集中的に行い，菌糸培養工程を他の農事組合法人などが担当するという分業生産体制をとっている[2]。

　水落さんは，地域農業の現場においてはベテランの男性を頂点とした社会構造が一般的で，女性や若手が活躍できる場が少ないと考えていた。そこで，女性や若手が活躍できるような機会をぜひつくりたいと考えていた。ある程度，事業が軌道にのった1990年代後半には女性だけできのこ生育・収穫・袋詰めにあたる農事組合法人を立ち上げたいと思った。そこで，つてを頼って希望者を募ったところ，4人が手を挙げた。このうちの一人が大藪さんである[3]。

　原料（菌種）の調達並びに販売先確保は他の事業者に頼れるものの，栽培施設・袋詰め設備は自力で用意しなければならない。出資金は2,400万円で1人

(2)　水落重喜（2000）「女性と若者の活用が今の農村を変える」『農村生活研究』111，pp.21-25.
(3)　水落さんは，モア・ハウス設立に際し，なぜ女性なのかという問いに対し，女性の農業による起業ができれば，保守的な田舎でも最先端をゆくものとして注目を浴びることができるので，私達の「広告塔」になって欲しいと話した（水落，2000）。

が600万円ずつであった。大藪さんは一部借金をして出資金をねん出し，理事として参画した。この他に法人としての借入金が1億2千万円ほど必要だった。1997年，リスクを賭け，やりぬくという覚悟をもった女性が集まり，農事組合法人モア・ハウスが発足した。

　大藪さんが公募に応じた背景には，確かに収入を得たいという必要性があったが，それだけではなく自己実現をしたいという強い情熱をもっていた。学校を出て比較的早く結婚したため，これまで社会に出た経験があまりなかった。農家の嫁，専業主婦，それぞれ重要な立場だが，一方では社会に出て自己実現をしないままに人生を終えるのは辛い，何かをやりとげたい，という思いがあった。義父が賛成してくれた。夫も理解してくれた。家族の理解があり，大藪さんもスタートを切ることができた。

2.2　起業初期から成長期へ

　モア・ハウスの設立において水落氏の存在が欠かせなかったことは確かだが，モア・ハウスの成功には大藪さんをはじめとする女性リーダーの頑張りが不可欠であった。

　モア・ハウスではびん詰された種菌を，JA福岡大城しめじ部会の大木しめじセンターから購入する。栽培室には5段の棚に整然とビンが並べられ，ミストで覆われた室内は室温14度，湿度90％以上を保たれている。5段の棚には育つ過程に従って上から下に順に並べられている。収穫が終わったしめじは包装場で10名ほどの女性の手でパック詰めをされる。

　大藪さんは技術部門を担当している。生産工程で難しいのは，一つひとつ生育状態が違うビンを丁寧に観察し，一部を間引きしたり，どのタイミングで収穫すれば良いか判断したりすることである。また購入側との情報共有も欠かせない。農業経験は豊富だが，きのこ栽培については素人だったので最初の3年ほどは試行錯誤の連続だったと言う。そのころの気持ちを，大藪さんは「"雇われ主任"でなく経営者になりたい。」と振り返っている。ぶなしめじの生産性や品質を上げるためにはどうしたらいいのか，子どもを育てるようにきのこ

図13.2 モア・ハウスの皆様

女性が協力し合い、常に向上心を持って挑戦していくような明るい職場

出所：同社提供

の成長を観察し、丁寧に対応するうちに、モア・ハウスの生産性や品質は他の
事業者と決して引けをとらないばかりか、一定の部分では上回るようになっ
た。

2001年に初代理事長が家業である農業に専念するため退職した。大藪さん
が理事長に就任するとともに、技術に加えて営業・企画も担当するようになっ
た。なお総務・経理関係は野口理事が設立当初から担当している。その後、松
藤理事が加わったが、現在、松藤理事は農家の女性で運営する農家レストラン
の代表取締役社長をしている。

2.3　アスパラガス生産

またモア・ハウスはビニールハウスを設け2000年からアスパラガスの生産
を開始した。グリーンアスパラガス（ブランド名「博多アスパラガス」）は多
年生で地下茎が発達し、雨除け用ハウスで半促成栽培で育てられる。3月から
4月にかけ収穫される春芽と（6〜8月）にピークを迎える夏芽がある。春芽は
濃い緑色で甘味が強く、根元まで柔らかい。夏芽は鮮やかなグリーンで、シャ
キシャキとした食感が特長である。

モア・ハウスは、しめじとアスパラガスは互いに補完関係になると考えてい
る。第1にこれまで廃棄物扱いをされてきたしめじからの廃菌床をアスパラガ
スの堆肥として利用できるので、資源リサイクルに貢献する。第2に通年を通

して仕事のピークや谷間を，ある程度，平準化できる。ぶなしめじは通年栽培が可能だが，夏場は需要が少ないためにやや生産量を落とすため，この時期のアルバイトの女性社員達の仕事が少なくなる傾向があった。大藪さんは，ぶなしめじのパック詰めなどが手すきな夏場は，旬を迎えるアスパラガスの出荷を手伝ってもらうことで，アルバイトの女性社員達の収入の安定性につながると考えた。

　現在，所有しているハウス施設は面積で現在30aにも及ぶ。施設の一部は棟単位で既に植えられたアスパラガスの地下茎込みで貸し出され，同社の元社員の女性や新規就農者が生産に取り組んでいる[4]。

2.4　農業加工品への進出

　モア・ハウスは第6次産業化にも積極的に取り組み，農業生産加工品の開発・販売に取り組んでいる。2002年に「しめじゴブゴブ」（しめじと干し大根のごぶ漬け）を開発し，2004年には「農家自慢きのこご飯の素」や「焼きエリンギ」の委託製造販売を開始した。

　生産者であり消費者でもある女性達だからこそ生まれる発想で，企画・販売戦略をたて，試食販売に積極的に取り組み，アイテムの充実や完成度を上げるよう努めてきた。「農家自慢きのこ炊き込みご飯の素」は，自事業所で栽培したぶなしめじの他に，大分県産干し椎茸・新潟産舞茸などの国産具材にこだわり，素朴だが温かみのある味を出している。

2.5　女性後継者の育成への思い

　大藪さんは，農業に関心のある女性がきのこ栽培を通じ，農業の厳しさや楽

---

(4) アスパラガス栽培においては，行政も新規就農者の受け入れ推進に努めている。大川市・大木町（2019）によると，標準就農者で15アール担当でき，10アール当たり年間1180時間労働で粗収益300万円，所得110万円である。ただしハウス新設に本体560万円と設置費がかかり大きな負担となっている（農水省，2023）。従って施設貸出は新規就農者の大きな助けになる。

しさを会得して欲しいと考えており，できればモア・ハウスの経営を将来託せる女性をぜひ育てたいと考えている。農業経験は絶対的な条件ではない。この仕事に生涯をかけたいという女性なら誰でも歓迎すると，大藪さんは言う。

　農業において，女性には力仕事の面では男性に比べてハンディがあるが，細心な注意力やきめ細やかな作物のケアは負けないし，食材をいかに生かすかというレシピ開発という点ではむしろ優位にたつ。ところが，地域の農業において，まだまだ女性の力が十分に発揮されていないし，志をもった女性が埋もれているのではないかと思っている。きのこ栽培は全くハンディを感じない農業分野の1つであり，JA福岡大城しめじ部会において女性が活躍してきた場を絶やしてはならないと考えている。ただし，根強い男性社会の中で女性には自由に生きて欲しいという思いも強く，研修者や幹部従業員として受け入れた女性達が選んだ進路を尊重している。

　また大藪さんは農業をする女性こそ楽しみながら見聞を広げるべきだと考えている。JA福岡大城しめじの会の女性部会はモア・ハウスが中心となり，事業者の配偶者である女性達によって結成され，試食宣伝活動など各イベントに参加したり，料理研究やキノコレシピを作成したりしてきた。大藪さんは女性部会長としてこうした活動を推進するだけでなく，コロナ前は，毎年，欧州など先進農業地域を中心に毎年，海外視察を企画してきた。

2.6　コロナ禍での奮闘：女子会に向くお酒の肴を

　大藪さん達が最近，力を注いでいるのが，農業加工品の商品開発である。例えば，気の置けない女性同士で集まり，食材を持ち寄って語り合う場などで，お酒の肴になるような「手軽で美味しい」「やみつきなりそう」なものをつくりたいと，工夫を重ねている。代表作が「きのこのアンチョビガーリック」で，シメジやエノキダケを天日干しにしたもので，お酒によく合う「大人のおつまみ」に仕立てた。大藪さんは，生産者であると同時に消費者でもあり，また女性である自分達だからこそ考えられる商品を作りたいと述べている。

　なお，2023年に農事組合法人から株式会社モア・ハウスへ組織変更した。

3. 企業家から学ぶ

3.1　農業の課題と女性起業

　農業構造動態調査によると女性の農業就業人口（2015年）は約100万人で総数209万人の約半数を占め，農業の担い手として重要な役割を果たしている。また女性の認定農業者数は10812人（2015年）で全体に占める比率は4.5％で2000年の1.8％，2010年の3.9％に比べ着実に増加している。しかし，新規就農人口（2014年）約5.8万人のうち女性は1.5万人で全体の4分の1に過ぎない。また地域農産物を活用した特産加工品づくりや直売所での販売など，農村女性の起業活動は2014年で約9600件での2007年以降ほぼ横ばいである。近年は，ネット販売が増加するなど活動内容の質的変化が見られるものの，年間売上金額が300万円未満の零細な経営体が全体の約半数を占めるなど極めて零細性が高い[5]。

　終戦直後から現在に至るまで農家の女性の地位は相対的に低いままであった。姉歯（2018）は，その背景として，（1）自分の嫁いだイエ（自営業）を守るために自己犠牲を強いられること，（2）労働の担い手であり，かつ子育てをする母親という二重の負担を背負うこと，（3）農業の生産性が一般的には低いこと，（4）職住が分離していないこと，（5）主たる財産である土地などを男性が相続することが多いこと，等を挙げている。

　こうした中，国は，女性農業経営者の能力を最大限に生かし活躍してもらえるよう環境を整備し，次世代リーダーとして農村を引っ張る女性を増やしてゆくことを通じ，農業の成長産業化を図り，「女性にとって魅力的な職業」とすることが必要であるとしている。

3.2　女性起業が期待される分野

　地域において起業が期待される分野は，新規農作物・酪農品の生産並びに農

---

(5)　農林水産省女性活躍推進室（2016）

図13.3　農村において新規参入の可能性が比較的高い分野

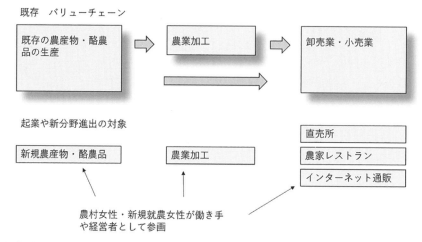

出所：筆者作成

業の六次産業化に関連するものである。

　第1に新規農産物・酪農品である。米麦など既に地域で作付けされている農産物や酪農品については，生産から流通加工，卸売，小売に至るバリューチェーンが確立しており，既存農業者との競合が生じやすいため自治体や農協の協力が得にくく，新参者が参入するのが難しい。これに対して，地域では新しい農産物や酪農品の生産や流通加工，直売所や農村レストランについては，既存農家の家族などが参入するだけでなく，補完関係にあると自治体や農協などが判断すれば新規就農者や事業者の受け入れに積極的な場合がある。

　とは言え，新規就農者として生産者になる上でのハードルは男女を問わず決して低くない。第1に資金で，農地やトラクターなど設備・機械等を用意する費用だけでなく，就農1年目は収入がほぼないので生活費のことも考えなければならない。第2が農地確保で，一見さんではまず農地賃借は難しいので，地域の方との間に信頼関係を築いてゆかねばならない。第3が農業技術で，地域の気候に合わせた栽培技術はマニュアルだけでは修得しづらいし，台風や水害，虫害，病気など予想できない自然の猛威にさらされることになる。就農を

しようとする地域で，農業事業者の下で働く経験が技術習得や人間ネットワーク構築のために不可欠である。第4に女性の場合，体力的な問題から，トラクターの運転や耕作地の整備など力仕事が多い分野では不利がある（慎重に経験を重ねれば女性でも可能）。

第2に農業生産（第一次産業）に農業加工（第二次産業），流通（第三次産業）を加えた農業の六次産業化である。六次産業化に関連する分野は女性による起業も少なくない。中村・澤野（2003）は背景として，（1）「生活研究」という生活を見つめ勉強しあう研究活動から発展した，（2）農業構造改善事業等の政策的主導による社会的・地域的要請に応えた，（3）女性の覚悟，とりわけリーダー層の覚悟が高く，（4）女性組織を含む地域各組織が参加し，対等に話し合える協議会の場が立ち上げられたことを挙げている。また，佐藤（2010）は家族労働からの脱却の意義を述べている。

　農業生産に携わっていても，その分の労働報酬を受け取ってこられなかった女性たちが，地域の仲間と一緒に農産物を加工して漬物や味噌，お菓子などを作りイベントや直売所等で販売するようになり，その収益が自分たちのおこづかい，そして成功事例では立派な「収入」となり，農業にやりがいと喜びを見い出していく。

実際に各地で，家族経営に携わる女性達による，農業特産物の加工，道の駅などでの販売，ネット通販などへの販路拡大などの取組みは行われている。しかしながら，農業生産段階における起業の例は決して多くない。

3.3　女性起業を生み出す環境

農業従事者は地域社会の一員であり，農村女性や新規就農女性が働き手や経営者として参画できるかどうかは，地域社会という外部環境の良否により影響される。

環境要因が大きい背景として第1に農業協同組合が，資材・原料の調達や販

路確保などの生産活動の要諦を握っており，新規就農助成活動を進めている場合も多く，地域の農業協同組合と連携をとらずに起業・新規就農を進めるのは得策でないからである。第2に農業における資源は私有の土地，施設等だけでなく，水利，入会地，道路などの地域全体で利用する共有資源を設ける場合があるし，災害時の助け合い，ハウスのビニール張替え，遊休農業用地の活用など農業者の相互扶助が不可欠である。第3にこれまでの栽培実績や経験を通じ地域特有の栽培ノウハウが農業協同組合に蓄積されているし，農業試験場や学校などの研究施設が地域に特化した品種改良等が進めている。多くの場合，その地域で，どの作物，どの品種を，どのような方法で栽培したら良いかという技術的シーズは，自治体や農業協同組合が握っていると言えよう。

新規農産物や酪農品の生産，農業加工の推進などの事業機会は，地域社会という外部環境から提供されることが多い。自体体や農業試験場など地域研究機関は，その地域に相応しい新種の農作物・酪農生産品を研究しているし，農業協同組合は加工・流通などについて専門知識を有している。自治体や農業協同組合は，新たな事業機会があった場合，地域の既存農家に呼びかけたり，新規就農者を募ったりして，事業機会を生かそうとする。この時，他地域を凌駕する魅力的な事業機会を提示できるかどうかに関しては，先見の視野をもった大木町の水落氏のような農業リーダーの存在が大きい。新規就農者・起業を目指す女性は，どの地域を選択したら，最も成功の可能性が高いかを，選ぶことになる。一方，農業家族経営に既に携わる女性は，地域を選択することはできないが，既に地域の一員として築いてきたネットワークを生かすことができる。

3.4 農村女性の自己実現としての起業

農村女性の起業動機を考える際に重要なのは自己実現への渇望である[6]。農家という生産組織の中で，女性は主婦として子育て・介護に携わるだけでな

---

(6) 渡辺（2009）は，家族農業経営においては，嫁として就農した女性はスキル獲得の獲得にハンディがあるため，「手伝い」的な労働を配分され，「やりがい」のジェンダー格差が生まれているとしている。

図13.4　ハーズバーグ理論からみた農村女性

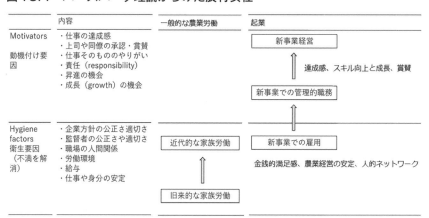

出所：ダイヤモンド・ハーバード・ビジネス編集部（2009）を参考に作成

く，労働者として夫を支える役割を果たしてきた。しかし，農作業の中核的労働は男性が担うことが多く，研修の機会も乏しく，「やりがい」を得にくい立場であった。澤野（2011）が述べるように，女性達は起業活動に取り組むことで家庭の経済問題を解決するとともに，自己実現を果たしてきたのである。

　ここで，やりがいや自己実現について，ハーズバーグ（Herzberg, F.）の動機付け・衛生理論（2要因理論）からみてみよう（図13.4）。

　ハーズバーグは，人が主体的・献身的に仕事に取り組むような「モチベーション要因」（Motivators）と，不満なく仕事をこなす「衛生要因」（Hygiene factors）を別のものと考えた。ざっくりと述べると，マズロー（Maslow, A.H.）の欲求段階説における高次元の欲求（「承認欲求」「自己実現欲求」）が動機付け要因に相当し，それ以外の「社会的欲求」「安全欲求」並びに「生理的欲求」は衛生要因にあたる。衛生要因が満たされない職場では人は不満を訴えるが，満たされたからといって，積極的・主体的に働く訳ではない。仕事を通じての成長，周囲からの高い評価，仕事のやりがいと達成感が満たされないと，人はやる気をもって働かない。

　まず一般的な農業労働においては，旧来的な家族労働の下で衛生要因さえ満

たされにくい。労働の対価が不明確であるし，休日や休憩などの労働条件も曖昧であり，姑や舅など家族社会における嫁の地位は決して高いとは言えない。近代的な家族労働，すなわち労働の対価や労働条件の明確化，家族経営における権限の明確化などがなされれば，衛生要因は満たされるだろう。ただし，「家族労働協定」（経営の方針や家族一人ひとりの役割，就業条件・就業環境など家族で取り決めること）の締結は全体の2割程度にとどまっている。一方，農業加工や農村レストランなどの新規事業では，家庭労働とは異なり，就業条件・労働環境などは標準以上であるので，労働者として参加する場合も，おおむね衛生要因は満たされていると言えよう。近代的な家族労働や働き手として新規事業に参加することは不満解消にはつながるがモチベーションを生み出すことはない。この状況は1960年代の米国中産階級の専業主婦が置かれた状態と似ている。米国の主婦はフェミニズム運動へつなげたが，農村女性にとっては起業が一つの手段となった[7]。

第2章で取り上げた変革型リーダーのことを思い出そう。バーンズによると，業務命令と報酬によって従業員が働くように仕向ける取引型リーダーが企業で幅をきかせているが，生存欲求，安全欲求，社会的欲求などマズローの下位レベルの欲求（ハーズバーグの衛生要因）に訴えているに過ぎないので，従業員を大きく成長させるのは難しい。これに対し，変革型リーダーは，ビジョンを示し実力を発揮する機会を与えることで従業員を鼓舞し，承認欲求や自己実現欲求などマズローの上位レベルの欲求（ハーズバーグの動機付け要因）に訴えることで，従業員の成長を後押しするのが変革型リーダーである。

大木町において，まず変革型リーダーシップを発揮したのが農事組合法人きのこの里理事長の水落重喜さんである。水落さんは大藪さん達に，「きのこの町・大木」の振興に向けての青写真の中でシメジ等栽培がいかに有望か示し，

---

(7) 1960年代，米国中産階級の専業主婦層はアイデンティティの喪失に直面し，自己実現を果たしたいと願っていた（ベティ・フリーダン『女らしさの神話』）。この葛藤は，女性を拘束する家族観，性別役割分担主義，作為的な「女らしさ」，などを批判の対象とするフェミニズムのうねりを引き起こした。

当時，農村女性の起業に対する支援体制が整備されつつあり女性の潜在的な能力を発揮されれば事業が十分に可能なことを訴え，大藪さん達の起業と成長を後押ししてきた。この訴えは「やりがいのある仕事がないならば，自ら創りだせばよい」と考えたていた，大藪さん達の心に刺さった。「農家に嫁いだものの，嫁として，母として，そして妻としてこのまま一生を過ごすのかと思うと，もやもやとしたものがあった。お話を聞いたとき，起業はその状況から抜け出す手段でないかと思った。」大藪さんはこのように述べている。その後，自己実現を果たした大藪さん達は，自身が変革型リーダーとなり，後進を育ててきた。大藪さんは，新たに就農しようとする人達にアスパラガス栽培のノウハウを提供したり，きのこ生産の仲間たちと商品開発に取り組んだり，さらに女性後継者を育てたりしようとしてきた。こうした大藪さんの試みは，事業に関わる人達に対し，ハーズバーグの動機付け要因（仕事の達成感，上司や同僚の承認・賞賛，責任，昇進や成長の機会など）を提供しているととらえることができる。澤野（2011）は，農村女性による起業は，当初は本人やイエの農業問題や生活問題の解決を目的としているが，自己実現や課題解決に取り組むことを通じて，都市農村交流など地域の課題にかかわり，社会的企業への道を歩む可能性があると述べている。モア・ハウスの事業を成功させ，雇用を創出し，農業組合法人活動を通して社会貢献をしている大藪さんは，まさにその道を歩んでいると言えよう。

4. 結び

　本章では大藪さんの農業法人の設立から現状までの軌跡を踏まえ，「企業家から学ぶ」において，ハーズバーグのモチベーション要因・衛生要因のモデルにもとづき，人間の承認欲求や自己実現欲求に訴えることの大切さと，ビジョンを示し従業員の成長を促す変革型リーダーシップについて復習した。大木町の地域農業界のリーダーがまいた種が，大藪さん達のような女性リーダーを育み，彼女たちがさらに後進を育てようとしている。農村地域におけるアントレ

プレナーシップの歯車は確実に回っている。

【参考文献】

姉歯暁（2018）『農村女性の戦後史』こぶし書房

岩島史（2020）『つくられる＜農村女性＞』有志舎

小田滋晃・坂本清彦・川崎訓昭編著（2016）『次世代型農業の針路Ⅰ「農企業」のアントレプレナーシップ』昭和堂

大川市・大木町（2019）「大川・大木地区新規就農支援マニュアル」https://www.town.ooki.lg.jp/material/files/group/9/sinnkimanyuaru.pdf

佐藤一絵（2016）「女性農業者の活躍における課題」『日本労働研究雑誌』

澤野久美（2012）『社会的企業をめざす農村女性達』筑波書房

ダイヤモンド・ハーバードビジネス編集部（2009）『動機づける力―モチベーションの理論と実践』ダイヤモンド社

中村貴子・澤野久美（2003）「女性による六次産業化と地域活性化」戦後日本の食料・農業・農村編集委員会編『食料・農業・農村の陸自産業化』農業統計協会

農林水産省（2023）「施設園芸をめぐる情勢」https://www.maff.go.jp/j/seisan/ryutu/engei/sisetsu/attach/pdf/index-1.pdf

農林水産省女性活躍推進室（2016）「農業における女性起業：現状と課題・施策」

水落重喜（2000）「女性と若者の活用が今の農村を変える」『農村生活研究』45（1）

水落重喜（2014）「共同経営でかなえた儲かる農家モデルと循環システム」『水の文化：ミツカン水の文化センター機関誌』46

渡辺めぐみ（2009）『生きがいの戦略 農業労働とジェンダー』有信堂

Herzberg, F. (2003) "One more time: How do you motivate employees? Forget praise. Forget punishment. Forget cash. You need to make their jobs more interesting", *Harvard Business Review*, January 2003

第14章

シー・シー・ダブル 金成葉子さん
：株式会社とNPOの「二刀流」で紡ぎ出す未来

社　　　名	株式会社シー・シー・ダブル
所　在　地	東京都
代　表　者	代表取締役社長　金成葉子
設　　　立	1978年11月29日
資　本　金	1,000万円
従業員数	150名
事業内容	ITサービス業，コンタクトセンター，地域＆ファミリーサービス
社会活動	NPO法人山梨ICT＆コンタクト支援センターの理事長を兼任

キーワード●健康経営　人道的アントレプレナー　変革型リーダー

1. はじめに

　金成葉子さんは1978年に女性の働く場を創造しようと1978年に起業した，ITサービス業における女性リーダーの一人である。コンピュータ産業は1980年代の我が国半導体産業の全盛期から，1990年代のインターネットやパソコンの普及を経て，2000年以降のスマホやタブレットの登場などで，大きく変化した。アウトソーシング事業を主体とする会社を取り巻く環境が変わり続ける中で，金成さんは的確な対策を講じ事業を発展させてきた。現在の同社の事業分野は大きくICTソリューション，グローバルサービス，地域・ファミリーサービスに分かれる。また，NPO法人山梨ICT＆コンタクト支援センターを立ち上げ，地域におけるICT教育や健康づくりの活動に取り組んできた。

　本章ではまず「金成さんの軌跡」において，IT産業の環境変化と金成さんの戦略的対応を振り返り，「健康」「地域」「ICT」をキーワードとした最近の

取組みについて紹介する。次に「企業家から学ぶ」では，人を重視する人道的アントレプレナーシップ，ビジョンにもとづき組織を変えてゆく変革型リーダーシップという視点から，株式会社とNPOの「二刀流」で紡ぎ出す未来について考える。

2. 金成葉子さんの軌跡

金成さんは山梨県で育ち，大学卒業後，1975年，大手コンピュータ会社に入社した。本社部門で，技術部門が携わる最先端技術を全国各支店にわかりやすく伝えるような役割をしていた。その当時はまだ女性がずっと企業で仕事をし続け，生活を両立させることが難しい時代だった。金成さんは，女性がずっと働ける会社を作りたいと，1978年にITサービスを行う有限会社シー・シー・ダブルを東京都に設立した。同社の歩みを我が国IT産業の歴史とともに概観しよう。

2.1 1980年代：我が国コンピュータ産業の発展期

シー・シー・ダブル（CCW）にはCareer Center for WomenとComputer Communication of the Worldという2つの意味が込められている。1つ目は女性が何かをしたいと思ったとき，ここに来れば何かができるという場を創りたいという思いである。2つ目はネットワーク時代に世界を制する企業に成長させたいという思いからである。有限会社として設立した3年後の1981年に株式会社シー・シー・ダブルに改組した。

コンピュータの民生利用は1960年代にIBM社がシステム360という大型汎用コンピュータを開発したことにより本格化した。我が国でも1970年代には銀行，大工場，鉄道会社などに情報システムが導入された。富士通，日本電気（NEC），三菱電機などの国産メーカーが大型・中型・小型コンピュータを開発し，システム開発にも取り組んでいた。また，1970年代後半には個人で利用できるパソコンが登場し，1980年代に入ると巨人IBMが参入した。同社は

パソコン市場進出にあたり，OSにマイクロソフト社を，CPU（中央制御装置）にインテル社を採用し，後の両者の発展につながった。1980年代は我が国のコンピュータ産業の最盛期とされる。大規模システム向けの大型・中型コンピュータ分野ではIBM互換型の国産コンピュータが普及し，中小規模システム向けにはオフコンが開発され，大企業の部門内システムや中小企業などに導入された。オフコンの多くは独自OSを搭載し，日本語処理能力の優れた独自OSによる国産パソコンやワープロ専用機も普及した。1980年代後半には半導体産業は世界一の競争力を誇っていた。

　こうした時代にシー・シー・ダブルはコンピュータ業界ではじめて，女性システムエンジニアや女性プログラマーを登録してもらう制度をスタートさせ，キャリアをもった女性が結婚・子育てで退職した後，在宅で働くことができる場を設けた。創業期の同社の主業務はコンピュータ会社向けのITサービス業務や関連ソフトウェアの開発であった。その後，パソコンの黎明期に入ると同社の業務は拡大する。1981年に富士通の最初の8ビットパソコンFM-8が発売されたが，金成さんは富士通の半導体事業部門よりソフト開発を受託し，さらにマイコンショーへの出展をサポートし，企画・ショー運営・デモシステムの開発等に参画した。当時既に世界のパソコン市場ではマイクロソフト社がOSにおいて優位にあったが，我が国では日本語処理能力の壁から，日本製の独自OSを搭載したパソコンが大いに売れた。

2.2　1990年代：オープン化・ネットワーク化の進展と事業再興

　1990年代に入ると「ネオダマ」と言われるネットワーク化，オープン化，ダウンサイジング，マルチメディアが進展した。それまでのネットワークは社内LANが中心だったが，インターネットが爆発的に普及した。LANとLANを結び付けるインターネットは米国で発展し，1980年代末に商用サービスが開始され，1990年に入るとWEBサイト閲覧方式が一般化した。オープン化は企業独自のOSや仕様にもとづくシステムから世界中で標準的なOSや仕様にもとづくシステムへの移行である。我が国では事業向け小型コンピュータでの

表14.1　IT発展とシー・シー・ダブル社の歩み

		1980年代	1990年代	2000年代	2010年代～
ICT産業	世界	アップル社などパソコン発売（1976） IBMパソコン進出（2001） アップルMac（2004）	インターネット普及 オープン化進展	光ファイバー普及 iPhone（2007）	スマホ普及 IoT・ビッグデータ，AI SNS普及 生成AI
	日本	PC98シリーズなど独自OSの国産パソコン ワープロ専用機 半導体産業隆盛期	ネットワーク化 オープン化 Windows機の普及 ワープロ専用機衰退	IT基本法（2001） アウトソーシング オフコン衰退 国際化	高齢化・人口減少社会の進展 「ソサエティ5.0」 「DX」
CCWの歩み		国産パソコン等（独自OS）のソフト制作，サポート業務	Windowsパソコン等のソフト制作，サポート業務	ICTサービス事業確立 アウトソース企業としての地位確立 国際展開	ICTサービス事業 国際事業 健康事業 健康経営の推進
			北海道に地域密着型開発拠点を設けるが景気低迷などから撤退	山梨事業所開設（2003）	NPO法人山梨ICT&コンタクト支援センター（2011）

出所：同社資料にもとづき作成

UNIXやパソコンにおけるWindowsなど標準化が進み，国内コンピュータ会社の独自OS搭載機の優位性が崩壊した。ダウンサイジングは半導体技術の発展によるコンピュータの小型化で，こうした進化は文字のみから静止画像（後には動画像）や音楽など情報表現の多様化（マルチメディア化）をもたらした。一方，バブル崩壊による消費縮小や阪神淡路大震災の影響，さらに不良債権問題が顕在化し金融機関の倒産が起きるなど日本経済は低迷し，コンピュータ産業も試練の時代を迎えた。

　こうした技術面の環境変化により1990年代前半になると中型・小型コンピュータに関係するサポートセンター業務は減少し，シー・シー・ダブルは事業再構築を余儀なくされた。金成さんはオープン化やネットワーク化がさらに進むと考え，その分野に資源を集中させることにし，1991年にUNIXやネットワーク事業に本格的に進出した。さらに地域密着型で情報システムを受注・開発する構想を打ち出し，1992年に北海道内に大規模な開発拠点を設けた。

1993年にそれまで独自OSを搭載してきた富士通がはじめてのWindows搭載パソコンFM-Vを発売したが，その際に同社からサポートセンター業務を受注することに成功した。さらに1995年には富士通OA株式会社より高度な専門性が必要なパソコンのテクニカルサービスを受注した。また，マイクロハウス社のナレッジデータベースパッケージ「サポートソース」日本総販売元となり，1996年にはPCサポートナレッジソフトパッケージを開発した。一方，北海道内の開発拠点は，バブル崩壊に伴う地域大手銀行の破綻などから受注が低迷し経営体力を奪われたため閉鎖を余儀なくされ，1999年に山梨県にソフト開発部隊を移行した。

2.3　2000年代：アウトソーシング会社としての地位確立

　我が国政府がITを通じた経済発展の重要性を認識したこの時期，2001年にIT基本法が施行され，高速インターネットの普及に国を挙げて推進された。インターネットの高速化と一般への普及が進んだことに伴い，電子商取引，SNS，動画配信や音楽配信などの新たなビジネスが生まれた。一方，半導体産業は台湾や韓国に対し徐々に競争力を失っていった。また，携帯電話においては1999年の「iモード」でネットワーク社会に突入したが，2007年のiPhoneやandroidといったスマホが登場することで，国産携帯電話メーカーは急速に競争力を失っていった。

　同社はシステム企画・開発・運用保守の全フェイズについて，コンタクトセンター業務を含め様々な形で顧客企業にサービスを提供する，ICTアウトソーシング企業として確固たる地位を築くようになった。コンタクトセンターとは企業または組織の顧客接点の中心的な存在として，電話など非対面のチャネルを通じて，顧客満足度の向上と企業の利益を最大化することを目的とし様々な顧客サービスを提供する組織である[1]。従来はコールセンターと呼ばれていたが，近年では電話だけでなく，電子メールや，SNS，チャットなども活用して

---

(1)　一般社団法人日本コンタクトセンター教育検定協会　KONKEN用語集

いるので，コンタクトセンターと呼ばれるようになった。同社は2004年には世界で初めて，顧客企業に近接するタイプのコンタクトセンターとして国際マネジメント規格「COPC（Customer Operations Performance Center）」認証を取得した。2009年には江蘇信必達信息科技有限公司を設立し，2010年にコンタクトセンターを山梨と新宿（本社）に移行した。また，この時期，中国などへのICTアウトソーシング事業の国際化が進んだが，同社もグローバルサービス事業として，中国をはじめとするアジア各国に拠点を設け，クラウド等を通じコスト競争力のあるICTサービスを展開している。

2.4　2010年代：「地域×ICT×健康」

2010年代に入るとスマホの普及に伴いGoogle, Appleなど巨大プラットフォーマーが地球規模で影響力を持ち始める一方で，コンピュータ産業では日本の国際競争力に陰りが出てきた。また，高度化したICTによる「事業革新（DX）」や社会的課題の克服「ソサエティ5.0」などのビジョンが国から示された。「ソサエティ5.0」はIoT（Internet of Things）により全ての人とモノがネットワークにつながることで，様々な知識や情報が共有され，AIにより新たな価値が生み出され，経済的・社会的の課題克服につながる社会である。一方で，少子高齢化が一段と進み，東日本大震災を経て，健康・安全・防災への関心が高まってきた。

2010年代の金成さんの経営におけるキーワードは「地域」「ICT」「健康」である（図14.1）。2003年に山梨事業所を開所し，開発業務並びに地域・ファミリーサービス事業を展開する拠点とし，2010年には本格的な「健康経営」に乗り出した。これら企業活動とNPO活動は産官学連携につながっている。本業のICTでは，引き続き開発業務や人材育成に注力するとともに，農業DX（ITを活用した農業の事業革新）に積極的に取り組んできた。こうした活動は企業活動と後述するNPO活動を車の両輪とし，産官学連携を組み込んで推進されている。

図14.1　金成さんの2010年代のキーワード：「地域×ICT×健康」

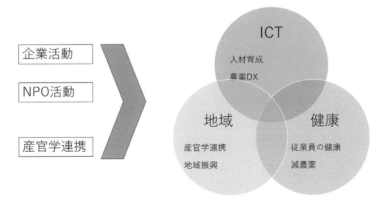

出所：同社資料にもとづき作成

2.4.1　非営利組織の立ち上げ

　金成さんは2011年にICT人材育成と地域貢献を目的としてNPO法人山梨ICT&コンタクト支援センターを設立し，理事長に就任した。

　同法人の事業は大きく2つに分かれる。第1が山梨県におけるICT人材育成の支援である。事業として，地域課題とICT活用の重要性をテーマとした「山梨ICT地産地消フォーラム」の開催，情報セキュリティ啓発セミナー「セキュリティ・ミニキャンプ」，中学生以下を対象とした「U-16山梨プログラミングコンテスト」，小学生を対象とした「こどもプログラミング教室」の運営などである。「セキュリティ・ミニキャンプ」は，類似事業の多くが大都市圏に限られる中，地元教育機関と連携し地域で実施することが評価されている。また「こどもプログラミング教室」は，モノづくりとプログラミングの一体的な学習を進めるユニークな形式で，はんだコテを使ってマイコンを小型ロボットに取り付ける楽しさを体験できる。第2がICTに携わる人材の心身の健やかさを保つため，自然に親しみストレスを緩和できるような農園の運営である。同法人は2015年から南アルプスの麓，山梨県北杜市白州町で自然に近い形で野菜＆ハブ作りを行う「ぐーももファーム」を運営し，シー・シー・ダブル社員だ

けでなく一般の農業体験も受け入れている。農業体験は，自然に触れ合い，楽しみながら心と体のバランスを保ち，メンタルヘルス不調を予防し，また，不調者の職場復帰に繋がることが期待されている。

2.4.2 健康経営へのリーダーシップ

金成さんは，業界団体（一社）ソフトウェア協会メンタルヘルス研究会（現健康経営研究会）の主査を務め，業界全体の健康経営促進にリーダーシップを発揮してきた。メンタルヘルス研究会は，協会会員企業のメンタルヘルス取組支援の向上に寄与することを目的に，2014年10月に設立され，情報共有や，休業等を余儀なくされた社員の職場復帰支援や予防的取組み，安全配慮対応等について検討してきた。同研究会の主な事業は，メンタルヘルスに関する調査研究，健康経営表彰制度など国の施策に関する勉強会，先行事例の視察などである。またNPO法人山梨ICT&コンタクト支援センターが運営する「ぐーももファーム」は，同研究会と連携し，企業会員を募り，農業体験を通じたメンタルヘルス向上の場を提供する「自然と健康の会」という法人向けサービスを提供してきた。

また，シー・シー・ダブルは2016年10月に「健康企業宣言」を行い2017年には健康優良企業「銀の認定」（健銀第40号）を取得した。健康企業宣言は，経済産業省が企画したもので「従業員の健康は企業の誇り，活気ある職場は従業員の健康づくりから」という理念のもと，企業全体で健康づくりに取組むことを宣言するものである。同社は健康企業宣言にもとづき健康診断やメンタルヘルス対策，ワーク・ライフ・バランスの推進など，多角的・体系的な従業員の心身の健康づくりに努めている。健康経営は，従業員の健康保持・増進の取組が，将来的に収益性等を高める投資であるとの考えの下，健康管理を経営的視点から考え，戦略的に実践することにより，従業員の活力向上や生産性の向上等の組織の活性化をもたらし業績向上や組織としての価値向上へ繋げるものである（経済産業省ヘルスケア産業課，2018）。また，シー・シー・ダブルのようなITサービス業においては，プロジェクト遅延が大きなストレス要因な

222

ので，プロジェクトマネジメント力の向上にも力を入れてきた[2]。同社は2019年に経済産業省と日本健康会議が共同で顕彰する「健康経営優良法人2019」に認定された。これは日頃から，社内でも従業員の健康維持・増進を目的とした取組みを実践し，食生活の改善，コミュニケーションの促進などに取り組んできたことが評価されたものである。

2.5　コロナ禍で実を結びつつある「地域」×「ICT」×「健康」

　コロナ禍にあって「地域」「ICT」「健康経営」をキーワードとした取組みが実を結ぼうとしている。第1に2022年に産学官による「山梨オーガニックワイン推進コンソーシアム」が設立され，主要メンバーとしてICTを通じた農業革新に取り組んでいる。この団体には他に山梨県や山梨大学などが参加し，農薬量削減，最終的には無農薬によるブドウ栽培を進め，これを醸造したオーガニックワインを普及させることを目指している（図14.2参照）。減農薬や無農薬の重要性は認識されているが，病虫害による収穫量減，コストアップの危惧から踏み込めない農家が多いのが実情である。そこで同社は山梨大学と協力し，ブドウ畑に設置されたセンサーから収集されたデータを地域の膨大な病虫害等の栽培データと照らし合わせ分析し，作業者に情報提供することで，収穫量を減らさず，減農薬でブドウを育てる栽培法を開発している。第2に2021年にNPO法人山梨ICT&コンタクト支援センターが関わってきた，北杜市の白州地域農泊推進協議会が農林水産省から全国600弱の「農泊地域」の1つとして採択された。「農泊」とは，農山漁村地域に宿泊し，滞在中に豊かな地域資源を活用した食事や体験等を楽しむ「農山漁村滞在型旅行」のことで，地域資源を観光コンテンツとして活用し国内外の観光客を呼び込み，地域の所得向上と移住・定住も見据えた活性化を狙いとしている[3]。国の交付金を受け，農園「ぐーももファーム」を拠点として，より魅力のある農業体験や料理メ

---

[2]　厚生労働省中央労働災害防止協会（2011）によると，混乱したプロジェクトはメンバーに身体的にも精神的にも多大な影響を及ぼし，しばしば精神疾患が多発する。
[3]　農林水産省（2022）

図14.2　「山梨オーガニックワイン推進コンソーシアム」

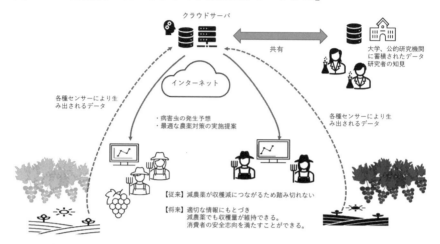

出所：同社資料にもとづき作成

ニューの開発に努めている。

3. 企業家から学ぶ
：人道的アントレプレナーシップと変革型リーダー

　金成さんは経済的価値だけでなく社会的価値を求めてきた。創業動機は，女性が働き続けるための場を提供したいという思いからだった。地域のIT振興のためNPO法人を立ち上げたり，企業内や業界団体で従業員の健康の重要性を訴え続けたりしてきた。金成さんの軌跡から，企業と人の成長を目指す人道的アントレプレナーシップと人の成長を促す変革型リーダーについて考えよう。

3.1　人道的アントレプレナーシップ

　人道的アントレプレナーシップは，イノベーションを通じた企業の成長とともに，「人」すなわち従業員やパートナーの成長をめざす経営哲学で，Kim et al.（2018）が提唱した（表14.2）。

　第1にイノベーション等を通じた成長のため，「リスクテイキング」「積極性」「革新性」並びに「企画」「実現」という組織文化を育まなければならない。「リスクテイキング」「積極性」「革新性」は第2章で扱った企業家精神（EO）の3要素であるが，これに事業機会をどうビジネスに結びつけるか設計する「企画」並びに，迅速に取り組む「実行」も，欠かせない組織文化であるとする。第2に従業員の人間的成長のために，「共感」「公平性」「権限委譲」「人的資源開発」「運命共同体意識」の組織文化を育む。「共感」は，管理者と従業員の間で，あるいは従業員同士で，知識や情報だけでなく，思い・気持ち・感情を分かち合う態度である。「公平性」は，性別，肌の色，宗教，学歴等で差別せず，公平に扱うという姿勢である。「権限委譲」とは経営トップ層や本社にとって中央集権的に意思決定を行うのではなく，組織階層的に下位の者や，海外支社・事業部などに決定権を委ね，一人ひとりが主体的に行動できるようにする。「人的資源開発」とは，組織の成員一人ひとりがスキル・知識を向上する環境を企業が積極的に提供する。「運命共同体意識」は取引相手や従業員，顧客，地域社会などがなければ企業が成り立たないことを認識し，利害関係者と共存共栄を図ってゆく姿勢である。

表14.2　人道的アントレプレナーシップの要素

価値創造の鍵	項目	内容
イノベーション等を通じた，企業の成長	積極性（proactiveness）	事業機会を探索する
	リスクテイキング（risk taking）	リスク負担を厭わない
	革新性（innovativeness）	イノベーションを探求する
	企画（envisioning）	事業構想やビジョン策定
	実行（execution）	リーダーシップやマネジメント
人間中心的なマネジメントにもとづく，従業員の成長	共感（empathy）	組織内で知識だけでなく気持ち・感情を共有する
	公平性（equity）	従業員処遇，パートナー選定等の公平性
	権限委譲（empowerment）	組織階層や海外支社等への権限委譲
	人的資源開発（enablement）	従業員の能力開発
	運命共同体意識（ecosystem）	取引相手，従業員，地域等のステイクホルダーとの健全な協力関係

出所：Kim et al.（2018）にもとづき作成

こうした「企業の成長」と「従業員の成長」の2つを，組織文化として定着させるためには，変革型リーダーの取組みが参考になる。

3.2 人の成長を促す変革型リーダー

第4章で述べたように，変革型リーダーシップにおける「変革」は，当初は「人を変革する」という意味であったが，その後，環境不確実性が高まる中で「企業や組織を変革する」という意味が加わった。代表的論者であるコッター（Kotter, J.P.）によると，変革型リーダーが目的を達成するためには「ビジョン」「態勢づくり（組織構築）」「（自己実現欲求や承認欲求など）高次元の欲求に訴える動機付け」の3つが欠かせない（Kotter, 2001）[4]。コッターのモデルに従い，金成さんの足跡と関連付けて考えよう（表14.3）。

表14.3 コッターによる変革のステップ

	変革型リーダーシップ	金成さんの取組み
ビジョン	組織が向かうべき方向，実施すべき事を明確に示す	企業の成長と従業員の成長に関する「未来の青写真」を示す。従業員だけでなく同業者（取引相手）や地域に対しても共有できる価値観を示す
態勢づくり（組織構築）	なぜ実施すべきか，どのように実行すべきか，関係者に浸透させ，目標に向かう態勢づくりをする	強制・管理ではなく従業員の自主性と対話を重んじ，各自が同じ方向に向かうように努める。NPO法人の設立・運営や業界団体の活動を通し，同業者や地域に対しても組織構築に努める
高次元の欲求に訴える動機付け	社員の承認欲求，自己実現欲求に応える	「未来の青写真」の中で「自分はこうありたい」と想像してもらい，多忙で仕事に追われがちな社員に目標を設定して，それに向かって努力することで承認欲求や自己実現欲求を満たすことを促す

出所：Kotter（2001）を参考に作成

コッターの変革のステップの1つ目は「ビジョン」である。金成さんは「イノベーション等を通じた企業の成長」とともに，「健康経営，地域貢献，業界

---

(4) マズローの欲求段階説を下敷きにしている。欲求段階説では低次元の欲求（生存欲求，安全欲求，愛と所属の欲求）に対し，他者から評価されたいと願う承認欲求や自己実現欲求は高次元の欲求としている（マズロー, 2001）。

の健全発展と人材育成を通じた従業員の成長」という方針（未来の青写真）を示し，同時に同業者・取引相手・地域に対して共有できる価値観を示してきた。2つ目は「なぜ実施すべきか」「どのように実行すべきか」を関係者に浸透させ，目標に向かう態勢づくりに心血を注いだ。従業員に対して強制・管理ではなく自主性と対話を重んじ，各自が同じ方向に向かうように努めた。一方，同業者・取引相手・地域に対しても，業界団体での活動やNPO法人設立・運営などを通じ，共通目標に向かう関係構築に努めた。3つ目は承認欲求や自己実現欲求など高次元の欲求に訴える動機付けである。従業員には，企業の「未来の青写真」の中で，自分はどうありたいのか，想像してもらう。多忙で仕事に追われがちな従業員に対し，目標を設定して，目標に向かって努力することで承認欲求や自己実現欲求を満たすことを促した。例えば，農業DX（農業におけるICT革新）という「未来の青写真」で産学官の連携ロードマップを具体的に示し，ICT技術者が自分自身の目標を設定し，そのためどう学び，どう働けばよいのか確認してもらう。また，NPO活動にあたって，従業員がボランティアとして参加することを無理強いするのでなく，個々の価値観に沿っていると考える者だけが自主的に参加するように徹底させている。

　こうした地道な取組みが「イノベーション等を通じた企業の成長」「人間中心的なマネジメントにもとづく従業員の成長」という組織文化の確立につながる。

4. 結び

　金成葉子さんは女性の働く場創出のため，1978年に起業した，ITサービス業における女性リーダーの一人である。金成さんは健康経営を経営上の「コスト」ではなく社会的価値向上を目指す戦略的な「投資」としてとらえ，社内での推進だけでなく，業界団体でも主体的に活動してきた。また，2010年に金成さんはICT人材育成と地域貢献を目的としてNPO法人山梨ICT＆コンタクト支援センターを設立した。それ以降，「地域」「ICT」「健康経営」をキーワー

ドとして営利企業とNPO法人の「二刀流」で産官学連携を進め様々な事業を手掛けた。こうした取組みは「山梨オーガニックワイン推進コンソーシアム」「農泊地域」など実を結ぼうとしている。

　「企業家から学ぶ」編では，金成さんの軌跡から，人道的アントレプレナーシップ並びにコッターの変革型リーダー論について検討した。人道的アントレプレナーシップは，イノベーション等を通じた企業成長だけでなく，人間中心的なマネジメントによる従業員の成長を促し，永続的発展につながる組織文化である。こうした組織文化を生み出すには「人を変革する」と同時に「企業や組織を変革する」ことを促す変革型リーダーが欠かせない。

【参考文献】

アブラハム・マズロー（著）/金井壽宏（監訳）/大川修二（訳）（2001）『完全なる経営』日本経済新聞社

経済産業省ヘルスケア産業課（2018）「健康経営の推進について」

厚生労働省（2019）「働き方改革：一億総活躍社会の実現に向けて」リーフレット

厚生労働省中央労働災害防止協会（2011）「IT業におけるストレス対処への支援」

内閣府（2017）『平成29年度年度経済財政報告』

農林水産省（2023）「農泊をめぐる状況について」

Ki-Chan Kim, Ayman El Tarabishy, and Zong-Tae Bae (2018) "Humane Entrepreneurship: How Focusing On People Can Drive a New Era of Wealth and Quality Job Creation in a Sustainable World," *Journal of Small Business Management*, Vol.56, pp.10-29

Kotter, J.P. (2001) "What leader realy do?", *Harvard Business Revie*, Dec. 2001

Kotter, J.P. (1995) "Leading Change: Why Transformation Efforts Fail The 8 Steps for Leading Change", *Harvard Business Revie*, May-June. 1995

第15章

石坂産業 石坂典子さん
：組織文化として根付く共通価値創造（CSV）経営

社　　　　　名	石坂産業株式会社
所　　在　　地	埼玉県三芳町
代表取締役社長	石坂典子
創　　　　　立	1967年7月
創　　業　　者	石坂好男
資　本　金　等	5,000万円
売　　上　　高	70億円（2022年8月期）
従　業　員　数	約200人（2023年1月）
事　業　内　容	産業廃棄物中間処理業（再生事業者登録有），収集運搬業・積替保管許可，再生品販売業（再生砂・砕石・木材チップその他），古物商，環境教育事業

キーワード●CSV経営　組織文化

1. はじめに

　石坂産業は1967年に石坂好男氏が創業した，建設系の産業廃棄物を引き受けて中間処理をする会社である。石坂典子さん（以下，石坂さん）は石坂氏の娘で東京都生まれ，アメリカ留学後，1992年に父親が創業した石坂産業に入社した。会社の危機に立ち向かうべく，父親に直談判して，2002年から代表取締役会長である父親のもと，取締役社長として経営に携わる。売上高の7割を占めていた焼却事業から撤退し，建設系混合廃棄物のリサイクル事業に資源を集中するなど，大胆な改革を断行し，社内外から評価される成果を上げた。2013年に代表取締役社長に就任した後も，先進的な経営を進め，現在，「世界

229

一愛される会社」を目指して国内外で高い評価を受けている。小論で石坂さんの軌跡を振り返り，その成功の秘訣を，組織文化として根付く共通価値創造（CSV）経営という視点でみてみよう。第2節では石坂産業の歴史と石坂さんの経営者としての軌跡を時系列的に振り返る。第3節ではCSV並びに組織文化について，経営学の理論フレームを踏まえて，石坂さんの取組みの先進性を示したい。

2. 石坂典子さんの軌跡

　第2節では最初に産業廃棄物処理業とはどのようなものか概観し，石坂さんの父親である石坂好男氏の起業，石坂産業の発展，危機，石坂さんの経営者としての取組みについて時系列的にみてゆこう。

2.1　産業廃棄物処理業とは

　廃棄物は大きく一般廃棄物と産業廃棄物に分かれる。産業廃棄物は，事業活動に伴って生じた廃棄物のうち，燃え殻，汚泥，廃プラスチック類，金属くず，ガラス・コンクリート・陶磁器くず，繊維くずなど法律によって定められた20種類である。それ以外は一般廃棄物に分類される。一般廃棄物には家庭で出される可燃ごみ，不燃ごみ，粗大ごみなどに加え，事業所で出される事業系一般廃棄物（可燃ごみ，粗大ごみ）が含まれる。一般廃棄物の処理は行政が責任をもって行い，産業廃棄物は排出事業者が自ら責任をもって行うのが原則である。

　次に産業廃棄物のフローをみてみよう。廃棄物の量である約3.9億トンを100とすると排出事業者から直接リサイクルされるのが20，直接，最終処分（埋立・海洋投棄）されるのが1である。残りは，排出事業者が産業廃棄物処理業に委託して処分される。産業廃棄物処理業は大きく収集運搬業，処分業（中間処理），処分業（最終処理）に分かれ，それぞれ専門業者がある。また複数の領域を扱う業者もいる。収集運搬業は名前の通り，廃棄物の収集運搬を排

図15.1 我が国における産業廃棄物のフロー図（2019年）

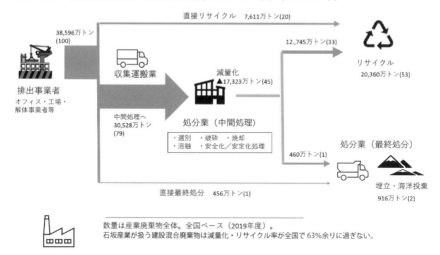

数量は産業廃棄物全体。全国ベース（2019年度）。
石坂産業が扱う建設混合廃棄物は減量化・リサイクル率が全国で63％余りに過ぎない。

出所：平成30年度建設副産物実態調査結果にもとづき作成

出事業者から委託されて行う業者である。中間処理はリサイクルの要となる事業で，廃棄物の減量化，最終処分に適した無害な形にする安全化，有害物質の流出を防ぐ安定化なども目的とし，そのために選別，破砕，焼却，溶融，化学処理などの作業を行う。総排出量を100とすると，中間処理には79が運ばれ，減量化（▲45）された後，33がリサイクルに回り，最終処分は1に過ぎない。全体では，減量化・リサイクル率は98％に達する。ただし，この数字はあくまで産業廃棄物全体であり，石坂産業が手掛けている建設混合廃棄物の全国ベースの減量化・リサイクル率は63％余りに過ぎない[1]。

2.2　石坂産業の起業，発展

　石坂さんの父親である石坂好男氏は埼玉県の農家の出身である。中学校を卒業後，魚屋見習い，タクシー運転手，長距離運転手などの職業についた後，ダ

（1）平成30年度建設副産物実態調査結果

ンプカーを購入し，1967年に練馬区に土砂処理業として有限会社石坂組を設立した。1975年には事業者から排出される産業廃棄物を埋め立て場に運ぶ収集運搬処理業を主な業務とするようになった。そして1986年2月に有限会社石坂組から石坂産業株式会社に商号変更し産業廃棄物の中間処理業に進出した。創業の思いは「ゴミをゴミにしない社会をつくりたい」「社会に貢献したい」ということであった。

　ここで廃棄物行政を振り返ろう。1970年に公衆衛生対策並びに生活環境保全を目的として廃棄物処理法が成立し，市町村が処理責任を有する一般廃棄物と，排出事業者が処理責任を有する産業廃棄物に区分された。都市化と高度成長により最終処分場の容量が急速にひっ迫していた。環境省（2014）によると産業廃棄物排出量は，1975年の2.3億トンから1985年には3.1億トン，1995年には3.9億トンに増えていった。焼却・破砕により産業廃棄物は減量化された後に，最終処分（埋立）にまわるのだが，1990年代には廃棄物急増に焼却・破砕能力が追い付かず，最終処分場のキャパシティが不足し，1995年時点で残余年数が3年になるという厳しい状況に陥った。

　1990年までに石坂産業は3つの焼却炉をもつ地域最大手の中間処理業者に成長していた。さらに，地域の環境保全にも配慮し，1997年に当時の法規制レベルの先を行く最新鋭のダイオキシン対策炉を全国でも最初期に導入した。石坂好男氏も社員も廃棄物減量を通じて地域に貢献しているという自負をもって仕事をしていた。ところが，1999年，いわゆる「所沢ダイオキシン騒動」が石坂産業を直撃した。テレビニュースで所沢産の葉野菜から高濃度のダイオキシンが検出されたと報道された。後に誤報であることが明らかになるのだが，その報道を契機に，焼却設備や中間処理業者に対する住民のネガティブな感情が一気に高まってしまった。石坂産業はダイオキシン対策を既に実施していたにもかかわらず，地域最大手の事業者であったために，「地域を汚染する会社」と一方的にレッテルを貼られ，「出て行け」という集中砲火を浴びた。署名運動や行政訴訟，さらに本社前に監視小屋までができた。もはや理屈ではなかった。顧客の一部は，自社のイメージ悪化を恐れて取引を停止した。

2.3　父娘伴走時代：石坂典子さんが進めたイノベーション

　会社の危機に立ち上がったのが石坂典子さんである。石坂さんは，産廃処理はきつくて大変だが，誰かがやるべき誇れる仕事であるという信念をもっている。石坂さんは父親に「私に社長をやらせてください」と頼んだ。最初は「女には無理だ」と言っていた好男氏も，その熱意にほだされ，1年で目に見える成果が出なければ降格する条件で，経営リーダーである取締役社長に石坂さんを据えた。ただし好男氏は代表取締役会長として，最終的な経営責任をとることにした。父娘の伴走が始まった。石坂さんは好男氏を説得し，次々と抜本的な事業改革を行った。事業領域の見直し，業務プロセスの刷新，そして地域クラスターづくりに分けて改革の内容を述べよう。

2.3.1　事業領域の見直し：建設系混合廃棄物のリサイクル事業への転換

　事業領域（ビジネス・ドメイン）の見直しは，製品・サービスまたは顧客ターゲットを変更することで，経営戦略の根幹にかかわることである。石坂さんは，住民反対運動の激化を受け「地域に愛される会社」になるため，主力事業のビジネス・ドメインを「建設系廃棄物を焼却等により減量化すること」から「建設系混合廃棄物を資源に変え，地域の幸福に寄与すること」に変えたのだ（図15.2参照）。前述の通り，建設系混合廃棄物の減量化・リサイクル率は産業廃棄物全体に比べて著しく低く，大胆な挑戦とも言えた。建設廃棄物は建物を造ったり解体したりする際の廃棄物で，建設系混合廃棄物は鉄骨，コンクリートなどに木くずや紙くず等のその他廃棄物が混じりあったものである。混合廃棄物を減量化・リサイクルするためには，時間と労力をかけて人手で選り分ける必要があり，粉塵も出やすい。処理事業者からも作業者からも敬遠され，混合廃棄物の減量化・リサイクル率は著しく低かった。ごみ焼却事業は当時の売上高の7割を占め，設備新鋭化のために当時の売上高の75％にあたる15億円を投じていたが，混合廃棄物のリサイクルへの転換にかけたのである。

図15.2　事業領域見直し：建設系混合廃棄物リサイクル事業への転換

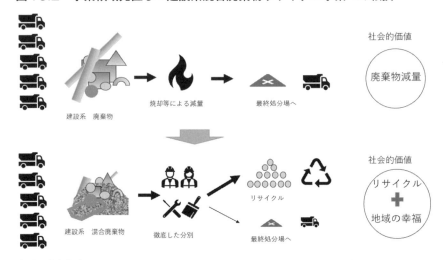

建設系　廃棄物　　　焼却等による減量　　　最終処分場へ　　　　社会的価値　廃棄物減量

建設系　混合廃棄物　　徹底した分別　　　リサイクル　　最終処分場へ　　社会的価値　リサイクル ＋ 地域の幸福

出所：筆者作成

2.3.2　業務プロセスの刷新：焼却炉廃炉と全天候型処理プロセス導入

　事業領域の見直しに伴い，業務プロセスの刷新を図った（図15.3参照）。ま
ず最新鋭の焼却設備を廃炉とし，40億円を投じて混合廃棄物の選別・破砕・
安定化等を天候に左右されずに効率的に実施するため「全天候型独立総合プラ
ント」を設置した。選別作業場や破砕設備など処理プロセス全体を建物で覆う
ことで，廃棄物やリサイクル製品の保管がしやすくなり，雨で廃棄物から汚水
が漏れ出したり風で粉じんが飛散したりすることがなくなった。勿論，作業者
にとっても屋外での選別作業に比べ，体に優しくなる。また資源再生化に向け，
機械メーカーとの共同開発に取り組んだり，様々なプロセシング装置を組合せ
最適な活用法を工夫したりした。搬入された「混合廃棄物」は，まず，廃プラ
スチック類を主とするもの，木材を主とするもの，がれき類などに，大きく選
別され，次に専用処理ラインで，プロセシング装置と手作業により徹底的に選
別し再資源化している。その結果，廃プラスチック類から製造した固形燃料，
がれき類からは路盤材，駐車場敷石などが，木材からは製紙用・ボード用・燃

図15.3　業務プロセスの刷新

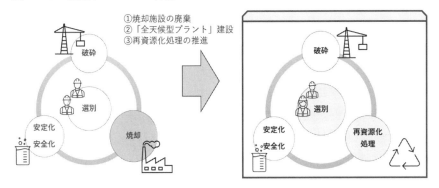

①焼却施設の廃棄
②「全天候型プラント」建設
③再資源化処理の推進

出所：筆者作成

料用・敷料エコモアチップが生まれている。このようなプロセス刷新と技術開発により石坂産業の2020年現在の減量化・リサイクル率は，建設系混合廃棄物の全国平均が63％程度であるのに対し，全国最高水準の98％に達している。

2.3.3　地域クラスターづくり：くぬぎ山地区の再生

　地域クラスターは，企業，研究機関，公的機関などがブドウの房（クラスター）のように連なり，競争や連携を通じ，互いに好影響を与え合い，イノベーション創出につながるネットワークが形成されることである。石坂さんの活動が引き金となり，同社が立地するくぬぎ山地区を中心に，川越市，所沢市，狭山市，三芳町にまたがる広域（三富地区）の緑地空間において環境保全・生物多様化に向けたクラスターが形成された（図15.4参照）。

　この地区は江戸時代に新田開発とそれに伴う植林により形成され，農業活動を通じ生物多様性が維持されてきたが，都市化による農地縮小と化学肥料普及により雑木林が変質し，動植物の生息環境が脅かされた。石坂さんは，多くの生きものが暮らせる，生物多様性に配慮した雑木林（里山）を取り戻したいと考えた。そこで自社用地に，活動に共感する地主からの借地を併せた地域で，生態系の再生に取り組んだ。生物多様性に配慮した里山再生は日本生態系協会

図15.4　地域社会にクラスター形成

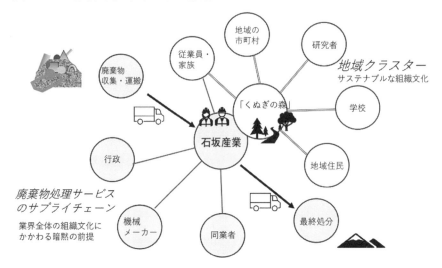

出所：筆者作成

（JHEP）の環境評価手法でも高く評価され，2012年には生物多様性に関する最高ランクである，JHEP認証AAAを取得した。その後も順次エリアを拡大し，現在では東京ドーム約4.5個分の敷地の約80％に里山を再生し「三富今昔村」として地域に開放している。この活動を通じサステナブルな地域クラスターが生まれた。地域住民は里山を散策して四季の自然の移ろいを楽しみ，小中学生は自然観察を行い，研究者は希少生物の生態を調べた。さらに同社従業員も地域の一員として自然を楽しむ一方，積極的に維持活動に取り組むようになった。さらに廃棄物収集・運搬から中間処理，最終処分に至る産業廃棄物処理のサプライチェーンを構成する事業者達にとっても，産業廃棄物処理に対する住民の負のイメージが払拭され，地域でプライドをもって仕事ができるようになった。

2.4　代表取締役への就任

　石坂さんの改革は大きな成果を挙げた。2013年に代表取締役社長に就任し

た後も，先進的な経営を進めた。同社の売上高は2000年には20億円程度であったが，2022年度には70億円に達した。従業員数は40人から200人になった。何よりも地域で愛され，多くの地域の人達が里山を訪れ，「地域に愛される会社」として知られている。

3. 企業家から学ぶ：サステナブルな組織文化を根付かせる

　第2節では，石坂さんのイノベーションの軌跡をたどった。第3節では，CSV経営ならびにサステナブルな組織文化の構築といった点から，その軌跡をたどってみよう。

3.1　CSV経営

　CSV経営は一言で述べると「社会的責任を果たし，同時に企業の競争力を高める活動」である。CSV（Creating Shared Value）は企業戦略論で有名なポーター（Poter, M.E.）が提唱した概念で，「共通価値（または共有価値）の

図15.5　Creating Shared Value（CSV）経営

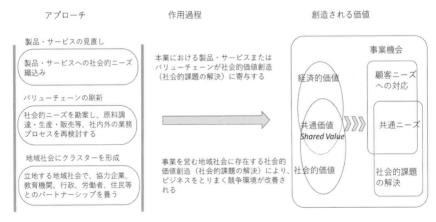

出所：Porter and Kramer（2011）にもとづき筆者作成

創造」と訳される。Porter and Klamer（2011）によると，共通価値創造とは，事業を営むコミュニティにおいて社会的価値と経済的価値を同時に拡大するよう努め，企業の競争力向上につなげることである。次にCSV経営における3つのアプローチと2つの作用過程を検討しよう（図15.5参照）。

　第1にCSV経営のアプローチには，製品・市場の見直し，バリューチェーンの刷新，地域社会におけるクラスター形成という3つがある。1つ目が製品と市場の見直しで，社会的価値が高い商品やサービスを生み出すことで，社会的価値と経済的価値をともに生み出す。2つ目がバリューチェーン刷新である。バリューチェーンとは，顧客価値を生み出す企業内外の活動を分類したもので，主活動として（1）部品受入，（2）製造，（3）出荷，（4）マーケティング，（5）アフターサービスの5つが，支援活動として（1）企業インフラ，（2）人的資源管理，（3）技術開発，（4）調達の4つがある。こうした活動にあたって，資源有効活用，環境負荷，労働時間など社会的課題が生じているなら，プロセス刷新が必要である。3つ目に拠点を置く地域における「地域クラスターの形成」である。クラスターはもともとブドウの房を意味し，地域において他の企業，教育機関，研究機関，NPO，物流企業，自治体，住民などと連携しあい社会的課題の解決に寄与することである。ポーターは，パートナーを支援したり，十分な連携をしたりすることで，経済活動・社会的活動の制約を解消すべきとしている。

　第2にこうした取組みにより，2つの作用過程を通じ共通価値が生み出される。1つ目に，本業を通じ，製品・サービスまたはバリューチェーン刷新により社会的課題が解決され共通価値が創造される。2つ目に，事業を営む地域社会における社会的課題を解決することで，ビジネスをとりまく競争環境が改善される。

　石坂さんの取組みを，CSV経営の3つのアプローチにあてはめて，考えてみよう。1つ目の「製品と市場の見直し」については，事業領域を見直し，建設系混合廃棄物のリサイクル事業への転換を行った。従来の主事業である建設廃棄物の焼却等は，廃棄物の減量という点で社会的価値が高いものであるが，混

合廃棄物のリサイクル事業は困難な社会課題解決という点でより社会的価値が大きなものと言えよう。2つ目の「バリューチェーンの刷新」については，まず最新鋭の焼却設備を廃炉し，40億円を投じて「混合廃棄物」の選別・破砕・安定化等を天候に左右されずに効率的に実施するため「全天候型独立総合プラント」を設置したことが挙げられる。3つ目の「地域クラスターの形成」については，自然と触れ合えるくぬぎ山の整備を通じて，地域において他の企業，教育機関，研究機関，NPO，物流企業，自治体，住民などが互いに連携しあう場をつくった。まとめると，本業におけるサービス見直しとバリューチェーン刷新によりリサイクル率が向上し地域の幸福に寄与し，地域社会のクラスター形成でサステナブルな地域文化ならびに組織文化が形成されビジネスを行う上での競争環境が改善したと言える。

3.2　組織文化の継承・発展

　石坂さんの奮闘は組織文化の継承・発展という点でも注目される。組織文化とは「ある組織の成員によって共有されている価値観や行動規範ならびにそれを支えている信念」である（加護野, 1982）。ピーターズ＆ウォーターマン（2003）は，超優良企業に共通する要素の一つとして，共有する価値観の形成並びにそれに基づく行動の重視を挙げている[2]。またリーダーは組織文化を創造し，組織文化が経営環境に適していなければ破壊・変革することができる（シャイン, 1989）。ここではシャイン（Schein, E.H.）の組織文化モデルにもとづき，石坂さんの取組みを検討する。

---

(2)　連続してイノベーションを生むには，天才的な個人の力に期待するのではなく，そのために適した組織文化を醸成することが大切であり，現実的である。また，企業文化の醸成にあたっては，経営者・リーダーの役割が大きく，特にスタートアップ企業の組織文化は，創業者のリーダーとしての仕事ぶりがベースになる（ハーバード・ビジネス・レビュー編集部, 2019）。

3.2.1　シャインの組織文化モデル

　シャイン（1989）によると組織文化は大きく3階層に分かれる。上層が「表象化された価値観」（artifact），中層が「価値観としての組織文化」（value），下層には「暗黙の前提」（assumption）である。第1が「表象化された価値観」は，明文化・シンボル化され組織内外から観察できる。明文化された文書には，行動指針，企業理念，行動憲章，社史さらに各種ルール等がある。また，シンボルは暗喩的・非言語的な価値観・理念で，創業者の逸話，代表的な製品，象徴的な人材抜擢，こだわりのオフィスなど様々である。例えば，「iPhone」開発にはアップル社の進取の気性が表象されている。第2に「価値観としての組織文化」は，明文化・シンボル化されていないが，組織で共有される行動規範，理念である。これらは組織メンバーの言動・服装や他の振舞いを通じ外部から観察可能である。例えば「お堅い銀行員」「開放的なITベンチャー社員」には，その価値観の違いが行動や服装に反映されているからである。第3に価値観の根底にある「暗黙の前提」で，明確には意識されていなくても集団内で当然とされる行動の前提や考え方である。組織の枠を超えた地域文化や同業者気質・文化や，集団構成員の性別・成育歴・学歴等が似通うことによる階級意識が，暗黙の前提を生むことが多い。例えば，官僚達はエリート意識と国家貢献への思いを共有している。

3.2.2　石坂産業における組織文化の継承・発展

　石坂さんは創業者である父親から受け継いだ組織文化について，良いところをそのまま残し，時代に応じて変革すべきものは見直した（図15.6参照）。

　石坂産業の従来の組織文化についてみてみよう。まず「表象化された価値観」については，経営理念などの形での明文化した訳ではないが，創業者のカリスマ性から「謙虚な心，前向きな姿勢，そして努力と奉仕」という理念は社員にかなり浸透していた。次に共有化された「価値観」は「職人気質」の組織文化と言えよう。良い仕事をしようと質をとことん追求するが，一匹狼的なプロの集まりで，組織的活動には必ずしも積極的でなかった。また，男性中心の

図15.6　石坂産業の組織文化の継承・発展

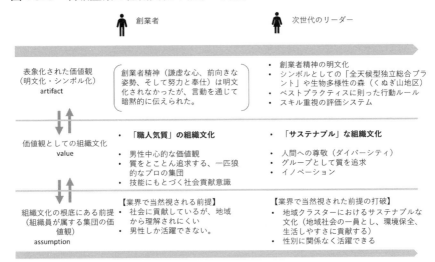

出所：筆者作成

考え方でもあった。自分達は技能で社会貢献しているのだが，地域社会からは
その価値を認められにくい，男性しか活躍できない等，業界に広がる「暗黙の
前提」の影響を受けていた。

　石坂さんは創業者理念を継承し，サステナブルな組織文化が社内に浸透する
よう努めた。1つ目に「表象化された価値観」に関し，規範・価値観の明文化
とシンボル化を進めた。創業者精神である「謙虚な心，前向きな姿勢，そして
努力と奉仕」を経営理念として明文化し，ベストプラクティスに則った行動
ルール，スキル重視の評価システムなどを示した。さらに「全天候型独立総合
プラント」や「三富今昔村」は社内外に対する新しい価値観のシンボルとなっ
た。こうした積み重ねを通じ，地域住民との共通価値や人間への尊敬（ダイ
バーシティ），個人でなくグループ・組織として質を追求すること，リスクを
いとわずイノベーションを目指すことなど「価値観としての文化」が浸透し
た。また業界内で当然視された「暗黙の前提」も変わる兆しが見えている。地
域住民からサステナブルな企業として評価を高めることが，地域社会の一員で

もある社員にとって自信を深めることにつながり，「地域に愛され，地域とともに社会に貢献する企業になる」「性別に関係なく活躍できる」という新たな「暗黙の前提」が組織に浸透した[3]。

4. 結び：未来へつなぐレガシー

石坂さんは創業者の父親から受け継いだ事業を継承し，未来につなぐレガシーを確立した。

今日，石坂さんは，様々な場で「不要なものにもお金をかけて欲しい」と社会に訴えている。私達ひとり一人の意識が変わることが，リサイクル率を一層向上させるためには不可欠である。実は産業廃棄物のリサイクル率は53％であるが，家庭やオフィスで生まれる一般廃棄物のリサイクル率は20％に過ぎない。リサイクル業同様，一般家庭・オフィスでも最も重要なことは分別徹底である。さらに，製品・サービスの購入にあたり，リサイクル率の高い事業者をから優先購入することも重要である。一見，「不要なもの」に手間暇をかけて分別したり，リサイクルに積極的な業者を調べたりするのは生産性が下がるようにみえる。しかし，「不要なものにもお金をかける」という意識を一人ひとりが共有することが，持続的社会の発展に欠かせないのである。

初出

Kato, A. (2023) "How could SMEs integrate sustainability into their organizational culture?: A female leader in waste management and recycling Industry", Proceedings of the 2023 ICSB World Congress

---

(3) 組織文化の見直しに際し，新しい価値観についてこられない4割の従業員が退社したが，一方で，業界の価値観に染まっていない若者や女性を積極的に採用した（石坂, 2014）。

【参考文献】

石坂典子（2014）『絶体絶命でも世界一愛される会社に変える！』ダイヤモンド社

石坂典子（2016）『五感経営 産廃会社の娘，逆転を語る』日経BP

エドガー・H・シャイン（著）/清水紀彦・浜田幸雄（訳）（1989）『組織文化とリーダーシップ―リーダーは文化をどう変革するか』ダイヤモンド社

岡田正大（2014）「CSVは企業の競争優位につながるか」『ダイヤモンド・ハーバード・ビジネス・レビュー』2015年1月号

岡本伊織（2011）「Q分離法による価値観の測定」『赤門マネジメントレビュー』10（12）pp.851-878

加護野忠男（1982）「組織文化の測定」『国民経済雑誌』146（2），pp.82-98

経済産業省（2022）「価値協創ガイダンス2.0」https://www.meti.go.jp/policy/economy/keiei_innovation/kigyoukaikei/ESGguidance.html

国土交通省（2020）「建設リサイクル推進計画2020：「質」を重視するリサイクル」

中小企業庁（2014）「中小企業白書2016年版」

ハーバード・ビジネス・レビュー編集部（2019）「イノベーションを生み出し続ける組織文化を醸成する」『ダイヤモンド・ハーバード・ビジネス・レビュー』2019年7月

トム・ピーターズ，ロバート・ウォーターマン（著）/大前研一（訳）（2003）『エクセレント・カンパニー』英治出版

四本雅人（2005）「組織文化のダイナミクスと変革」『横浜国際社会科学研究』10（3・4），pp.443-451

Baird, K., Harrison, G. and R. Reeve (2007) "The culture of Australian Organizations and Relation with Strategy", *International Journal of Business Studies*, 9(1)

Bhuiyan, F., Baird, K. and R. Munir (2020) "The association between organizational culture, CSR practice and organizational performance in an emerging economy", *Meditari Accountancy Research*, 28(6), pp.977-1011

Cable, D. and T. Judge (1997) "Interviewers' Perceptions of Person-Organization Fit and Organizational Selection Decisions", *Journal of Applied Psychology*, 82(4), pp.546-561

Hatch, M. (1993) "The dynamics of organizational culture", *Academy of Management Review*, 19(4), pp.657-693

O'Reilly, C.A. and Caldwell, D.F. (1985) "The impact of normative social influence and cohesiveness on task perception and attitudes: A social information processing approach", *Journal of Occupational Psychology*, 58, pp.193-206

Porter, M. and M. Kramer (2011) "Creating social value: How to reinvent capitalismand unleash a innovation and growth," *Harvard Business Review*, 2011, Jan-Feb.

Sarros, J., Gray, J., Densten, I. and B. Cooper (2005) "The Organizational Culture Profile Revisited and Revised: An Australian Perspective", *Australian Journal of Management*, 30(1), pp.159-183

Schein, E.H. (1985) *Organizational Culture and Leadership*, Jossey-Bass: San Francisco

Windsor, C.A. and Ashkanasy, N.M. (1996) "Auditor independence decision making: The role of organizational culture perceptions", *Behavioral Research in Accounting*, Vol.8, pp.80-97

日本ネパール女性教育協会 山下泰子さん ：女性教員養成を支援

社　　　名	NPO法人日本ネパール女性教育協会（JNFEA）
所　在　地	東京都
理　事　長	山下泰子
設　　　立	2004年2月（NPO法人認可）
総　支　出	約146百万円（2020年3月現在）
女性教員養成支援施設	さくら寮（ネパール・ポカラ女子大学キャンパス内）
会　員　数	正会員291名　賛助会員81名　教育里親130名　学生会員57名
事　業　内　容	女性教員養成システムモデルの構築，ネパール遠隔地域の少女への初等教育の普及

キーワード●途上国の女子教育　変革型リーダー　正統性

1. はじめに

　山下泰子さん（文京学院大学名誉教授）は女性差別撤廃条約研究の第一人者であり，国連NGO国際女性の地位協会名誉会長であり，日本女性差別撤廃条約NGOネットワーク初代代表世話人であり，ジェンダー法学会元理事長であり，NPO法人日本ネパール女性教育協会理事長でもある。いくつもの要職を同時にこなし多彩な顔をもつ山下さんだが，ネパール遠隔地域の女子教育普及をめざして女性教員養成支援を行うNPO活動については関係者以外には広く知られていない。他章とは異色に映る山下さんを本章で取り上げる理由は，山下さんのNPO活動では，（グローバル）社会の問題点やニーズを見出し，その解決策を模索・提案し，成果を出し続ける手腕において，営利・非営利にかか

図16.1　さくら寮を卒業した教員のフォローアップ研修（2019年）

出所：日本ネパール女性教育協会 記念誌（2020）p.136

わらず他章の経営者や代表者と本質的に共通する点が見られるためである。

　山下さんは，どのようにネパールの女子教育問題と出会い，問題解決のためにどのようなプロセスを経てNPO組織をつくり，組織目標達成のためにどのようにリーダーシップを発揮したのだろうか。そしてなぜプロジェクトを成功させることができたのだろうか。

　本章ではまず山下さんの軌跡として，幼少期から大学教員になるまでの経緯，NPO設立にいたるまでの活動，さくら寮開設と女性教員養成支援活動の継続，そしてさくら寮モデルが成果をあげJICAの草の根技術協力事業として採択されるまでをたどる。さらに山下さんの「企業家から学ぶ」として，教育開発支援と人道的なアントレプレナーシップ，および，倫理・正統性・社会資本の概念を通してみたNPO法人日本ネパール女性教育協会について検討する。

2. 山下泰子さんの軌跡

2.1　幼少期から大学教員になるまで

　山下さんは教育熱心な教育哲学者の父親と，大らかで闊達で誰からも慕われる小学校教員の母親の元で伸び伸びと青少年期を過ごした。大学の専攻分野としては，法学を選択した。その当時，法学か経済学に進む男子学生が多く，同じような選択をしたためでもある。大学1～2年の頃はワンダーフォーゲル部所属で，約40kgの荷物を背負って日本中を登山した。3～4年の頃は外交官試験の受験準備を主な活動としていた外交研究室に所属して外交官試験を受けたりもした。当時，4年制大学卒の女性の主な就職先は国家試験によるものなどに限られていた。また，大学3年生の時が60年安保闘争期だったため，じっとしていられず，毎日のようにデモに参加した。

　山下さんは大学卒業後の進路として，家族や親戚に教員が多かった反動か，自分が教師になることは考えていなかった。そこで大学卒業後は貿易会社に入社した。その会社が4年制大学卒の女性を採用したのは山下さんが初めてだった。営業を希望していたので就職面接で，「日本の製品を背負って，ヒンドウークシ（アフガニスタン）の峠でもサハラ砂漠でも行きます。一生，勤めます」と言ったら，面接官全員が笑ったという。大学のワンダーフォーゲル部で鍛えた山下さんは，本気だった。ヒンドウークシの峠もパシュトゥーン族と一緒に越えられると思ったし，サハラ砂漠もサンテグジュペリのように越えられると信じていたのだ。ここに，今日まで学術研究と社会貢献において輝かしい業績を達成してきた山下さんの本質をみたような気がした。山下さんは自己に内在する無限の可能性を信じて疑わなかったのである。そのようにして思いを実行に移してきたのである。山下さんの元気さと行動力は80歳の今でも変わらない。ところが，入社して社長秘書室勤務で来客の取次，お茶汲みなどをするうち，350人の社員の中で女性管理職は給与係長が1人しかいないのを見るにつけ，海外勤務どころか女性社員には将来性がないと思い，約1年間の勤務の後に大学院にもどった。

247

大学院では国際人権法を専門に研究した。大学院で人権法を学んだのは山下さんにとって救いだったという。それは，「人権」という概念を日本国憲法の枠を超えて国際的な視点でフォローし研究できるという点が魅力的だった。修士論文は「ヨーロッパ人権条約の国内的適用」の問題を扱った。その後，大学に就職し，1979年に国連で女性差別撤廃条約が採択されたのを機に，同条約の研究を開始した。1985年5月の国際法学会での女性差別撤廃条約の研究報告が学会デビューとなるが，同年7月にナイロビで開催された第3回世界女性会議への参加経験とあいまって，女性差別撤廃条約の研究は山下さんのライフワークとなった。山下さんが，大学院時代に人権法を学んだことが救いだったという理由は，ライフワークとしての研究対象である女性差別撤廃条約も，NPO活動として取り組んでいるネパールの女子教育問題も，その根幹をなすのが「女性の人権」であるからと思われる。

　次節に進む前に補足しておきたいのは，山下さんの抜きん出た行動力と組織力が，NPO法人日本ネパール女性教育協会の設立者である前に，NGO「国際女性の地位協会」（JAIWR：国連ECOSOCの協議資格をもつ）を設立した点にあらわれている。その経緯は，山下さんが1980年代後半に在外研究員としてプリンストン大学滞在中に，上記のナイロビでの第3回世界女性会議で知遇を得た大学教員たちが設立したInternational Women's Rights Action Watch（IWRAW）に触発され，同様の女性の人権を課題とするNGOが日本でも必要ということになり山下さんが中心となって1987年に設立したのが国際女性の地位協会である。当協会は，女性差別撤廃条約の研究・普及と女性の地位向上を目的として条約の実効性のモニターとロビー活動などを行ってきたが，その活発な活動が設立以来今日まで継続されているのは山下さんの牽引力によるところが大きいと思われる。山下さんは，2015年に国際女性の地位協会会長として男女共同参画社会づくり内閣総理大臣賞を受けた。

2.2　ネパールの女子教育問題とNPO法人設立にいたるまで

　山下さんは学生時代ワンダーフォーゲル部だったこともあり，大学教員に

なってからもトレッキングを続けた。日本の北アルプスの稜線を歩き尽くした頃に，トレッキング仲間とヒマラヤに行くために準備し，1982年12月に初めてネパールに出かけた。そこで見た美しい大自然と村人の貧しさとのあまりにも大きなギャップが山下さんの心にずっと残ることとなった。極寒の中，寒さに震えながら学校にも行けずに家事労働に明け暮れる女の子たちの姿が心から離れなかったという。これが，山下さんとネパールの女子教育問題との出会いである。

　ネパールにおける2016/17年の一人当たりのGDPは約1,002米ドル（日本の約40分の1）で，南アジア8カ国の中でも最貧国である。おもな産業は観光と農業で，就労人口の7割以上が農業に従事している。GDPの約30％は農業によるもので，さらにGDPの別の30％は300万人以上の海外出稼ぎ労働者の送金によるものである。電力，交通，上下水道，学校，医療設備などの社会インフラは著しく不足しており，辺境地域では1日の収入が1ドル未満の農民が多数存在する。また，ヒンドゥー教徒が人口の約8割を占めており，ネパール社会の根底にはカースト制を含むヒンドゥーの社会規範が根強く存在するといわれている（元ネパール大使・小川正史氏の報告より，JNFEAニュースレター，2019）。

　そこで1993年以降14年間にわたって，山下さんは勤務校の国際女性学ゼミナールの学生を伴って毎年ネパールの農山村女性の現状に関する調査・研究を行うようになった。現地調査は車の入らないトレッキングでしか行けないような奥地にも及び，ネパールの遠隔地に住む少女たちは3割程度しか初等教育を受ける機会をもたないこと，15歳以上の女性の識字率が1〜2％程度の郡が存在すること，女性教員割合が5〜16％であることなどが明らかとなった。

　1996年には，日本・ネパール国交樹立40周年記念シンポジウム「ネパール女性と子どもの21世紀を考える」に参加した有志によってNGO「ネパール女性の教育を考える会」を結成した。その活動の一環として，1999年には半年をかけてネパール全土の5開発地域で「ネパールにおける女性の教育と女性教員の現状」について現地調査を実施した。山下さんはネパール山村の暮らしや

女性の生き方について現地調査をする中で遭遇した印象的なエピソードを語ってくれた。子どもたちに「あなたの夢は何ですか？」と尋ねても，女の子たちからは答えが返ってこない。それは，学校教育を受けていないために「夢」という抽象概念が理解できないからなのだ。そのことは山下さんにとって衝撃だった。また，別の村では16歳の少女が，「私は，学校へ行ったことがないから『夢』など語れない。このままここで死んで行くだけ」と言って涙を流したという。その少女の言動が山下さんの心を捉えた。ネパールの女子教育の必要性を痛感した瞬間だった。山村では，男子は学校に行かせるが女子はその必要がないと考える親が多く，村長でさえ娘を学校に行かせるように頼んだところ，「では，誰が牛の世話をするのか」という返事が返ってくる状況だったのである。

　1999年の調査結果については，翌2000年3月，在ネパール・日本大使館ホールで報告会を開催し，ネパール政府や教育関係者に政策提言を行った。提言内容は，1）無償義務教育の導入（2015年，ネパール連邦共和国憲法に規定），2）教員免許制度の導入（2002年に制度化されるも不定期に免許試験実施），および3）女性教員養成制度の構築（2023年時点で未整備）の3点であった。それ以降もネパールに赴き，同様の趣旨で数回現地調査を行った。さらに調査と並行して，2000年から2002年にかけて，ネパールにおける女性教育の現状を伝え人々の理解と協力を得るために，日本各地で精力的にシンポジウムやワークショップを開催した。その一つ，2002年度国立女性教育会館「女性学・ジェンダー研究フォーラム」において「ネパールにおける女性教員養成プロジェクト／日本の女子師範学校の歴史的教訓をうけて」というテーマでワークショップを開催した。日本の女子師範学校をモデルにした経緯として，「日本の明治時代の教育改革に学びたい」という駐日ネパール大使の意向と初等教育に生涯を捧げた山下さんの母親が女子師範学校卒であったことが関連している。女子師範学校は戦前の女性教員養成機関で，公教育形成には教員の資質向上が重要であるという考えのもと，明治期に各都道府県に設置された日本特有の男女別学の教員養成制度である。

　このようなプロセスを経て，ネパールの女性への教育普及拡大のためにはできるだけ質のよい女性教員を養成することにあるという理念のもと，プロジェクトを推進し公的支援を得るために山下さんは2004年，内閣府より，特定非営利活動法人「日本ネパール女性教育協会」の認証を受けた。協会のスローガンは，「ネパール山村の少女に教育を」で，遠隔地域の少女の小学校就学率を高めることを目的としている。設立当初の事業内容は，ネパールの女子教育普及のための調査，政策提案，および適切なキャンペーンが強調されている。NPO法人組織の会員の中心となったのは文京学院大学国際女性学ゼミナールの現役学生・OGおよび社会人であるが，顧問には元文部大臣や元駐日ネパール大使を含む5名，参与5名，役員20名で構成され，約500名の会員を擁する組織は，山下さんの広く豊かな人脈を物語るものでもある。

2.3　さくら寮の開設と初等教育女性教員養成支援

　さて，日本ネパール女性教育協会の政策実現のための「さくら寮プロジェクト」はどのように考案されたのであろうか。人口約3000万人のネパールには80以上の民族の集落があり固有の言語を使用している。電気も車の通る道もない貧しい暮らしの中，女性にまつわる理不尽な慣習が女子教育の妨げとなっている。法律で禁止されているにも関わらず現在でも一部の地域で残存する理不尽な慣習として，月経期間中に女性や少女を牛小屋や掘建小屋に隔離する「チャウパディ」や幼少期のうちに嫁がせる少女婚などがある。これらの慣習および女子に課せられた過酷な家事労働負担は女子が学校に行くことを困難にしている。そのため，女子の初等教育が普及していない地域では，特に女の子たちに学ぶ意義と楽しさを現地語で教えることのできる女性教員の存在が必要なのである。

　女性教員養成を支援する「さくら寮プロジェクト」と同様の制度が，ネパールの「フィーダーホステル」制度である。「フィーダーホステル」とは，1970～1980年代にノルウェー開発協力庁（NORAD），UNESCO，UNICEF，およびネパール政府が共同で設置した食事付きのホステルで，遠隔地のための女

性の小学校教員養成施設として存在していた。歴史的には，1970年代，ユネスコの女子教育支援プロジェクトとしてポカラ大学で行われた非正規教員の研修の際に女性のための宿舎が用意されたことが発端となって，さらに大学3校の教育学部にその中核となる「フィーダーホステル」が設置され，同時に，その当時の必要性から女子高校生用の「フィーダーホステル」が誕生したという経緯がある。ところがその後，国際機関援助の終了，教員採用制度の変更，財政上の理由などにより設置本来の教員養成施設という役割が果たされなくなっていった。山下さんたちは1999年の調査中に，ネパール全土に18の「フィーダーホステル」が存在することを発見したのである（実際には20箇所存在した）。特に，遠隔地の女子教育普及と女性教員養成に対する山下さんの思いと共通する「フィーダーホステル」の存在は，山下さんにとって新鮮な驚きであった。ネパール教育省も後年，遠隔地の少女に高等学校教育と宿舎を提供し教員養成につながる「フィーダーホステル」制度は，「すべての者に教育を」というネパールの教育戦略プログラムに貢献するという見解を示している（山下，2010）。

そこでNPO設立の2004年，山下泰子理事長と山下威士理事はネパール・ポカラ女子大学を視察し初等教育教員養成コースの新設を要請するとともに，女性教員養成支援のための相互連携の折衝を行った。NPO法人日本ネパール女性教育協会が行う支援内容は，女性教員が少ない極西部と中西部の各郡から毎年10人の女子学生を選考し，キャンパス内に女子学生寮を建設し，そこで2年間食事や生活支援付きの寮を提供することで，ポカラ女子大学の2年制の初等教育教員養成コースと連携して，10年間に100人の女性教員を育てそれぞれが故郷の村にもどって教鞭をとるというプロジェクトである。支援額には学費，食費，生活費，小遣い，卒業後3年間の教員給与，現地スタッフの人件費などが含まれ年間約1千万円（記念誌，p.222）に上る。それらはすべて日本人からの寄付と山下さん夫妻の出資金に基づく活動資金によって賄われている。寄付金は毎年予定額が調達できているという。

その女子学生寮の建設には，山下さんにとって天からの恵みのような出会い

があったというのである。2004年，バンコク空港でのフライト乗り継ぎの待ち時間に偶然出会ったのが竹中工務店の技術者であった。竹中工務店の有志は日本隊が初登頂したマナスル（8,163m）の麓に学校を建設し支援を行っていた（のちに2015年，NPO法人Asian Architecture Friendship（AAF）として設立）。山下さんがポカラ女子大学の女子学生寮建設構想の話をすると，竹中工務店の技術者がボランティアで設計・施工を引き受けてくれることになり，山下さんのプロジェクトは一気に現実のものとなったのである。2005年8月，ポカラ・カニヤ・キャンパスの女子学生寮が竹中工務店有志によって着工され，2006年8月に完成し，第1期生10名が入寮した。寮は鉄筋コンクリート3階建てで，1階には食堂や広間，2階に5部屋，3階に5部屋（二人一部屋）が完備されている。建築費用として，山下さんの自己資金に加えて，在ネパール日本大使館から「草の根無償人間の安全保障基金」が供与された。女子学生寮は，建物の色が桜色（地元の粘土の色）に近いこともあって「さくら寮」と呼ばれるようになった。さくら寮の竣工記念式典が日本からの参加者約100名とともに盛大に開催され，記念チャリティーコンサートも数カ所で開催された。このようにして「さくら寮プロジェクト」はスタートした。

2.4　女性教員養成100名を達成した「さくら寮プロジェクト」

　さくら寮開設後も山下さんはじめ理事たちが，毎年，ポカラ女子大学キャンパスを訪問し，卒業式に参列し，卒業生赴任先のすべての学校を訪問した。さくら寮プロジェクトを通して支援する女子学生10名が毎年コンスタントに卒業し，5周年を迎えた2011年時点で40人の女性がポカラ女子大学の教員養成コースを終え，故里の村の教師として女子教育の推進と村の改革を担っている。彼女たちのプロフィール写真から，意志の強さと聡明さが伝わってくる。さくら寮プロジェクトでは，寮生のための奨学金，寮の運営費，卒業生教師の3年間の給与だけでなく，卒業生の勤務校の支援なども行ってきた。寮開設以来5年間で，延べ179人の日本人指導者が卒業生たちの勤務校を訪れたり，さくら寮でパソコン指導，算数指導，情操教育，表現教育，スポーツ指導，家庭

科指導（生理布の縫製など），を行った。また，毎年，秋の長期休暇中にさくら寮で卒業生教師のためのフォローアップ研修会を開催し，日本の指導者が彼女達の悩みに向き合い，新しい教育技術を指導したのも重要な取組みであった。山下さんたちの献身的な活動はネパール女性の地位向上と個人の権利・尊厳・可能性の追求が保障されたユニバーサル社会・共同体の実現に寄与するものとして高く評価され，2008年には「第1回自由都市・堺　平和貢献賞」奨励賞を受賞し，さらに，2010年には「第14回長岡市米百俵賞」，2014年に「第7回かめのり賞」を受賞した。また，2017年には山下さんがネパールとの友好親善に尽くしたとして外務大臣表彰を受けた。

　そして2016年，さくら寮は開設10周年を迎えた。特に，女性教員が少ない極西部と中西部のすべての郡から来た寮生が育ち，故里の小学校教員になったという。さくら寮で学ぶ寮生たちは，ポカラ女子大学の初等教育教員養成コースに加えて，上記のように日本人指導者から，ネパールの小学校では十分に普及していない音楽，絵画，体育などの教科教育法の授業や，パネルシアター実演法などの授業を受けてきた。また卒業後，教師になった後も休暇を利用してさくら寮にもどり，新しい教育技術を学ぶためのフォローアップ研修も受けている。2019年2月末時点で，調査可能なさくら寮卒業生97人のうち，70人（73.2％）が現役教師として働いている。その他，公務員，看護師，国際NGOの銀行員，大学・大学院の在学生をしている。卒業生のほとんどはすでにすでに結婚し，子育てと仕事を両立させている[1]。

　2017年5月に最後の10期生が卒業し，2006年のさくら寮開設以来，100人の卒業生が誕生した。それは，NPO法人日本ネパール女性教育協会が，ネパール山村の女性の就学率を上げるために100人の女性教師を育てるという協会設立当初の目的を達成したことを意味する。協会のニュースレターには毎号，さくら寮卒業生の追跡調査20名分の結果が報告されている。報告の中でも，勤務校での女子の出席状況や親への働きかけ，さくら寮で学んだ指導法の活用と

---

(1) 山下泰子「ネパールポカラ『さくら寮』卒業生教師の追跡調査」pp.9-10

図16.2 教員になった「さくら寮」の卒業生

さくら寮卒業生（1-10期）

出所：日本ネパール女性教育協会 記念誌（2020）表紙裏

成果に関する記述が興味深い。女子の出席状況に関しては，親への働きかけにより改善された例が多くみられた。さくら寮で受けた教育の実践に関しては，算数の教え方，身体を使ったゲーム，歌，絵画，ピアニカ，パネルシアターへの言及が多かった。いずれも，さくら寮プロジェクトの成果が伝わってくる内容である[2]。

2.5　ネパールの女子教育開発支援をするNPO活動がJICAの事業に

　ネパールの女子教育開発支援をする「さくら寮プロジェクト」は，2016年，JICAの草の根技術協力事業に採用された。新たに「女性教師養成制度の構築を目ざすプロジェクト」として，2016年から2019年までJICAから業務委託を受けた形で，JICAとの協力関係のもとにプロジェクトを実施することになったのである。このことは山下さんたちの活動が，政府開発援助（ODA）

---

(2) JNFEAニュースレター，2019.1.18

の事業の一環としてその有用性と有効性が認められた証でもある。

　「女性教師養成制度の構築を目ざすプロジェクト」の活動内容としては，モデル校としてのパイロット校を2校設定して，以下のような活動が計画されている。1）豊かな人間性を育む指導方法（学級経営・楽しく学ぶ・情操教育・表現教育・防災教育・保健体育教育・チャウパディ[(3)]根絶）をさくら寮生およびさくら寮卒業生教師が習得する。2）パイロット校でさくら寮モデルの授業を公開し，教育関係者の理解を得た上で，その手法を他校に技術移転する。3）パイロット校での授業を通して，さくら寮モデルの女性教師養成制度構築の有用性について，地域の教育行政担当者に理解を促す。これらの活動に加えて，各地の「フィーダーホステル」と順次覚書を締結し，「フィーダーホステル」本来の目的である教員養成化をすすめている。

　「女性教師養成制度の構築を目ざすプロジェクト」の目的は，ネパール教育省が将来的に，さくら寮モデルによる優秀な女性教師養成制度を教育施策の中に位置づけることにあるとしている。このプロジェクトの目的が達成されれば，民間の教育開発支援活動が日本政府開発援助事業の一部となり，さらにその事業がネパール教育省の教育施策に組み込まれていくというグローバルレベルでのボトムアップの教育改革事例となるだろう。

3. 企業家から学ぶ

3.1　倫理・正統性に裏打ちされた変革型リーダー

　山下さんの思いは，先述の通り，「（ネパールの）識字すらままならない状況で一生を過ごす少女を見逃すわけにはいかない」（山下，2010 p.160）という強い思いに集約されている。アントレプレナーシップの構成要素は，事業機会をとらえる積極性，リスクテイキング，革新性の3つである。ネパール山村における女子教育普及のために，新たな事業分野を開拓し，女子教育や女性の人

---

(3) 月経中の女性を隔離する慣習。

図16.3　倫理観と正統性の上に築いた変革型リーダー

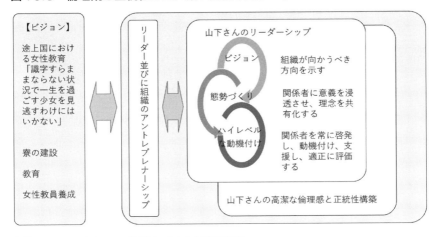

出所：Porter and Kramer（2001）をもとに筆者作成

権に理解を示さない遠隔地のコミュニティに変革を起こし，非営利団体活動を通してプロジェクトを実施・管理・運営を行ってきた山下さんは，まさにアントレプレナーである。ここでは，山下さんがどのように問題を発見したのか，そのきっかけとプロセス，その問題を解決するためにどのような方策を考案し主導したのか，そして問題解決策を実施し成果を上げるためにどのような事業形態と管理運営方法を構築し展開したのかについて考えてみよう。

3.1.1　問題の発見

　山下さんがネパール山村で教育も受けられず家事労働に明け暮れる女の子たちに初めて出会ったのは，1982年12月，ヒマラヤでトレッキングをした時のことである。山下さんは国連が1979年に採択した女性差別撤廃条約研究の第一人者でもある。189の締約国をもつその条約第10条には，教育の分野において女子と男子に平等の権利が確保されることを目的として女子に対する差別を撤廃するためのすべての適当な措置をとることが規定されている。教育を受ける権利は最も基本的な人権でもある。ネパール山村の女の子の姿が山下さん

の心から消えることはなく，後の現地調査で「夢」を尋ねられ，「…学校へ行ったことがないから『夢』など語れない。このままここで死んで行くだけ」と涙を流した少女の衝撃的な言動は，山下さんがネパールの女子教育支援の必要性を痛感し確信に変わった瞬間であった。

3.1.2　ビジョンの提示：問題解決策

　まず問題を理解し解決策を模索するために，山下さんは1993年から14年間にわたってネパール山村女子の就学状況に関する調査を実施した。特に1999年には半年をかけてネパール全5開発地域で「ネパールにおける女性の教育と女性教員の現状」について大がかりな現地調査を実施している。これらの調査から明らかになったことは，ネパール農山村の女子就学率・女性識字率・女性教員割合の驚くべき低さだった。また，1999年の調査中からは，ネパールの遠隔地の少女に高等学校教育と宿舎を提供し教員養成機関として機能していた「フィーダーホステル」の存在も明らかになり，解決策のヒントとなった。長年の現地調査から生み出された解決策は，現地の女子大学の教員養成コースと連携した食事付・奨学金付の女子寮を遠隔の農山村出身の女子学生に提供し，2年間のプログラム修了後，出身地に戻って教職についてもらい出身地の女子就学率と教育の質向上に貢献してもらうことだった。女性教員養成の目標人数は，1年に10名ずつ，100名とした。

3.1.3　態勢づくりとハイレベルな動機付け

　解決策を実施する手段として山下さんはNPO法人日本ネパール女性教育協会を立ち上げた。NPO法人のメリットは何点かあげられる。まず，政府から認証を受けた組織ということで，日本とネパールの両国からの信用が高まる点があげられる。同法人イベントへの両国政府関係者の参加は，当協会の信用度をさらに高めた。次に，協会の目的にそった資産をもつことが可能となり，公益的な事業を安定的に管理運営することができた点である。設立当初の山下夫妻による出資に加え，日本全国からの継続的な寄付金によりプロジェクトは安

定的に運営された。また，優秀なネパール人のマネジャーと寮母を雇用することができ，ボランティアのみに頼らない組織的な活動が可能となった。さらに，日本ネパール女性教育協会は複数の助成金を受けたが，助成が受けやすくなるのもNPO法人のメリットとされる。ところで，女子寮の建設については，竹中工務店技術者との偶然の幸運な出会いによって実現したが，山下さんの長年にわたるコミットメントを考えるとその出会いは必然だったのかもしれない。

3.2　日本ネパール女性教育協会の倫理・正統性

　山下さんのNPO活動は，貧困，差別，教育問題などの解決に取り組む社会的企業の側面をもつ。そこで，社会企業家成功要因について，倫理，正統性を通して考えてみよう。前述の正統性は，倫理的正統性，互酬的正統性，認知的正当性に分類されるが（Suchman, 1995），ここではさくら寮プロジェクトが女性の人権と地位に関する社会規範と密接な関係をもちプロジェクト実現に各種資源を動員する必要があることから，倫理の概念と正統性の概念を分けて考え，社会資本の概念にも言及する。

　前節でも引用した「（ネパールの）識字すらままならない状況で一生を過ごす少女を見逃すわけにはいかない」（山下, 2010 p.160）という山下さんの思いは，ネパール山村に女子教育を普及させ女性の地位を向上させるべきという山下さんの倫理観に働きかけた。課題発見は倫理観の発動だったと考えられる。その倫理的動機にもとづき，長年にわたる困難な現地調査を経て社会的企業に相当する新たなスキーム（「さくら寮プロジェクト」）を構築し展開できた理由は，さくら寮プロジェクトという課題解決策の正統性が高かったからである。そして，プロジェクト目標（故郷の農山村の学校で活躍できる100名の女性教員を12年間で養成）が達成できたのは，その倫理性と正統性に触発されて各種の社会資本が動員され機能したことによる。山下さんは「社会資本—関係的資本」としての教育関係者の人脈を豊富にもつ。全国退職女性校長会や各地の国際ソロプチミスト等，女性団体との連携も成功の鍵であった。したがっ

259

て，プロジェクト実施において，倫理，正統性，社会資本が好循環の中で効果的かつ継続的に生み出された結果，さくら寮プロジェクトは成功を収めたと考えられる。

　さくら寮プロジェクトの正統性の源泉は，アジア最貧国ネパールの女子就学率を上げるという理念の倫理性並びに国際性にある。国際性の背景には，国連の2030年までの持続可能な開発目標（SDGs，全17目標）の「貧困をなくそう」，「質の高い教育をみんなに」，「ジェンダー平等を実現しよう」，「人や国の不平等をなくそう」と，さくら寮プロジェクトの理念が合致したことがある。また，社会企業家がどの程度活動できるかは，信頼，尊敬，親密さといった人間関係（「社会資本—関係的資本」）をいかに多くもつかに左右される（Fukuyama, 1996）。これらの「社会資本—関係的資本」を事業のために動員させるためには，社会企業家は正統性を維持・強化しなければならない。山下さんは毎年，ポカラ女子大学の卒業式に参列し，卒業生赴任先の学校訪問を行ってきた。定期的なニュースレターや論文の発行と報告会の開催を通して，プロジェクトの活動内容と成果を広報してきた。これらの努力は，正統性を獲得する行為となり，新たな社会資本—関係的資本を獲得する行為でもあった。また，2015年の国際女性の地位協会会長として男女共同参画社会づくり内閣総理大臣賞受賞，2017年の「日本とネパールとの相互理解の促進に努力し，友好親善に寄与した」ことによる外務大臣表彰受章など，数々の受章歴は，さらなる正統性の獲得につながった。

　このように事業機会につながる課題に倫理性があり，NPO活動の目標理念は正統化される社会規範を内在し，NPO法人の管理運営においては社会資本を豊富に動員できるリーダーの存在がプロジェクトを成功に導いた。何よりも山下さんの女性の人権尊重への強い思いと使命感が，NPO法人日本ネパール女性教育協会を設立する原動力（起業を実践する意志：entrepreneurial intention）になったと考えられる。

4. 結び

　本事例は，概念的には人権問題としての女性教育支援（課題発見/倫理観），人道的・社会的なアントレプレナーシップ（課題解決策/正統性），NPO法人の管理運営能力（成果を出し続ける力/社会資本）そしてリーダーシップの融合といえる。

　山下さんは77歳で標高5360メートルのヒマラヤの峠を越えた。さくら寮プロジェクトが大きな成果を上げた今の心境はどのようなものであろうか。大学4年の就職面接で「日本の製品を背負って，ヒンドウークシ（アフガニスタン）の峠でもサハラ砂漠でも行きます。一生，勤めます」と言った山下さんは，女性の人権保護という使命を背負って，ヒンドウークシの峠もサハラ砂漠も越え，ほぼ目標地点に到達したのではないだろうか。それでもそのことを誰に自慢することもなく，尋常でない知力，体力，組織構築力を発揮して取り組んできたネパールの女性教育支援が，まるで自身の余暇活動であったかのように大らかに微笑んでいる。そして，さくら寮プロジェクトの後身となった「女性教師養成制度の構築を目ざすプロジェクト」（JICAの草の根技術協力事業）に現在も以前と変わらぬ情熱で取り組んでいる。山下さんの願いは，ネパールにある全てのフィーダーホステルが女性教員養成機関としての機能を復活させ，ネパールの教育政策の中に女性教員養成制度が組み込まれることである。また同時に，NGO「国際女性の地位協会」共同代表（2022年6月まで，以後，名誉会長）として，日本政府の女性差別撤廃条約選択議定書批准を目指して精力的に活動を行っている。これらの大きな目標が達成されるまで，その達成を確信しているに違いないと推察されるが，それまで山下さんはその大きな翼を休めることはないだろう。

【参考文献】
沖藤典子（2017）『老いてわかった！ 人生の恵み』海竜社

川良豊子（2016）「山下泰子さん　女性への教育が世界を変える：ネパール山村に希望の種子を蒔く「おなご先生」の育成を！」『月間　清流』2016年，pp.76-79

季刊オピニョン・プラス編集部（2021）「Interview　山下泰子さん『世界の女性の人権を守りたい』」『季刊オピニョン・プラス』2021年春号，pp.18-25

髙橋勅徳（2012）「秩序構築の主体としての社会企業家：倫理・社会資本・正統性概念の再検討を通じて」『経営と制度』第10号，pp.1-11

多和田真理子（2017）「明治期の師範学校における女性教員養成制度の確立：長野県の事例より」『子ども教育研究』pp.63-72

特定非営利活動法人日本ネパール女性教育協会（2003）「NPO法人化の趣意書」http://jnfea.com/syushi.html（2022年12月1日閲覧）

特定非営利活動法人日本ネパール女性教育協会（2011）「5周年記念誌」http://jnfea.com/5kienshi1.pdf（2022年12月1日閲覧）

特定非営利活動法人日本ネパール女性教育協会（2019）「JICA草の根技術協力事業」http://jnfea.com/JICA.html（2022年12月1日閲覧）

特定非営利活動法人日本ネパール女性教育協会編集委員会（2020）『記念誌　ネパール山村に100人の'おなご先生'養成の記録』日本ネパール女性教育協会

山下泰子編著（2000）「報告書　ネパールにおける女性の教育と女性教員の現状—実態調査と政策提言」（文部省科学研究費特定領域研究（A）117-A05-10116110第5班）

山下泰子編著（2010）『文京学院大学共同研究「ネパール山村女性に教育を」』尚学社

山下泰子（2020）「ネパール・ポカラ『さくら寮』卒業生教師の追跡調査」世界人権問題研究センター『研究紀要』第25号，pp.1-22

Dai, L., Maksimov, V., Gilbert, B.A. and Fernhaber, S.A. (2014) "Entrepreneurial Orientation and International Scope: The Differential Roles of Innovativeness, Proactiveness, and Risk-Taking." *Scholarship and Professional Work-Business*. Retrieved from. https://digitalcommons.butler.edu/cgi/viewcontent.cgi?article=1271&context=cob_papers

Fukuyama, F. (1996) *Trust: The social virtues and the creation of prosperity*, Free Press

Yamashita, Y. and T. Yamashita (2000) *Bringing Education to Girls in Remote Areas of Nepal*–Report of Field Research Conducted in the Five Development Regions of Nepal, UNESCO Kathmandu, Education in Nepal Series

終章
ジェンダー平等への貢献

1. はじめに

　本書では，ひとり一人の女性が「私にはできる。機会があれば実行したい」という潜在的アントレプレナーへと成長することが，起業やイノベーションを興し女性のエンパワーメントに寄与すると論じてきた。終章では，ジェンダー平等への貢献という点から再確認すべき3つの論点を扱う。1つ目はアントレプレナー養成に向け，個人の取組みと社会の環境改善をどう区分するかである。2つ目は性差にとらわれずにアントレプレナーとなるためどのようなスキルや態度を高めてゆくべきかである。3つ目は女性企業家のイノベーションはジェンダー平等にどう貢献するかである。

2. アントレプレナー醸成へ向けた個人の取組みと環境改善

　アントレプレナー養成に向け，個人の取組みと社会の環境改善をどう区分すべかを論じるあたり，まず理論的枠組みを振り返ろう（図F.1）。起業やイノベーションについて「私にはできる。機会があれば実行したい」という自己効力感を有する者が潜在的アントレプレナーである。心的態度・スキルは，認知能力，性格特性などの基本的な人格的要素（個人的特性）の上に形成される。アントレプレナーの心的態度（企業家精神）は積極性（事業機会探求），革新性（イノベーション追究），リスクテイキングという3要素で定式化さえ，スキルは事業構想スキル，概念化スキル，人間関係スキル，事業スキルに分類される。

　筆者が重要と考える点は次の通りである。

図F.1　個人的取組みと環境改善

学生・生徒、一般社会人
個人的特性が形作られる

潜在的アントレプレナー
「私にはできる・機会があれば実行したい」

アントレプレナー
「やるぞ」準備→実行→成長

個人的特性

達成経験
言語的説得
代理経験

専門教育
キャリア経験等

企業家的
スキル

企業家
精神

起業やイノベーション

各自の主体的な教育／キャリア選択の支援
・自分に合ったスキル・心的態度の獲得、自己効力感の確立

環境の改善
・あらゆる場における性別役割分担意識の克服

企業家エコシステム：いつでも誰でもアクセス可能な人的ネットワーク
・アントレプレナーたる自己効力感の向上
　「励ましあう」「小さな経験を積み上げる」「周囲の経験を共有する」
・企業家同士、企業家と一般との継続的交流

出所：筆者作成

　第1に各自の主体的な教育やキャリアの選択である。心的態度・スキルは，個人的適性に左右され環境の影響を受けるものの，成人でも自らの意思で主体的に形成してゆくことが可能である。本人の主体的取組みも重要である。多様性が進む社会で，性差ではなく個性（個体の多様性）にもとづき，着目すべきであり，一人ひとりが自分の個人的特性を確認し，自分に適したスキルや自分らしい心的態度を身に付ければ良い。

　第2に性別役割分担意識など社会的環境の改善である。1つ目にキャリア断絶を極力，避けるような企業側の環境整備が必要である。企業家的資質を獲得するには，職業キャリアを継続してゆくことが重要であり，職場の組織文化の改善，男性育児休業の取得促進や幼児保育の拡充等が重要である。2が起業・独立，副業等をめぐる環境の改善である。アントレプレナーシップを養った者が，リスクを抑えて行動に移すことができるように，より多くの企業等が就業規則において副業を認めたり，借入にあったての日本特有の経営者保障制度を見直すことである。

　第3にいつでも誰でもアクセス可能なアントレプレナーをめざす人的ネットワーク，いいかえると企業家エコシステムの確立である。国の有識者懇談会「選択する未来2.0報告書」は，個別企業の枠を超え，社会全体で雇用の安定化を目指し，起業・独立・転職なども選択肢とした複線型キャリア形成と円滑な労働移動を支援する「ソーシャルブリッジ」型の能力開発・就業政策への転換を提言している（内閣府，2021）。そのため，誰もがいつでも能力開発や「学び直し」をして，年齢等に応じて転職や起業，社内新分野での活躍などを複線的なキャリアを選択できるよう，能力開発・リカレント教育の充実と，雇用保険や求職者支援などセーフティネットの一体的構築が必要であるとしている。筆者も同じ考えであるが，特に地域において，普通の人達が，互いに「できるよ」と励ましあい，小さな成功体験をつくり，周囲の者の経験できる連続的継続的なプログラムが重要であることを強調したい。第12章のやっぺすの「石恋♡」はその先進例である。

3. スキルの伸長

　性差にとらわれずにアントレプレナーとなるために，どのようなスキルや心的態度を高めてゆけばよいのだろうか。

　この答えを探るにはより細かく基礎スキルと応用スキル（コンピテンシー）に区分してみる必要がある（図F.2参照）。前提として，各人に備わった遺伝的・固定的な資質（個人的特性）がある。認知特性は情報処理の迅速性・正確性・効率性に相当する流動的認知能力，並びに記憶保持能力の優劣に関する結晶性認知能力に分かれる。性格特性は一般に「ビッグファイブ」という5次元（開放性，誠実性，外向性，協調性，神経症傾向）で評価される。1つ目が基礎スキルで人生を豊かにする基本・汎用的な資質で，個人的特性に影響されるものの経験や教育等を通じ後天的に獲得できる。認知スキルは「知識獲得，並びにそれにもとづく評価・推論・判断力」（OECD，2015）で知能検査や学力試験で測る（OECD，2015）。これに対し社会情動的（非認知）スキルは「心

図F.2 基礎スキル・応用スキル（コンピテンシー）

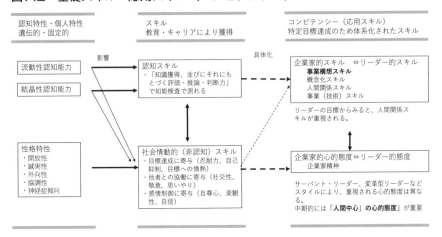

出所：筆者作成

や感情」に関する資質で，目標達成（忍耐力，自己抑制，目標への情熱），他者との協働（社交性，敬意，思いやり），感情制御（自尊心，楽観性，自信）などに寄与する（OECD, 2015）。また両者は互いに高めあったり補完しあったりする関係にある[1]。2つ目が応用スキル（コンピテンシー）で「特定の目標を達成するために欠かせない知識・スキル並びに心的態度」である（EU, 2006）。基礎スキルは比較的若年期に養われるが，コンピテンシーを形作るスキル群は高等教育や職業経験を通じて伸長する。

　以上から，アントレプレナーのスキルをいかに養うべきか検討しよう。第1にできるだけ若いうちに基礎スキルとされる認知スキル並びに社会情動的スキルを伸ばすことである。これらは企業家やリーダーとして成功するためのスキルの基礎となるものである。第2に自分の基礎スキルや個人的特性と照らし，一人一人が相応しいアントレプレナーやリーダーの「スタイル」を選び，関係

（1）Word Economic Forum（2023）も2027年にむけたスキルとして，クリエイティブ思考，分析力，技術リテラシーなど狭義のスキルだけでなく自己効力感や良好な人間関係につながる心的態度を養うべきであるとしている。

する応用スキル（コンピテンシー）を伸ばすことである。再三，述べてきたが，自分の性格特性や個性を踏まえて，それにあったスタイルを選ぶことで，誰もがアントレプレナーやリーダーとして成功することができる。第3に人道的企業家精神すなわち「人間中心」の心的態度を養うことである。性別や年齢，民族，障害の有無などに関わらず多様な人間を受入れ，特性を生かし切る「ダイバーシティ＆インクルージョン」が進展している。共感，公平性，権限委譲，人的資源開発，運命共同体意識という人道的企業家精神並びにその基礎となる多様性への理解・敬意，思いやりなど協働に寄与する社会情動的スキルを養うことが重要である。

　なお，アントレプレナーもリーダーも大枠では養うべきスキルや態度は変わらない。その中で，まず起業を目標にするなら事業構想スキルを，リーダーシップを伸ばすなら人間関係スキルを重視することになる。

4. ジェンダー平等に向けたイノベーション

　第1章で女性のアントレプレナーシップ発揮の意義として，各人の選択肢を増やし生きる力を高めることに加え「女性の視点に立ったイノベーション」を通じ組織や社会の持続可能性を高め女性のエンパワーメントに貢献することを挙げた。最後に女性企業家のイノベーションがどのようにジェンダー平等に貢献するか，本書で取り上げた女性企業家を例として検討しよう。

　第1が製品イノベーションで，女性顧客の視点に立ったもの，生活者としての視点に立ったもの，社会的価値を提案したものがそれぞれ確認された。1つ目に女性の身体的特徴，育児・介護など社会的分業の中で経る体験，労働経験などにもとづき，女性顧客の「こうなったらうれしい」「ここが不満」という点をとらえ，満足度を高める商品・サービスの提供である。「ぬいぐるみ病院」の堀口こみちさん，抱っこ紐カバーの「ルカコ」仙田忍さん，英語幼稚園「キンダーキッズ」の中山貴美子さん，夜会巻きコームの「リトルムーン」文美月さん，マダム・ブリュエの洋菓子「マダムシンコ」川村信子さんは，農産品加

表F.1　女性企業家達のイノベーション

項目	イノベーション視点	主な事例
製品・サービス	女性顧客の視点にたった価値提案 ・経験からの「気づき」 ・女性顧客のサポート	「ぬいぐるみ病院」堀口こみちさん 抱っこ紐カバー「ルカコ」仙田忍さん 女性教育者育成支援「日本ネパール女性教育協会」 　の山下泰子さん 英語幼稚園「キンダーキッズ」中山貴美子さん 復興支援「やっぺす」兼子佳恵さん 夜会巻きコーム「リトルムーン」文美月さん マダム・ブリュエ「マダムシンコ」川村信子さん 農産品加工「モア・ハウス」大藪佐恵子さん
	生活者としての視点にたった価値提案	薬局チェーン「アクセスライフ」の住川奈美さん 障害者就労支援「ダンウェイ」高橋陽子さん
	社会的価値の提案	リサイクルサービス「石坂産業」石坂典子さん 復興支援サービス「やっぺす」兼子佳恵さん NPO運営「リトルムーン」文美月さん
プロセス	(性差は無関係)	「リトルムーン」文美月さんのサービス視点に立った商品提供 「ダンウェイ」高橋陽子さんのITソリューション 「ルカコ」仙田忍さんのSMS活用
組織	ジェンダー平等につながる組織文化	「シー・シー・ダブル」金成葉子さん：同業者団体で健康経営推進 「石坂産業」石坂典子さん：男性中心の価値観の見直し 「日本ネパール女性教育協会」山下泰子さん：教育界への女性進出

出所：筆者作成

工「モア・ハウス」大藪佐恵子さんは商品・サービスを開発した。また「日本ネパール女性教育協会」の山下泰子さんは国際的視点にたった女性教育サービスを展開した。2つ目が生活者目線から社会的価値の提案として，薬局チェーン「アクセスライフ」の住川奈美さん，「ダンウェイ」高橋陽子さんは障害者就労支援サービスが挙げられる。3つ目が社会的価値の提案で「石坂産業」石坂典子さんは焼却事業からリサイクル事業へ領域を転換し，「やっぺす」兼子佳恵さんは復興支援サービスを展開した。また「リトルムーン」文美月さんは㈱ロスゼロという2つのSDGs関連のビジネスを立ち上げた。

　第2にプロセス・イノベーションでは基本的には性別の違いは無関係である。全ての事例で業務革新に取り組んできたことが確認されたが，その中で特

にユニークなものを挙げよう。「リトルムーン」文美月さんはサービス中心の視点からユニークな流通システムを構築したし，「ダンウェイ」高橋陽子さんはユニークなITソリューションを主体的に開発した。

　第3にジェンダー平等につながる組織イノベーションをいくつかの事例で確認した。「シー・シー・ダブル」金成葉子さんは，IT産業の同業者団体で健康経営推進の旗振り役となり，健康経営という価値観の業界内への浸透に貢献した。「石坂産業」の石坂典子さんは，廃棄物処理サービス業界に残っていた，男性中心の偏った価値観を払しょくした。「日本ネパール女性教育協会」山下泰子さんは教育界への女性進出を後押しし，女性教育に対する組織文化を変革した。

　このように事例研究という限られたサンプルではあるが，女性企業家のイノベーションが確実にジェンダー平等に貢献していることを確認した。

5. 結語　一人ひとりのアントレプレナーシップ

　終章では，女性の起業という視点からのジェンダー平等について再確認すべき3つの論点を扱い，以下の点を確認した。1つ目にアントレプレナー養成に向けて，キャリア選択など個人の主体的取組みが重要であるが，政府等による社会の環境改善も欠かせないということである。2つ目に心的態度・スキルについて，自分に向くアントレプレナーやリーダーのスタイルを意識し，それに見合った心的態度・スキルの獲得に注力すべきである。3つ目は女性企業家のイノベーションはジェンダー平等に確実に貢献していることである。

　ICSB会長であるKi-Chan Kim氏は，女性企業家の役割がますます重要になっているとし，「企業家が個々の人間に対して心から共感し力を発揮できる環境を整えるなら，従業員を通じてイノベーションが生まれだろう」と述べている。本書事例で取り上げた女性企業家の方々は，ごく限られた成功例のように映るかもしれない。しかし，誰でも，自分の個性を踏まえて能力を高める努力を怠らず，他者への共感を忘れない限り，仲間とともにイノベーションを生

み出すことができるだろう。

　そして，組織としてイノベーションを起こす場合，リーダーシップは不可欠である。Kellerman（2008）は，リーダーとフォロワーの関係の重要性を指摘している。リーダーはフォロワーたちを尊重するとともに共感力が求められる。フォロワーたちがリーダーの行動を有効に助けることもあれば，場合によっては，フォロワーたちがリーダーの行動を支配したり，間違った決断を促すこともあることを付け加えておく。

　私達は一人ひとりが自分の適性に応じた，起業あるいは組織内外での改革目標を明確にし，リーダーシップのスタイルを描き，心理的特性やスキルを無理なく積み上げてゆけばよい。一人ひとりのアントレプレナーシップを築けば，それぞれは小さくても，全体として本書の女性企業家達に匹敵するイノベーションを起こすことができるのではないだろうか。

【参考文献】

総務省（2023）「労働力基本調査2022年平均結果の概要」

中小企業庁（2022）『中小企業白書・小規模企業白書 2022年版』

内閣府（2021）「選択する未来2.0報告書」

GEM (2020) "2019/2020 World Report"

Kellerman, B. (2008) *Followership How Followers are Creating Change and Changing Leaders*, Boston, Massachusetts, Harvard Business Press

EU (2006) "Reccomendation ommendation of the European Parliament and the Council of 18 December 2006 on key competences for lifelong learning". https://eur-lex.europa.eu/LexUriServ/OJ:L:2006:394:0010:0018:en:PDF

Helfat, C.E. and M.A. Peteraf (2015) "Managerial cognitive capabilities and the microfoundations of Dynamic capabilities", *Strategic Management Journal*, 36, pp.831-850

OECD (2015) *Skills for Social Progress: The Power of social and emotional skills*. https://www.oecd-ilibrary.org/docserver/9789264226159-5en.pdf

Word Economic Forum (2023) *The Future of Jobs Report 2027*

【著者紹介】

加藤　敦（かとう　あつし）
同志社女子大学大学院特任教授。
東京大学経済学部卒。日鉄ソリューションズ㈱の前身企業への勤務を経て学界に転じる。博士（国際経営学）（青山学院大学）。システム監査技術者。ITコーディネータ。
著作に『リアルオプションとITビジネス』（エコノミスト社，2007年），『ソフトウェア・ビジネス』（晃洋書房，2012年）など。

三宅えり子（みやけ　えりこ）
同志社女子大学現代社会学部元教授。
スタンフォード大学大学院教育学部比較・国際教育学専攻博士課程修了（Ph.D.）。
専門分野は比較・国際教育学/ジェンダー研究（教育とジェンダー，リーダーシップ）。
著書に『アジアのなかのジェンダー［第2版］：多様な現実をとらえ考える』（共編著，ミネルヴァ書房，2015年），Japanese Women in Leadership（分担執筆，Palgrave Macmillan，2021年）など。

2024年1月30日　初版第1刷発行

アントレプレナーシップとジェンダー平等
―女性企業家達の軌跡から学ぶ―

著　者　加　藤　　　敦
　　　　三　宅　え　り　子

発行者　脇　坂　康　弘

発行所　株式会社 同友館

〒113-0033 東京都文京区本郷2-29-1
TEL.03(3813)3966
FAX.03(3818)2774
https://www.doyukan.co.jp/

落丁・乱丁本はお取り替えいたします。
ISBN 978-4-496-05693-2

三美印刷／松村製本所
Printed in Japan